地上最大의 사건

휴 거

어네스트.W.앵글지 著 / 이상길 옮김

지성문화사

휴거 / 차례

역자 서문을 대신하여 . 5

제 1 장   기도하고, 또 기도하고 . 11

제 2 장   갈등 속에서 . 45

제 3 장   사라져 버린 이웃들 . 61

제 4 장   불러도 대답 없어라 . 83

제 5 장   아, 후회스런 후회 . 97

제 6 장   조각난 마음들 . 109

제 7 장   또다시 기도하며 . 123

제 8장   이 고통 무엇에 비기랴 . 147

제 9 장   밀어닥친 환난기 . 173

제 10 장   짐승들의 작란 . 197

제 11 장   거듭나는 체험 . 217

제 12 장   예수 의지함이 기쁜 일일세 . 235

역자 서문(譯者 序文)을 대신하여

●기억해 두어야 할 성서예언의 약속

엄청나게 극적인 예언이 종말의 시기에 성취될 것을 기다리고 있으나 어떤 것도 그리스도께서 제자들에게 직접 주신 약속보다 더 흐뭇하고 더 중요하지는 않다. 예수께서는 잡히시기 전날 밤 제자들과 함께 다락방에서 최후의 만찬을 베풀어 이제 곧 떠나게 되었으므로 따라올 수 없다고 말씀하셨다. 제자 중 한 사람이 스승을 배반할 것이며 사랑하는 제자 하나도 스승을 부인할 것이라고 말씀을 덧붙였다. 제자들은 당황했다. 이처럼 진지하고 엄숙한 정황에서 예수께서는 '너희는 마음에 근심하지 말라. 하나님을 믿으니 또 나를 믿으라. 내 아버지 집에 거할 곳이 많도다. 그렇지 않으면 너희에게 일렀으리라. 내가 너희를 위하여 처소(處所)를 예비하러 가노니 가서 너희를 위하여 처소를 예비하면 내가 다시 와서 너희를 내게로 영접하여 나 있는 곳에 너희도 있게 하리라.'

(요한복음 14장 1~3절)

●그리스도의 다시 오심과 또 다른 약속

흔히 교회의 휴거로 언급되어 있는 그리스도의 다시 오심(再臨)은 마태복음 24장에 기록되어 있는 감람산에서 나타내신 사건과는 상당히 차이가 있다. 그것은 공중에서 성도들을 만나기 위한 그리스도의 강림

(降臨), 곧 교회의 휴거였다.

휴거의 약속은 제자들의 기대에 새로운 차원을 추가해 주었다. 예수께서는 저들을 위해서 처소를 마련하시기 위하여 아버지의 집, 하늘나라로 되돌아 가셨다. 주님은 다시 오셔서 저들을 영접하여 아버지 집으로 데려가실 것이다. 이것은 저들을 이 땅에서 떠나 하늘나라로 들어가게 하시겠다는 약속이었다.

어떤 성경학자들은 이러한 그리스도의 강림을 이 지상에 그의 나라를 세우기 위해 수많은 천군천사(天軍天使)를 동반하고 오시는 재림과 조화시키려 했다.(요한 계시록 10장). 그러나 대부분의 학자들은 이 말씀과 다른 말씀을 조심스럽게 연구해 본 결과 신자들을 위한 그리스도의 강림은 다른 중요한 종말(終末)의 사건 앞에 일어날 전혀 별개의 사건으로 예언되었다는 것을 알게 되었다.

●휴거는 사도들의 중요한 가르침이다.

이러한 약속이 그리스도로부터 발표된 지 수년 후 하나님의 계시를 받은 바울은 이 귀중한 소망을 데살로니가 교회에 전했다(데살로니가 전서 4장 13절). 그는 크리스찬들을 위한 그리스도의 강림을 하나님께서 데살로니가 형제들이 알고 이해하기를 원하시는 것으로 묘사했다.

사도행전 17장 1~19절에는 바울과 실라와 디모데는 세 주간에 걸쳐 복음을 전한 이유를 '상당수의 군중'들이 믿었다고 기록되었다. 그러나 복음을 받아들이지 않는 일부 유대인들이 바울을 잡아 죽이려 했기 때문에 그곳을 몰래 탈출하게 되었다. 그 후 바울은 데살로니가 교회 교우들이 어떻게 지내고 있나 알아보기 위해 디모데를 파송했는데 그곳 형제들은 핍박과 배척에 굴하지 않고 그리스도에 대한 진실한 믿음을 고수하고 있다는 기쁜 소식을 들었다.

그러나 디모데는 중대한 신학적 문제를 제기했는데 데살로니가 형제들은 그들의 죽은 혈육이나 친지들이 분명 부활할 것을 믿고 있었으나 그 사건이 그리스도의 강림 이전이 될 것인지 알지 못하고 있었다.

●죽은 자들이 포함되는 휴거

질문을 받은 바울은 하나님께서는 이러한 진리에 대하여 저들이 알지 못함을 원치 않으신다고 데살로니가 형제들을 안심시켰다. 그는 소망 없는 다른 불신자들 같이 슬퍼하지 않게 하려 함이라고 그 이유를 밝혔다.

그는 데살로니가 전서 4장 14절에서 그 소망의 확실성을 더욱 확고히 해 주고 있다.

'우리가 예수의 죽었다가 다시 사심을 믿을진대 이와 같이 예수 안에서 자는 자들도 하나님이 저와 함께 데리고 오시리라.'

산 자와 죽은 자들을 위해 그리스도께서 다시 오실 것이라는 소망은 바로 저들이 믿고 있는 그리스도의 죽음과 부활에 관한 사실처럼 매우 확실한 것이었다.

그리고 나서 바울은 그 일에 대하여 이렇게 말했다. "우리가 주의 말씀으로 너희에게 이것을 말하노니 즉 강림하실 때까지 우리가 살아남아 있는 자는 잠을 자는 자보다 결코 앞서지 못하리라. 주께서 호령과 천사장의 소리와 하나님의 나팔로 친히 하늘로 쫓아 강림하시리니 그리스도 안에서 죽은 자들이 먼저 일어나고 그 후에 우리 살아남은 자도 저희와 함께 구름 속으로 끌어올려져 공중에서 주를 영접하게 하시리니 그리하여 우리가 항상 주와 함께 있으리라."

●휴거의 위로

이 놀라운 약속을 생각하고 바울은 데살로니가 형제들에게 말했다. '그러므로 이 여러 말로 서로 위로하라.' (데살로니가 전서 4장 18절). 저들이 사랑하는 사람들과 떨어져 있는 기간이 짧을 수 있다는 바울의 가르침은 신자들에게 큰 위로가 되었다. 만일 저들이 단지 몇 사람밖에 살아남지 않을 대환난기의 핍박사건을 먼저 경험해야 한다면 그 같은 위로는 불가능할 것이다. 저들은 세계가 대환난의 소용돌이 속으로 빠져들기 전에 저들을 위해 그리스도의 강림이 있을 것이라는 것을 기다릴 수 있었다. 이것은 참으로 위로가 되는 소망이었다.

●결정적인 순간

성서는 하나님께서 결코 늦으시는 일이 없다는 것을 명백히 한다. 그런데 그리스도의 강림에 어떤 지연이 있어 보인다면 어떤 합당하고 적절한 이유가 있음이 분명하다.

휴거의 약속이 처음으로 언명된 이래 1천 9백 년 이상이 경과된 것은 사실이다. 데살로니가의 초대 교회 신자들은 그리스도께서 저들 생전에 강림하실 것을 믿었으며, 저들은 이미 죽은 사랑하는 식구들과 친지들과 상봉할 수 있을 것이라는 기대로 위로를 받았다. 그러나 수 세대가 왔다가 지나가 버렸다. 그러면서도 세계는 그리스도께서 강림하시기에 적합할 것 같은 위기를 잇달아 맞이했다. 그럼에도 사건은 일어나지 않은 것이다.

그리스도는 왜 이 땅에 와서 자기의 백성들을 영접하여 당신이 계신 곳으로 데리고 가겠다는 약속을 아직껏 이행하지 않으실까. 성서적 예언의 관점에서 그와 같은 지연은 의외의 사실이 아니다. 그리스도가 처음 이 땅에 오셨을 때, 그것은 수천 년 동안 예기 되었던 사건이었다. 수 세기의 역사는 그리스도의 첫 강림을 예비했다. 헬라어가 개발되어 서구세계를 통하여 보편적으로 사용되었다. 이것은 신약성서가 정확하고 널리 사용되는 언어로 기록될 수 있는 방법을 마련해 주었다.

로마제국은 중동에 비교적으로 평화스럽고 안정된 생활환경을 확립해 주었다. 팔레스타인의 유대인들은 메시아의 강림을 준비했다. 세례요한이 나타나 메시아의 강림을 예비하고 백성들의 회개를 부르짖었다. 로마 지배 하에서 국제적인 통상과 교통을 개방하여 1세기의 크리스찬들이 로마제국의 전역뿐 아니라 나아가서는 세계 도처에까지 복음을 전파할 수 있게 했다. 그리스도의 첫 강림, 곧 탄생에 대한 예언은 하나님에 의해 하루 만에 조심스럽게 성취되었다. 그리스도의 신자들을 위한 강림과 그 뒤에 일어나는 이 땅에의 최종적인 재림에 대한 예언은 이와 같은 방법으로, 즉 하나님의 완전하신 결정적 순간에 의해 성취될 것이다.

●휴거를 예언하는 마지막 무대

오늘날 세계는 마치 큰 드라마를 위해 설정된 무대와도 같다. 주요 연기자들은 저들의 역사적 순간을 기다리기 위해 무대의 양 옆 준비실에 대기하고 서 있다. 주요한 무대 소도구들이 이미 제자리에 놓여 있다. 예언의 연극이 지금 곧 시작될 것이다.

오늘날 중동은 세계 지도자들의 지대한 관심의 초점이 되었다. 세계는 이 지역의 석유 보유량을 통제하고 있는 사람들의 수중에 들어 있는 정치적, 경제적인 힘을 인식하게 되었다. 유럽 열강들이 변화되고 있는 세계 정세에서 자국(自國)을 보호하기 위해 새로운 협력과 협약을 추구할 때 이전의 우호 및 협력관계는 변화될 것임이 분명하다.

필요한 모든 역사적 발전은 이미 한계점에 이르렀다. 1948년 유엔으로 시작된 세계정부를 향한 움직임은 종말에 구성될 새 정부의 길을 예비하고 있다. 1948년에 구성된 세계교회운동은 진실한 교회가 휴거된 후 지상의 종교를 지배할 초교회를 위한 길을 예비하고 있다.

공산주의는 무신철학(無神哲學)을 통하여 세계에 전체주의의 독재자 숭배를 요구하는 마지막 형태의 세계 종교를 준비하고 있다.

이스라엘과 세계의 여러 국가들은 마지막 드라마를 위해 준비해 왔다. 가장 중요한 것은 이스라엘이 옛땅으로 복귀하여 정치적인 국가를 세우고 종말의 사건에서 저들의 역할을 열망하고 있다는 사실이다. 오늘날, 이스라엘은 직접적인 협상에서는 만족한 해결을 얻을 수 없을 것이다. 소련은 북방에서, 남방에서는 아랍제국이, 동방에서는 중공이 마지막 역사시대에서 저들의 역할을 수행할 준비를 하고 있다. 오늘을 살고 있는 사람들은 장차 하나님을 만날 준비를 할 뿐만 아니라, 행복하고 보람있는 생활을 경험할 필요가 있다.

이 책은 휴거의 예언을 소설의 형태로서 극적으로 묘사하고 있다. 복스러운 소망을 가진 자들은 주님께서 하신 '사람이 나를 사랑하면 내 말을 지키리니 내 아버지께서 저를 사랑하실 것이요, 우리가 저에게 와서 거처를 함께 하리라........ 내가 아버지의 계명을 지켜 그의 사랑 안에 거하는 것 같이 너희도 내 계명을 지키면 사랑 안에 거하리라.' (요한복음 14장 23절, 15장 9절)는 말씀을 기억했으면 한다. 이 책의 이해를 돕기 위한 주(註)는 종말론의 권위자들이며 가장 성서적 입장이라고 받아들여지는 학자, 팀라하이, 홀린세이, 셀렘 커어번, 케리 G?코헨, 존 화이트 윌부드르 박사의 견해들임을 밝혀 둔다.

李 相 昔

제 1 장

기도하고, 또 기도하고

이른 봄날 아침이었다. 겨울의 추위는 아직도 완전히 가시지 않아 쌀쌀한 공기는 여전하여 대지는 꽁꽁 얼어 있었다. 태양은 정다운 대지를 향하여 상쾌한 아침 인사를 하며 산등성이를 살짝 훔쳐보고 있었고, 봄내음이 대기 가운데 가득하며 새들은 즐겁게 노래하고 있었다.

사건이 일어난 것은 앨라베스터에 살고 있는 많은 사람들이 잠에서 깨어나기 직전이었다.

갑자기 수천의 사람들이 흔적도 없이 자취를 감추어 버린 것이었다. 실종된 사람들이 같은 장소에 있었던 사람들이었다면 그래도 그들의 실종에 대하여 그렇게까지 혼란스럽게 떠들어대지는 않았을 것이다. 그런데 그 도시의 도처에서 사람들이 사라진 것이었다. 뒤에 남겨진 사람들은 그들이 살고 있는 도시를 강타한 가공할 이변에 서늘해져 있었다.

모두들 그들의 사랑스런 가족들과 같이 주일 밤잠자리에 들었었다. 그런데 이튿날 아침에 깨어 보니 그들의 배우자나 자녀들이 흔적도 없이 사라진 것이 아닌가. 그 도시에 살고 있는 대부분의 가정들은 직접 또는 간접적으로 피해를 받고 있었다. 이 도시의 모든 애기들과 어린이들은 한 명도 남지 않고 모조리 사라졌다. 어떤 집에서는 남편이 사라지고 아내가 남았으며, 또 어떤 집에서는 아내가 사라지고 남편만이 남아 있었다.

그것은 믿어지지 않는 사건이었다. 질주하던 차량들이 내팽개쳐진 채 운전하던 사람들이 사라졌다. 기관사가 사라져 기차는 파괴되었으며,

조종사가 사라진 비행기는 추락했다.

지상에 남아 있는 사람들은 잠에서 깨어 실종된 가족들을 찾아보았으나 헛일임을 알자 그만 아연실색해지고 말았다. 사람들은 거리로 뛰어나와 이리저리 가족들을 찾아 헤매며 미친 듯이 울부짖었다. 신문팔이들은 윤전기에서 방금 인쇄된 신문더미를 안고 거리의 골목길을 이리저리 누비며 "호외요, 호외! 수천의 사람들이 오늘 아침 사라졌어요. 마술처럼 지상에서 사라졌어요. 호외요, 호외! 인류 역사상 최대의 불가사의(不可思議)를 읽어 보세요!"라고 소리쳤다. 다른 도시들, 다른 지방, 그리고 다른 나라들로부터 빗발치듯 문의가 들어왔다. 수천의 사람이 순식간에 자취를 감춰 버린 사건은 어느 곳의 사람들한테든지 끔찍한 보도였다. 이 불가사의를 설명하기란 도대체가 불가능한 일이었다.

갑작스럽게 수천의 사람들이 사라져 버린 사건이 지상에서 일어났는데도 불구하고 그들의 운명이 어떻게 되었는지 짐작조차 할 수 없는 일이었다. 그들은 어디에 있으며 어떻게 그러한 일이 일어날 수 있을까 하고 모든 사람들의 이목은 온통 그 사건에만 집중되어 있었다.

그런데 그 사건이 있기 전 날인 바로 어제 콜린스 여사는 그녀가 다니는 교회에서 휴거라는 제목으로 목사님의 설교를 듣고 있었다. 그녀는 회중석에 똑바로 앉아 귀를 기울여 들었다. 그녀는 설교를 한 마디라도 놓치지 않으려고 목사님의 얼굴을 뚫어지게 바라보고 있었다. 목사는 매우 젊었다. 아들 짐과 같은 나이 또래였다. 그녀는 아들 짐을 생각하자 눈물이 났다. 확실히 짐은 하늘에서 내려 주신 사랑의 선물이었다. 어느 추운 겨울날 저녁, 남편 짐포드가 시체가 되어 돌아온 후의 쓰라린 나날 속에서도 짐은 그녀에게 내린 하나의 축복임에 틀림없었다. 그 당시에는 살아야 할 아무런 가치도 느끼지 못했으나 초롱초롱한 눈빛의 세 살배기 아들의 얼굴을 내려다보았을 때 그 누군가를 위해서라도 살아야 된다는 강렬한 욕망을 갖게 되었던 것이었다. 어린 짐은 자신과 남편 짐포드의 것이었다. 아들은 그들 자신의 살과 피였다. 이렇게 밝고 빛나는 아침에 교회의 회중석에 앉아 은혜로운 구세주의 재림에 대한 놀라운 설교에 귀를 기울이고 있자니 어느덧 그 시절의 일은 까마득한 옛날의 일처럼 느껴졌다.

페어뷰 교회에서는 그 날 부흥회가 열리고 있었다. 젊은 레오메스페로 목사는 깊은 확신을 가지고 설교했다. 그리고 그의 목소리는 하나님의 성령과 능력으로 충만해 있었다.

"구약성서에 유대인들은 하나님께서 거룩한 땅으로 그의 백성들을 불러 모으리라는 하나님의 약속을 받았습니다. 그래서 1921년 이후 유대인의 역사상 가장 큰 집결이 있었습니다. 오늘날 유대인들은 하나님께서 그들의 조상들을 모든 열망 속에 흩으신 이래 그 어느 때보다도 더욱 자극을 받고 있습니다. 친애하는 여러분 ! 유대인들이 어떤 방법으로 팔레스타인을 탈환하려고 투쟁하고 있는가를 나는 지상(紙上)을 통해 지켜보았습니다. 하나님의 아들이 오실 때가 매우 가까웠다는 것을 나는 깨닫습니다. 우리가 하나님의 아들이 공중에서 나타나시어 그리스도의 신부(新婦)인 교회가 휴거 되는 때를 기다리고 있듯이 유대인 또한 이스라엘의 메시아를 기다리고 있습니다. 그들은 지상에 왕국을 건설하시기 위하여 오시는 주님을 기다리고 있습니다. 그리스도는 이천년 전에 오셨습니다. 그러나 그리스도께서 탄생하셨을 때 유대인들은 그가 하나님의 아들이 아니라 협잡꾼이라고 떠들었습니다. 모세, 이사야 그리고 그 밖의 옛 선지자들이 그리스도의 강림을 예언했습니다. 그렇지만 전혀 예기치 못한 시기에 주님이 오셨을 뿐만 아니라 그가 너무도 천하게 태어났기 때문에 유대인들은 그가 메시아가 아니라고 생각했습니다. 유대인들은 그들의 왕이 마구간에 태어나서 구유에 눕혀진다는 것을 믿을 수 없는 일이라고 생각했습니다. 그래서 그들은 〈십자가에 못 박게 하소서. 그의 피를 우리와 우리 자손에게 돌리소서.〉라고 외친 것입니다. 무지(無知) 때문에 유대인들은 지극히 높으신 분의 아들인 왕을 십자가에 못 박았습니다. 지금도 유대인들은 여전히 그들의 메시아를 기다리고 있습니다. 그렇기 때문에 만일 유대인들이 기대하는 모든 품성들을 갖춘 거짓 그리스도가 나타난다면 그들은 그 거짓 그리스도를 그리스도로 영접하게 될 것입니다.”

콜린스 여사는 설교를 듣고 있는 도중 갑자기 최근에 들은 뉴스와 신문에서 읽었던 기사들이 머리에 떠올랐고, 그녀의 마음은 방황하고 있었다.

그녀는 풀이 죽었다. 가슴이 찢어지는 듯 아팠다. 구원받을 준비를 하지 못해서 그런 것이 아니었다. 주님을 사랑하지 못하여, 그와 함께 거할 욕망이 없어서가 아니었다. 다만 외아들 짐이 주님을 만날 준비를 하지 못한 때문이었다. “오, 만일에 짐이 홀로 남아 있게 되어 대환난의 고통을 당하거나 아니면 짐승의 표라도 받게 된다면........ 안 돼, 짐은 구원 받아야 해.”라고 콜린스는 자기도 모르게 혼잣말로 중얼거렸다.

젊은 목사는 설교를 계속했다. “계시록 6장에서 요한은 인(印)들 중 하나를 떼는 어린 양을 보았다고 했습니다. 그리고 백마위에 탄자는 손에 활을 가졌고 면류관이 그에게 주어졌으며, 요한은 면류관을 받은 그가 나아가 이기고 또 이기려는 것을 보았다고 했습니다. 탄자가 백마 위에 있기 때문에 그가 그리스도일 것이라고 생각하는 사람들도 있습니다. 그러나 그가 그리스도가 아닙니다. 직접 그 인을 떼는 자가 곧 어린 양이신 그리스도입니다. 여러분은 〈흰 색깔은 평화의 상징이 아닌가?〉라고 물을 수도 있습니다. 물론 흰 색은 평화의 상징입니다. 그리고 적그리스도는 평화의 왕을 가장하여 나타날 것입니다. 다니엘은 그 평화를 통해서 많은 것들이 파괴되리라고 예언했습니다. 우리가 말하는 '휴거'라고 하는 것은 하나님의 아들이 공중 가운데 나타나셔서 그리스도의 신부인 교회를 주님과 함께 살도록 이끌어 올리실 것이라는 뜻입니다. 어떤 사람들은 이 일을 이상히 생각하여 언제 적그리스도가 나타날 것인가라고 시기를 알고 싶어 합니다. 다니엘서 9장에는 다니엘이 기도하며 그의 백성 유대인들에게 언제 이런 일이 일어날 것인가를 알기를 염원했습니다. 금식하고 그들의 죄를 고백했을 때 그는 하늘로부터 이런 응답을 받았습니다. 〈 네 백성에게 70이레로 기한을 정했느니라.〉 여기서 말한 이레는 보통의 1주일인 7일을 말하는 것이 아니라 7년을 말하는 것입니다. 그리스도가 십자가에 못 박히실 때까지 이미 69이레의 예언이 성취되었습니다. 유대인 시대가 지나고, 이제는 이방인 시대가 왔습니다. 유대인들에게는 이제 70이레 중 1이레가 남아 있다고 다니엘은 기록했습니다. 그러나 이방인 시대가 닫힐 때까지는 마지막 이레가 시작되지 않습니다. 신부의 휴거는 이방인 시대가 끝날 시기에 발생될 것이며 그 때는 유대인 시대의 마지막 이레인 7년이 시작될 것입니다. 여러분은 교회가 7년 환난의 절반을 겪지 않으면 안 될 것이라고 말할지도 모르겠습니다. 그러나 이것은 그 하나님의 말씀에 비추어 볼 때 사실이 아닙니다. 이사야서 26장 20절에는 '내 백성아 갈지어다. 네 밀실에 들어가서 네 문을 닫고 분노가 지나기까지 잠깐 숨을지어다.' 라고 기록되어 있습니다. 계시록에서는 일곱 교회 중 한 교회가 장차 올 세상에 임하여 땅에 거하는 자들을 시험할 때 시험을 면케 해주리라는 약속을 받았습니다. 이방인 시대가 지나버린 다음에 이방인 신부가 이곳에 남아 있다는 것은 논리적이지 못합니다. 마찬가지로 우리가 환난기의 절반을 겪어야 한다면 우리는 적그리스도가 출현하여 3년

반을 지날 때까지 기다리지 않으면 안 됩니다. 그렇다면 어떤 시기에 하나님의 아들이 나타나 교회가 휴거되는지를 알 수 있지 않겠습니까? 이것은 사실이 아닙니다. 예수께서는 하나님의 아들이 재림하는 그 날과 때는 아무도 알 수 없으며 하늘에 있는 천사라도 알지 못한다고 했습니다. 적그리스도의 영은 이미 이 지상에 존재하고 있습니다. 다만 그는 휴거가 되기까지는 나타날 수 없는 것입니다. 교회는 댐과 같다고 생각합니다. 댐이 물을 막고 있듯이 적그리스도를 막고 있는 것입니다. 교회가 휴거될 때 그리스도가 돌진해 들어와서 유대인과 7년 동안 굳게 언약을 맺을 것입니다. 그 이레의 중반부에서, 즉 3년 반이 되었을 때 그 언약은 깨어질 것입니다. 처음엔 유대인들이 완전히 속아 그를 진짜 그리스도로 생각할 것입니다. 우리는 앞으로 어떤 일이 갑자기 일어날지 예상할 수 없습니다. 이것은 팔레스타인이 유대인들에게 개방되어 있음을 뜻합니다. 만일에 유대인들이 지금이라도 팔레스타인에 귀향할 하나님의 때라고 한다면 아랍사람들은 그들을 막아내지 못할 것입니다."

콜린스 여사가 눈물을 머금은 눈으로 설교를 듣고 있을 때 창밖의 새들은 잔디밭에서 아름답게 지저귀고 태양은 유리창 위에서 빛을 발하고 있었다. 이렇게 평화스러운 날 예배당에 앉아서 메시지를 듣는 그녀는 행복하기만 했다. 만약 아들 짐과 며느리 루실이 함께 있었다면 그 아침은 더욱 아름다운 아침이 되었을 것이다.

그녀의 생각이 짐의 유년시절로 돌아갔을 때 황금빛과 갈색의 곱슬머리를 숙이고 진지하게 기도를 드리는 귀여운 아들의 모습이 떠올랐다. 그녀에게 있어서 이런 짐의 모습은 감격적인 것이었다.

"이제 잠자리에 들려 합니다. 주님, 제 영혼을 맡아 주셔요. 만일 내일 아침에 일어나기 전에 죽는다면 제 영혼을 맡아 주셔요. 하나님, 엄마와 지니 아줌마, 빌 아저씨를 축복해 주시고 또 모든 사람들을 축복해 주셔요."

그녀는 그처럼 아름답고 마음을 감동시키는 잠자리에서의 귀여운 아들을 바라볼 때마다 아들 짐이 얼마나 훌륭한 사람이 될까라는 생각으로 한없이 가슴이 부풀어 올랐다. 그가 목사가 될지 누가 알겠는가? — 가족 중에 목회하는 사람이 아무도 없지만 하나님께서 그를 쓰실 지도 모른다. 많은 사람들은 대부분의 직임을 조상대대로 물려받아야 하는 것처럼 생각한다. 어떤 종류의 일들은 자손에게 전수될 수도 있다. 그러나 하나님의 일에 대하여서는 그분은 누구든지 선택하시고 부르신다. 그것이 일을 하시는 하나님의 방법이시다. 짐에게는 지극히 큰 하나님의 영적 진리를 전하기 위해 하나님께 선택되어 기름부음 받아 목사가 되는 것 이상으로 더 큰 영광은 없을 것이다.

한번은, 콜린스 여사가 커크랜드 부인과 함께 이런 일에 대해 이야기하며 그들의 아들이 성장한 후에는 무엇이 되었으면 좋겠느냐에 대해서 애기를 나누었는데 커크랜드 부인은 손을 저으며 어처구니없다는 듯이 소리쳤다.

"목사를 만든다고요?" 그녀는 별안간 외쳤다. "수지 콜린스 부인, 아들이 그처럼 못나고 따분하고 지루한 생활을 하기를 바라고 있는 걸 보니 단단히 정신이 나간 거로군요. 저는 절대로 안 그래요. 내 아이는 세상이 우상처럼 받드는 유명한 사람을 만들겠어요. 목사라니…….."

그녀는 일부러 점잔을 빼면서 애기했다.

"아, 그것도 명성을 얻을 수 있는 것입니까? 하긴 그럴 만도해요. 당신은 언제나 구식의 별난 생활을 계속해 왔으니 무엇인들 알겠어요? 그런 점에서 난 당신에게 끌려요. 짐을 목사로 만들어 당신이 행복해질 수 있다면 뜻하신 대로 이루어지기를 빌겠어요."

콜린스 여사는 가만히 앉아서 그 때의 대화를 회상했다. 그 때의 일이 바로 어제처럼 느껴졌다. 결국 짐은 목사가 되지 못했다. 그는 하나님의 자녀가 아니었다. 종교에 대한 관심조차 보이지 않았다. 법률만이 그의 인생에서 가장 흥미 있고 중대한 관심의 대상이었다.

"주님께서 오실 날이 가까운 것처럼 보입니다." 목사의 설교는 계속되었다. "그의 오심을 나타내는 징조가 이미 이루어졌습니다. 성경대로 어김이 없이 주님은 언제든지 오실 수 있습니다. 누가 압니까? 오늘 주님이 오실는지 !"

콜린스 여사는 계시록과 다니엘서를 여러 번 읽어왔지만 그 때마다 적그리스도에 대한 연구는 항상 흥미 있는 것이었다. 이 젊은 설교자는 다른 누구보다도 그것을 알기 쉽게 설명해 주었다. 그는 주님의 재림이 매우 가까웠다고 역설하여 교회 안에 있는 모든 죄인들이 예배당을 떠날 때는 이미 깊이 회개하게 만들었다.

목사의 설교는 급속도로 빠르게 진행되었다. " 적그리스도는 정체를 드러낼 것입니다. 그리고 유대인들과 언약을 맺게 됩니다. 유대인들은 기뻐 날뛸 것이며 의심할 것도 없이 유대인은 기쁨의 행진을 하며 밴드를 연주하게 될 것입니다. 그놈들은 이 대사건을 위하여 참고 기다려 왔다는 것을 기억하십시오. 그놈들은 팔레스타인 안에 저들의 성전을 세울 것이며 그들의 조상들이 해오던 것처럼 하나님께 희생을 드릴 것입니다. 우리는 이 자들을 작은 뿔, 사악한 자, 짐승, 지옥의 자식들 등등의 이름으로 부를 수 있는데, 그것은 동일한 인물에 붙인 여러 가지 이름입니다. 성경은 적그리스도에게 수많은 다른 이름을 명명해 주었습니다. 유대인들은 메시아가 출현할 때 그들의 성전을 세울 수 있도록 여러 항구마다 잘 다듬어진 돌들을 실을 준비를 해 두었다는 말을 나는 들었습니다. 오래지 않아 그가 나타나면 유대인들은 그들의 성전을 일으켜 세울 것이며 그들의 희생물을 드리려고 준비하고 있는 것입니다. 다니엘서에서 다니엘은 그의 세력 하에서 특수기술이 번영할 것이라고 말했습니다. 공장들과 모든 형태의 기술 산업이 번창할 것이라는 뜻입니다. 그것은 곧 이권(利權)들을 백성들에게 나누어 주어 그가 하나님의 아들이라는 것을 더욱 믿게 하려는 것입니다. 히틀러가 그처럼 강력한 권력을 휘둘렀을 때 어떤 사람들은 그를 보고 적그리스도라고 생각했습니다. 그러나 히틀러는 유대인의 메시아라고 할 수는 없었습니다. 왜냐하면 그는 유대인을 좋아하지 않았기 때문입니다. 적그리스도는 다른 어떤 사람보다도 유대인에게 호의를 보일 것입니다. 히틀러는 수백만의 유대인을 학살했습니다. 처음 3년 반 동안은 평화로운 통치가 될 것이며 유대인은 그들의 제사를 하나님께 드릴 것입니다. 어느 날, 처음 3년 반이 끝난 후에는 유대인들을 예배하기 위해 성전에 올라가게 될 것이며, 적그리스도는 가증할 희생물로 성전을 더럽힐 것이며, 하나님의 성전에 적그리스도인 자신을 세워두어 자신이 하나님이라는 것을 보여 줍니다. 그러나 그들은 그를 하나님의 아들이라고는 생각하지만 하나님으로는 믿지 않습니다. 마침내 유대인의 눈이 밝게 뜨여져 그들이 속았음을 깨닫게 될 것입니다. 유대인들의 일부는 하나님께서 저들을 위하여 마련해 주신 피난처가 있는 광야로 도망쳐 나올 것입니다. 계시록 13장에서 요한은 말합니다. '내가 보니 바다에서 한 짐승이 나오는데 뿔이 열이요, 머리가 일곱이고, 그 뿔에는 열 개의 면류관이 있고 그 머리들에는 참람된 이름들이 있더라. 내가 본 짐승은 표범과 비슷하고 그 발은 곰의 발 같고 그 입은 사자의 입 같은데 용이 자기의 전능과 보좌와 큰 권세를 그에게 주었더라.' (계시록 13장 1,2절) 다시 말하면 요한은 열국(列國) 가운데서 일어나는 자들을 보았다고 말했습니다. 이 자들이 적그리스도와 그의 정부권력자들입니다. 요한은 세상이 그 짐승을 이상히 여겨 짐승을 따르고 그를 경배한다고 계속 말을 잇고 있습니다. 그들은 짐승에게 권세를 준 용이나 마귀를 경배했습니다. 같은 장에서 우리는 또 다른 짐승이 등장하는 것을 보는데 양처럼 두 뿔을 가졌고 용처럼 말하고 하늘로부터 불을 내려오게 하는 권세를 가졌습니다. 이것은 하나님의 신성에 도전하는 세 번째 인물인 것입니다. 삼위일체의 하나님을 말할 때에는 성부와 성자와 성령이 있는데 하나님을 대적하는 세력에도 하나님의 적(敵)이라고 할 수 있는 마귀와 짐승이라고 부르는 적그리스도와 거짓 선지자라고 할 수 있는 악령(惡靈)이 있습니다. 지금은 성령의 시대이므로 성령께서 그리스도의 일을 대신 하십니다. 성령은 그 자신의 영광을 위해 일하지 않고 성부와 성자를 위해서 일하십니다. 그 날에는 악령이 적그리스도와 마귀의 시중을 들게 될 것입니다. 악령은 자기 능력껏 놀라운 기사(奇事)를 행하여 사람들을 미혹하며 지상에 거주하는 사람들에게 짐승의 우상을 만들라고 종용할 것입니다.

'저가 권세를 받아 그 짐승의 우상에게 경배하지 아니하는 자는 몇이든지 다 죽게 하더라. 저가 모든 자, 곧 작은 자나 큰 자나 부자나 빈궁한 자나 자유로운 자나 종들로 그 오른손에나 이마에 표를 받게 하고........' (계시록 13장 15,16절)

고요함이 청중들 사이에 깃들고 있었으며 주위는 죽은 듯이 잠잠했다. 설교자가 성경책을 덮자 '내일 작별인사를 드릴지도 모르니'라는 성가대의 합창이 울려 퍼졌다. 목사님은 가능한 한 모든 사람들에게 휴거가 되기 전에 마지막으로 헌신할 것을 촉구하고 있었다. 회중들은 휴거를 대비한 마지막 헌신의 표시로 제단 앞으로 나아오기 위하여 일어섰다.

여러 가지 놀랄 만한 방법으로 사람들의 심령에 회개의 역사가 일기 시작했으며 소리 높여 울부짖는 사람들도 있었다. 콜린스 여사는 지금

이 전(殿)에 하나님의 성령이 역사하고 계심을 직감할 수 있었다. 수많은 사람들이 기도하기 시작했다. 그러나 이 예배에서 하나님을 찾으려 하지 않는 사람들도 상당히 있었다. 그들은 오늘 아침 이 시간에 결심하지 못하고 다음 기회에 받아 들여야겠다고 미루고 있었다.

마지막 순서에서는 예수를 찾은 사람들의 영광스러운 간증이 있었고 청중들은 이윽고 자리에서 일어섰다. 그들은 이 놀라운 예배에 대해서, 그리고 주님께서 오실 날이 매우 가까워졌을지도 모른다는 사실에 대해서 대화를 주고받으며 이처럼 많은 사람들을 이 집회에 불러 주신 주님을 찬미하며 기쁨을 안고 둘씩 셋씩 짝을 지어 천천히 문 밖으로 나섰다.

콜린스 여사의 얼굴은 주님의 영광으로 빛나고 있었으며 발걸음은 활기에 차 있었다.

약간 멀리에서 콜린스 여사를 본다면 아무도 그녀가 60대에 들어섰다고는 믿지 않을 것이다. 그녀의 걸음은 항상 기운차 있었기 때문이었다. 사실 가까이에서 보면 상냥하고 다정한 얼굴에 많은 주름살이 있는 것을 볼 수 있는데 그것은 그녀의 인생 여정에서 겪은 수많은 풍상(風霜)임을 여실히 나타내 주는 것이다.

헤스터 벨 윌슨은 콜린스 여사를 따라잡기 위해서 평소의 걸음걸이보다 더 속도를 내고 있었다.

발걸음을 더욱 재촉하면서 그녀는 도대체 사람들은 왜 교회 같은 곳에서 시간을 소비하는지 모르겠다고 고개를 갸우뚱하고 있었다. 더구나 그들은 교회에 가는 것을 즐기는 것처럼 보이지 않던가. 그런 사람들을 이해할 수가 없었다. 왜 사람들은 극장이나 다른 활기찬 곳을 찾지 못하는 것일까? 그런 것이 더 재미있을 것이 아닌가? 그들은 한결같이 그런 행동은 기독교인답지 않은 것이라고 말했다.

하지만 비록 그녀가 신앙이 깊지 않다 하더라도 다른 사람들로부터 마치 이방인 취급을 받는 것은 싫었다.

콜린스 여사를 따라잡으려고 걸음을 재촉하는 그녀의 뺨은 열기로 붉어졌고, 검은 곱슬머리는 한낮의 산들바람에 나부끼고 있었다.

헤스터가 가쁜 숨을 내쉬며 바짝 뒤따라왔을 때 콜린스 여사는 인자한 눈빛으로 아름답고 둥그런 헤스터의 얼굴을 뒤돌아보았다.

"누가 좇아오기라도 하니?" 그녀는 상냥한 음성으로 물었다. "정말 알 수 없는 일이구나. 너처럼 귀여운 처녀가 오늘같이 아름다운 날에 서둘러 집에 간다고는 감히 누가 생각이나 하겠니?"

해스터 벨은 대꾸도 없이 그녀에게 바싹 다가섰다. 헤스터 벨은 자신의 진짜 감정을 숨기는데 필요한 몇 가지의 대답을 항상 준비하고 다녔다. 만일에 그녀가 용감하게 보이기 위해 거짓말을 해야 한다면 능히 그럴 수도 있었다.

"제가 집에 빨리 가려고 이렇게 숨이 차게 뛰어오는 것이 아니란 것쯤은 잘 아시잖아요, 콜린스 아줌마. 평소에 아줌마를 잘 알지 못하고 있었다면 제가 아줌마의 뒤를 좇아오는 걸 빤히 알면서도 어떻게 그처럼 뒤도 보지 않고 빨리 걸을 수 있냐고 한마디쯤은 싫은 소리를 했을 거예요. 어쨌든 지금은 아줌마를 따라 잡았어요. 그런데 오늘 아침의 그 요망하고 건방진 설교를 어떻게 생각하세요? 제 생전에 오늘 아침 만큼 그렇게 소름이 끼쳐 본 일은 없었어요. 엉터리 수작이에요. 그 목사는 언제 주께서 다시 올지 모른다고 했어요. 제게 겁을 너무 주었기 때문에 앉아 있어야 할지 나와야 할지 몰랐을 지경이었어요. 그것이 사실이 아니란 것쯤은 다 알고 있었지만 10년은 감수했을 거예요. 좀 더 유쾌한 설교를 할 수는 없을까요? 목사님은 어디서 그런 부질없는 것들을 얻어들었을까요?"

콜린스 여사는 말 같잖게 내뱉는 이야기에 한마디 대꾸도 없이 잠자코 듣고만 있었다. 갑자기 헤스터 벨은 말을 멈추고 콜린스 여사를 아래 위로 샅샅이 살펴보았다. 그녀의 흐뭇해 보이는 안색과 차분함이 어느 때보다도 헤스터를 당황하게 만들고 있었다.

"아줌마, 설마 목사님이 하시던 말을 믿는 것은 아니겠죠?"

콜린스 여사는 그 문제에 대하여 조용하면서도 확신 있게 대답했다. "그럼, 믿고말고. 두려운 일이지. 오늘 아침의 설교는 내게 전혀 새로운 것이 아니었단다. 난 내가 살아온 일생 동안 주님을 고대하고 기다려 왔어."

"그럼 지금 이 시간에도 그런 일이 일어날 수 있다는 말인가요?" 그녀는 다그쳐 물었다.

"그렇다면 아줌마의 말은 순식간에 사람들이 홀연히 변화되고 눈 한번 깜짝할 사이에 죽은 자가 무덤에서 일어난다는 것을 세상 사람들이 모두 믿는다는 말인가요?"

"아냐, 사람들이 모두 다 믿고 있다고는 생각하지 않아. 하지만 그렇게 되기를 바라는 심정이야. 주님이 오실 때 주님과 함께 가지 못한다면 얼마나 비극적인 일이겠니?"

헤스터 벨은 잠시 동안 눈을 커다랗게 뜨고 콜린스 여사를 빤히 쳐다보았다. 그 때, 그녀는 이런 상태에서는 몇 마디의 유머를 이야기하는 편이 오히려 낫다고 생각했다. 그녀는 두려운 감정을 웃음으로서 제거하려 했다. 자신이 느끼는 이런 두려운 감정이야말로 사람들을 놀라게 하여 분별력을 잃게 하고 신경을 망쳐 놓아 더 이상 아무 일도 하지 못하도록 만들 것이라고 생각했다. 왜 콜린스 여사를 뒤따라 잡으려고 마음먹었을까? 아무리 목사님이 그 말을 전했다 하더라도 그런 어리석은 이야기를 믿을 사람은 하나도 없을 것이라는 생각이 떠올랐다.

"콜린스 아줌마는 그 같은 교리를 믿을 수 있는지 모르지만 저는 달라요. 그런 것들을 믿기에는 너무 신식(新式)이란 말이 예요. 그런 터무니없는 말로 저를 설득할 사람은 세상에 아무도 없어요. 저는 어제 갓 태어난 어린애는 아니니까요."

헤스터는 확신에 찬 말을 하려고 는 했지만 조금도 그녀를 괴롭히고 싶은 마음이 없는 것처럼 가장하려 했다. 그러나 어느 누구라도 금방 눈치 챌 정도로 그녀의 음성은 매우 떨리고 있었다.

"그레타 헬만이 공중에 들림 받는다고 생각하세요? 그녀는 체중이 300파운드나 되는 걸요. 그녀가 공중으로 비행하는 모습을 생각해 보신 적이 있어요?"

해스터 벨은 말을 중단하고 다소 흥분하여 큰소리로 웃어댔다. 그러나 콜린스 여사는 놀랍도록 마음이 차분하게 가라앉아 있었다.

해스터 벨은 목구멍에서 무엇인가 큼직한 덩어리가 기어 나오는 것같이 느껴졌다.

겁을 잔뜩 집어먹은 표정이었다. 등골이 오싹하는 무시무시한 기분이 그녀의 온 몸에 돌고 있는 것처럼 생각되었다.

"쳇, 기분 나쁜 여편네 같으니라고 !" 라고 그녀는 생각했다. (오늘 같이 화창한 주일날 하루를 완전히 망친 게 아니야 ! 내 이럴 줄 알았으면 결코 서둘러 따라와서 그 따위 터무니없는 것들을 물어보지는 않았을 텐데.)

"헤스터 벨, 만일에 말이야, 모든 사람들이 오실 주님을 대망한다면 이 세상은 전혀 다른 세상이 될 거야. 이해할 수 있겠니 ?"

콜린스 여사의 견식이 있는 눈은 애기를 계속할수록 다이아몬드처럼 반짝이고 있었다.

"분명히 이 세상은 완전히 달라질 거야." 그녀는 헤스터보다 더 가까운 사람에게 애기하는 것처럼 부드럽게 말했다.

"극장도 없고, 술집도 없고, 노름도 없고, 춤도 없고, 욕지거리도 없고, 이혼으로 갈라진 가정도 없고, 감옥도 없고, 살인자나 자살자도 없게 된단다. 정말 이 세상은 놀랍게 달라질 거야."

조심성 있게 듣고 있던 헤스터는 퉁명스럽게 한마디 내뱉었다. "그건 아줌마를 위한 세상이지 저를 위한 것은 아닐 거예요. 무서워요！ 누구든지 그런 애기를 억지로 믿도록 강요하지 말았으면 좋겠어요. 온종일 무서움에 사로잡히게 될 거예요. 글쎄요, 잠에 떨어져도 깨어 있어도 무서울 것만 같아요. 집에 있어도, 집 바깥에 나와 있어도 겁이 날 거예요. 제발 그만해요！ 등골이 오싹해서 견딜 수 없어요. 저는 언제나 하나님을 두려워했거든요."

"애야, 하나님을 두려워해서야 될 말이냐？ 하나님께서는 우리들을 사랑하신단다. 그는 진정으로 우리들을 사랑하기 때문에 그의 아들을 보내셔서 우리를 거듭나게 하고 그의 피로 우리의 모든 죄를 깨끗이 씻어 주셨어. 헤스터, 조금도 겁낼 건 없어. 준비만 하고 있다면 말이야." 콜린스 여사는 부드럽게 타일렀다.

"만일에 세상에서 너를 가장 사랑해 주신 분이 네게 편지를 보내어 조만간 찾아 와서 눈물도 비통도 고통도 없는 아름다운 곳으로 데리고 가겠다고 했다면 너는 슬퍼하겠니？ 그리고 그 외에 더 바랄 것이 있다고 생각하겠니？ 그분이 살고 있는 곳의 도로는 찬란한 황금이 깔려 있고 문은 진주로 만들어져 있단다. 또 마시기만 하면 영원히 살 수 있는 강물이 흐르고 있는 강병에 기거할 수 있는 저택을 갖게 되는 거란다. 죽음 따위를 걱정할 필요가 없어. 악한 사람은 아예 존재하지도 않는 곳이지. 모든 사람이 다 널 사랑하고 너는 모든 사람을 다 사랑하게 될 거야. 무엇보다도 오래도록 사귀고 사랑하던 너의 놀라운 친구가 그 훌륭한 성(城)에서 영원토록 너와 함께 사는 것이야. 그래도 두렵게 생각하는 거니? 그가 언제쯤 데리러 오겠다고 밝힐 수는 없지만 언제든지 떠날 준비를 하고 있으라고 했는데도 너는 항상 두려워하고 걱정만 하고 있겠니? 아니면 그 날이 속히 다가와 그 사랑하는 친구가 올 것을 바라며 찬미하며 지내겠니?"

"그런 친구가 있다면야 자랑스럽게 기다릴 텐데요." 헤스터는 주저하지 않고 대답했다.

"물론 두려워할 것도 없지요. 하지만 하나님의 아들이 오신다는 것은 경우가 달라요. 저는 그분을 알지도 못해요." 그녀는 솔직히 시인했다.

"너는 내가 사랑하는 주님을 잘 알지 못하고 너의 구주로 영접하지도 못했구나!" 콜린스 여사는 밝은 표정으로 이야기했다. "그것은 네가 두려워하기 때문이야. 너의 마음속에 주님을 영접하면 더 이상 두려워할 필요가 없는 거란다. 예수님이 곧 내가 얘기한 사랑하는 그 친구분이야. 그는 떠나셨지만 다시 와서 그와 함께 영원히 살 수 있도록 너를 사랑하여 이 괴로운 세상에서 영원히 행복하게 살 곳으로 데려가시기 위해 속히 오실 것이라는 놀라운 사실을 알아야 해."

헤스터에게는 긴 시간인 것처럼 느껴졌는데 겨우 콜린스 여사가 살고 있는 흰 말뚝 울타리에 둘러싸인, 방이 6개 달린 흰색 방갈로식 주택에 다다랐다. 창문마다 말끔히 풀 먹인 흰빛 엷은 오건디 천으로 된 커튼이 창문턱을 문지르며 이따금씩 안으로, 밖으로 나부끼고 있었다.

현관 앞에 놓인 붉은빛 제라늄이 고개를 끄덕이며 반가이 맞아주었다. 정성껏 손질된 아름답고 푸른 잔디밭과 여기저기에 심어진 과목들은 매혹적인 한 폭의 그림 바로 그것이었다.

헤스터는 꿈을 꾸는 듯 한 눈빛으로 말끔하고 애정 깃든 집을 둘러보고 나서 만일에 그녀가 이런 집에서 살고 있다면 누가 자기를 데리러온다고 해도 그렇게 기쁠 것 같지 않았다.

"여기가 내가 사는 집이란다. 안으로 들어가 보지 않겠니?"

"아, 아니에요. 집에 가봐야 해요. 어머니가 기다리실 거예요." 헤
스터는 어머니가 자기를 기다리고 있지는 않을 것이라는 것을 잘 알고
있었다. 다만 콜린스 여사로부터 속히 도망치고 싶었을 뿐이었다.

"들어와서 냉밀크에 신선한 쿠키를 좀 들지 않겠니? 어제 과자를 좀
만들어 두었거든. 아마도 내 아들 짐이 손자를 데리고 건너올 것 같아서
말이야. 손자 슈는 그것을 굉장히 좋아한단다. 언제나 〈마마 쿠키, 마마
쿠키 !〉라고 재롱을 떨거든. 아직 어리지만 참 귀엽단다. 주일학교에 가
게 되었으면 좋겠어. 헤스터, 잠깐 들어오너라." 그녀는 계속 잡아끌었
다. "아네요. 다음에 다시 들르겠어요."

그녀는 먹음직스럽고 바삭바삭 씹힐 듯 한 쿠키를 생각하며 도망치듯
길을 따라 내려갔다.

그녀가 이 향긋한 대접을 스스로 물리친 것은 순전히 하나님의 아들
이 언제인가 재림하여 사람들을 낚아채듯 올려워가신다는 목사의 설교
탓이었다. 그녀는 그 설교가 사람들을 죽음의 공포로 완전히 몰아붙인
다고 생각했기 때문이었다. 과연 세상은 어떻게 달라질 것인가? 그 생
각을 하면 아무리 과자가 맛이 잇다 해도 콜린스 여사의 집에 머물러 그
것을 먹을 생각이 들지 않았다. 더구나 사람들이 공중으로 사라지고 하
늘을 날아가는 따위의 애기는 더 이상 듣고 싶지 않았다.

헤스터는 행여 주님이 오시지나 않을까 하는 두려움으로 하늘을 올려
다보기가 무서워 앞만 바라보며 걸음을 재촉했다.

마침내 그녀는 노란 페인트칠을 한 그녀의 집 앞에 이르렀다. 한꺼번
에 돌계단을 두 개씩 뛰어넘으며 현관을 가로질러 곧장 거실로 뛰어들
었다.

"엄마! 집에 계세요?" 그녀는 큰소리로 불렀다.

물론 어머니가 집에 계신다는 것은 이미 알고 있었다. 어머니는 하루 중 이 시간쯤이면 항상 집에 있었다. 이제 브리지 게임을 하러 오는 패거리들이 도착할 시간이 얼마 남지 않았던 것이다. 헤스터는 그들의 거친 파티 자리에 들어가지 않았다. ―특별히 주일날에는 ―. 헤스터는 구원받지는 못했지만 양심만은 지니고 있었다. 양심이 곧 그런 일을 하도록 내버려 두지 않았다. 그래서 그녀는 콜린스 여사나 주일학교 교사들과 같은 사람들처럼 서로 관계를 맺으며 선한 뜻을 지켜나가야만 했다. 그들은 아무렇게나 살아가고 행동하는 것은 생각조차도 못했다.

헤스터는 부엌문으로 뛰어 들어가자마자, "엄마, 주님이 오셔요 !"라고 소리쳤다. 어머니 수잔 윌슨은 깜짝 놀랐지만 평소의 재치로 신속히 대답했다.

"누가 지금에 와서 그런 정신 빠진 소리를 지껄이더냐? 분명히 말해 두지만 아이들은 함부로 나다니며 그런 쓸 데 없는 소리를 듣고 다니거나 터무니없는 확신을 갖는 것은 좋지 못해 !"

"하지만 그 말을 저는 들었어요. 아빠도 엄마도 들었어야 했어요. 비밀로 간직해 두어서는 안 될 일이라고 목사님도 말씀하셨단 말 이예요."

헤스터는 목사님의 메시지에 대해 반감을 갖게 되었을 때 그가 한 말을 다시는 입 밖에 내지 않겠다고 다짐했던 것을 까마득히 잊고 있었다.

"마스페로 목사님께서 주님은 어느 때엔가 오실 것이라고 말씀하셨어요. 성경을 인용하여 당장 오시게 될지도 모른다고 했는걸요. 만일 엄마가 하나님의 자녀가 아니고 하나님의 말씀의 빛 안에서 걸어가지 않는다면 엄마도 휴거되지 못하고 이 땅에 남아있게 될 거예요. 엄마, 남아 있는 사람들은 처참하고 무서운 일들을 겪어야 한 대요."

헤스터는 교회에서 들은 모든 메시지를 반복하여 말했다. 만일 그 젊은 목사님이 헤스터가 말하는 애기를 들었다면 확실히 웃지 않을 수 없었을 것이다.

헤스터는 그녀의 어머니에게 그 애기를 들려주었을 때 어머니의 얼굴에 나타나는 두려움을 놓치지 않았다. 그녀는 자신의 상상력까지 동원하여 온갖 설명을 해 나갔다. 그러나 어머니는 헤스터처럼 소름끼치는 오싹함을 느끼지는 않는 것 같았다.

그녀는 교회에 가서 직접 듣지 않았기 때문이었다. 헤스터는 그날 아침에 들은 것으로 충분하다고 생각했다.

헤스터가 깊은 숨을 들이마시려고 잠시 말을 중단했을 때 어머니가 소리쳤다. "얼마나 엉터리 같은 애기냐 ? 믿을 수 없는 거야. 세월이 오가는 동안 사람들은 줄곧 그 말을 해왔어. 하지만 아직 아무 것도 일어나지 않았어. 의지가 약한 인간들이 그런 거짓 교리를 믿는 거야. 요전 날 이런 기사를 읽었어. 어느 교파에 소속된 분인지는 잘 모르지만 훌륭한 교육을 받은 목사였어. 그분은 몇몇 사람들이 예수 재림의 징조에 대하여 이야기를 나누며 주님이 다시 나타나실 것을 대망하여 기다리고 있다고 말했었지. 그 교회에서도 역시 예수 재림을 가르쳐 보았대. 잘 배우기는 하더라는 거야. 그는 말하기를, 그러나 지금은 개화의 때이기 때문에 무지하고 교육이 없는 사람들만이 그런 난센스를 믿는다는 거야. 지식층에 있는 사람은 그런 잠꼬대 같은 소리를 아예 믿지도 않는대."

"그럴까요?" 헤스터는 어머니의 말을 가로챘다. "하지만 그분이야말로 노아시대에 사는 사람들과 다를 바가 없어요. 노아시대의 사람들은 조만간 이 땅 전체에 홍수가 덮칠 것이라는 말을 믿지 않았대요. 피난 준비를 하지 못했기 때문에 멸망 받은 것이 아니에요? 목사님께서 그렇게 말씀하셨어요."

수잔 윌슨의 얼굴이 창백해졌다. 잠자코 깊은 생각에 잠겼다.

"어쨌든 이런 일에 관심을 갖는 것 자체가 어리석은 일이야."

헤스터의 어머니는 메마른 웃음을 지어 보였다. "자, 이제 나가 보아라. 헤스터, 이런 이야기는 다시는 꺼내지 말자. 그리고 더 이상 그 교회에 갈 필요가 없을 것 같다. 오늘 아침에 네가 듣고 온 그까짓 하찮은 일이 너의 신경을 좋지 않게 만들고 있어."

"오 엄마, 하나님의 아들의 재림에 대하여 그렇게 말씀하셔서는 안 돼요. 그것은 하나님을 기쁘게 하시는 일이 아니에요. 구속 받은 수많은 성도들이 주님의 오심을 대망하고 있어요. 이 사람들을 어리석다고 할 수는 없어요. 그렇잖아요? 엄마."

헤스터는 따지듯이 어머니를 쳐다보았다. 어머니는 그 일에 관해서 이야기하기에는 마음이 너무 산란했다. 더구나 그것을 헤스터나 다른 사람에게 시인하고 싶지 않았다.

헤스터는 발길을 돌려 2층의 방을 향해 계단을 올라갔다. 그녀는 푸른색의 실크 드레스를 벗고 소매와 허리에 예쁜 깃털이 달린 체크무늬 드레스를 갈아입었다.

점심 식사를 준비하고 있는 동안 수잔 윌슨은 깊은 명상에 잠겨 있었다. 그녀는 오래 전에 돌아가신 어머님의 말씀이 생각났다. 그녀의 어머니는 재림에 대한 이야기를 하실 때마다 기뻐 외치는 성도들 중의 한 사람이었다. 그 때의 일들이 수십 년 전처럼 느껴졌다.

수년 동안 수잔은 주님의 재림에 대해서 거의 잊고 지내왔다. 솔직하게 말한다면 하나님께서는 하나님의 전을 통하여 메시지를 듣게 하셨지만 그녀는 언제쯤 교회에 나갔었는지조차 기억에 없었다. 주님께서 지금 오신다면 어떻게 될까? 예수께서 재림하여 사람들을 데리고 가신다는 소식을 기뻐하여 믿고 기다린다는 이야기를 들은 그녀에게 매우 충격적인 소식이었다. 이런 이야기를 현대인들이 믿을 것 같지는 않았다.

헤스터가 허둥지둥 들어왔다. 갑자기 수잔은 깜짝 놀라며 감자껍질을 벗기던 나이프를 바닥에 떨어뜨렸다.

"애, 간 떨어지겠다. 좀 조용히 다니지 못하겠니?"

"미안해요, 엄마. 놀라게 할 작정은 아니었어요. 웬일이세요? 오늘은 신경이 매우 날카로워지신 것 같은데."

"그렇다, 그래!"

마치 유령이라도 나타나지 않나 보려는 듯이 문 쪽을 힐끔힐끔 훔쳐보며 신경질적으로 대답했다.

점심 식사가 준비되고 세 식구는 한자리에 둘러앉았다. 토요일 밤에 술을 마시고 들어오신 아버지는 기분이 개운찮은 것 같았다. 그는 우울한 듯이 앉아 있으면서 한마디도 하지 않았다. 엄마는 의자가 삐걱하는 소리에도 깜짝깜짝 놀라고 있었다.

"우리 집에 무슨 일이 생겼어요?"

헤스터는 식탁 의자를 빼며 물었다. "아무도 말을 안 하실 작정이세요? 낸시네 집에나 가보겠어요. 지금 풍선 터트리기 게임이 한창일 텐데."

"헤스터 벨 윌슨! 집안일은 도무지 거들지 않을 거니?"

헤스터의 엄마는 딸에게 진짜로 화를 낼 때에는 성과 이름을 함께 부르며 마디마디에 강세를 붙이는 습관이 있었다. 재림 이야기 때문에 날카로워진 감정을 순전히 헤스터의 탓으로만 돌리고 있었다. 어쨌든 헤스터가 집에 돌아오기 전에는 평온했던 것만은 사실이었다.

"부엌에 가서 설거지를 하여라. 그게 우선 네 할 일이다. 오늘 오후에 내 친구들이 우리 집에 와서 브리지 게임(카드놀이)을 하기로 되어 있어. 설거지하기 전에 난로 위에 얹어둔 코코아를 한번 저어 놓고. 그것만 하면 그 때부터 너의 자유시간이야." 일을 시키는 데는 그녀는 엄했다.

"친구들이 우리 집에서 놀지 않았으면 좋으련만. 너의 아빠도 이 자리를 비워 주었으면 좋겠어."

그녀는 남편한테 시선을 주면서 이야기했다.

"하지만, 엄마랑 친구들이 오늘 오후 카드놀이를 하고 있을 때 주님이 재림하시면 어떻게 해요."

"내 옆에서 그런 허튼 소리를 더 이상 지껄여만 봐라. 혼내 줄 테니. 주님 같은 건 오지도 않아. 온대도 겁낼 사람도 없어. 내가 상관할 바가 아니다."

그녀는 헤스터의 진지한 말에 당황한 듯이 재빨리 입을 막았다.

겉으로는 아무렇지 않은 것처럼 보였지만 사실상 마음속으로 한 가닥의 무한한 감정이 물밀듯 들어왔다.

헤스터는 그릇들이 깨어지는 소리가 날 정도로 요란하게 씻었다. 냄비를 씻을 때는 마치 세레나데를 연주하는 듯 한 소리가 났다. 헤스터는 무얼 생각하고 있는 것일까? 자녀를 가진 부모들은 간혹 자녀들이 하고 싶지 않은 일을 시킬 때도 있나보다고 생각하고 있었다.

그녀는 합창곡 '주님 다시 오시네'를 부르기 시작했다. 그날 아침 예배 때 불렀던 찬송이었는데 여태껏 귀에 쟁쟁히 울리고 있었다.

수잔 윌슨은 방에 들어 와서 브리지 게임 파티 복으로 갈아입었다. 헤스터의 노래 소리를 듣자, 그녀는 싸늘한 냉기가 등골에 오싹하는 것을 느꼈다. 빗방울 같은 땀이 부드러운 살결에 흥건히 젖었다.

"헤스터, 제발 그만 부르지 못하겠니? 얼른 썩 꺼져버려. 설거지는 내가 해줄 테니. 원, 평화스럽고 조용한 시간을 좀처럼 가질 수가 없구나."

헤스터에게는 그것으로 충분했다. 부엌일을 그만두라는 말보다 더 좋은 것은 없으니 말이다. 이럴 때는 언제나 회심의 미소를 지으며 튀어나갈 준비가 되어 있었다.

헤스터는 급히 찬물로 세수를 하고 창가에 얹어 둔 빗으로 머리를 몇 번 손질했다. 그리고 앞치마를 벗어 던지고 부엌문을 튀어 나갔다. 낸시한테 가서 주의 재림 이야기를 할 심산이었다.

헤스터가 콜린스 여사의 집 앞을 지나갈 때 콜린스 여사는 조용히 계단을 올라오고 있었다.

"어쩌면, 나도 저렇게 힘이 넘쳤으면." 쏜살같이 치달리는 헤스터를 바라보며 중얼거렸다. "나도 저럴 때가 있었지." 그의 입가에는 작은 미소가 흘렀다.

콜린스 여사의 말을 알아들을 수 있는 것은 집에서 기르는 개 부취뿐이었다. 부취는 주인의 말을 잘 알아들었다는 듯이 꼬리를 흔들었다. 그녀는 부취의 머리를 부드럽게 쓰다듬으며 세상에서 제일가는 개라고 소곤대며 집안으로 들어갔다.

콜린스 여사의 집은 크지는 않지만 그녀 혼자 살기에는 충분한 집이었다. 거실 하나에다 식당 하나, 또 부엌과 간이식당(그녀는 거의 여기에서 식사를 한다.), 두 개의 침실, 그리고 욕실이 있었다. 치펀데일 안락의자는 거실의 이중창문 곁에 놓여 있고 그 옆에는 고풍을 풍기는 섬세한 테이블이 있고 테이블 위에는 그녀가 생명보다 더 소중히 여기는 낡은 성경책 한 권이 있었다. 오랜 세월 동안 그녀에게 커다란 위로를 주어 온 책이었다. 그녀는 이 책을 통하여 시간마다 우주를 지배하시는 하나님의 진리에 깊이 들어갔으며 세월이 흐를수록 더욱 사모하게 되었다. 그녀는 하나님을 더 가까이하면 할수록 더욱 하나님을 사랑하게 되고 친근해져 갔다. 이것은 진정 책 중의 책이며 주일 아침 그녀의 가슴 속에 축복된 소망을 심어 준책이었다.

그녀는 점심 식사를 준비하면서 그날 아침 교회에서 들었던 말씀을 묵상하고 있었다. 얼마나 축복된 말씀이었던가. 그것은 진정 사실이었다. 그녀는 성경 말씀을 몇 번씩이나 반복해서 읽었다. ' 왜 사람들은 그것을 알면서 준비하지 못하는 것일까?' 라고 안타깝게 여기고 있었다.

외아들인 짐은 정상적으로 신앙훈련이 잘 되어 있어서 주님의 재림에 대한 일은 잘 알고 있었다. 아들을 위해서 얼마나 많은 기도를 드려 왔던가? 그러나 그의 심령 속에 주님은 모시고 있지 않았다. 짐이 루실과 결혼한 이후 지난 5년 동안 이따금씩은 교회에 출석하긴 했다. 짐은 매우 선한 사람이었으며 그의 인생을 하나님께 온전히 바치고 있었기 때문에 그녀는 그가 주의 일군이 될 것을 확신하고 있었다. 남편 짐포드가 살아 있었다면 문제는 전혀 달랐을 것이다. 하지만 하나님께서는 언제나 최선의 길을 아시는 분이 아닌가.

어느 날 저녁 남편은 몸담아 일하는 유니버살 은행에 강도가 들어올 것이라는 정보를 입수했다. 그녀는 그날 밤 남편에게 숙직하지 말라고 적극 말렸으나 남편은 은행장으로서의 책임을 회피할 수 없을 뿐만 아니라 어떤 사고가 일어난다면 미연에 방지해야 한다는 결심뿐이었다. 마침내 사건은 터지고 말았다. 갱들과 경찰들, 그리고 짐포드와 총격전이 벌어졌다. 그는 세 발의 총상을 입었는데 한 발은 팔을 관통하고 두 발은 가슴을 관통했다.

콜린스 여사는 주검이 된 싸늘한 남편의 얼굴을 바라보았다. 그러나 그녀의 눈빛은 좌절감에 젖지는 않았다. 그녀는 눈물을 글썽이며 "여보, 곧 당신을 만나러 가겠어요." 라고 작은 입술을 움직였다. 남편 짐포드가 하나님의 자녀였다는 사실이 커다란 위로가 되었으며 그것은 세상의 어떤 귀한 것과도 바꿀 수 없는 것이었다.

남편을 떠나보낸 그날 밤 텅 빈 집안으로 들어왔을 때 그녀의 가슴은 고통으로 가득 메워졌다. 부스럭 소리만 나도 그녀는 남편을 불렀으며 다만 그 순간이 꿈속이기만을 간절히 바랄 뿐이었다. 그래서 깨어 일어나면 다만 꿈이었을 뿐 남편이 어깨를 흔들며 "여보, 나쁜 꿈을 꾸었소?" 라고 큰소리로 말했으면 싶었다.

그들의 수입은 빚없이 안정된 삶을 누리기에 충분하였다. 그러나 이제 남은 것은 남편이 물려준 커다란 집 한 채뿐, 남편이 죽은 이후 그녀의 삶은 쉬운 일만은 아니었다. 하나님은 커다란 책임을 안겨 주셨다.(바로 아들 짐이었다.) 세월이 흐르는 동안 그녀에게 보다 더 큰 위로는 주님께서 재림하셔서 자신을 남편에게 데려갈 것이라는 소망이었다.

많은 사람들은 존경하는 마음으로 그녀를 우러러 보았다. 그러나 그들 중 어떤 사람과도 어울리려 하지 않았다. 어떤 흥밋거리보다도 아들 짐의 행복과 건강에 대한 관심뿐이었다.

짐을 학교에 입학시키던 첫날 옷을 입혀 주면서 그 누구보다도 아들을 대견스럽게 생각했다. 남편이 살아 있어서 아들의 모습을 바라본다면 아마도 칭찬을 아끼지 않겠지만 그는 다시는 돌아올 수 없는 곳으로 간 것이었다. 그렇지만 그는 천만 번이라도 잘 간 것이다. 언제인가 때가 되면 그녀도, 아들도 함께 그 곁으로 가게 될 것이 아닌가.

그녀는 언제나 짐을 주일학교에 데리고 다녔고, 가정예배를 함께 드리며 매일 밤 성경이야기를 들려주었으며, 하나님께로 가는 길을 잘 가르쳐 주고, 하나님을 경외하는 사람으로 양육시켰다.

아들 짐이 고등학교를 마치고 대학 진학을 위해서 그녀의 곁을 떠날 때였다. 아들을 떠나보내기에는 너무나 괴롭고 안타까웠지만 스스로의 이기심을 자제하며 아들의 성공적인 인생의 기회를 주지 않으면 안 되었다.

대학 3학년이 되던 해에 짐은 그가 동경하던 이상형의 아가씨 루실을 만났다. 콜린스는 짐이 자기 짝을 찾는 것은 좋은 일이었지만 루실이 기독교인이 아니라는 점에서 마음에 들지 않았다. 사실상 하나님을 모르는 처녀를 며느리로 맞는다는 것은 두려운 일이었다.

이 결혼이 하나님 앞에서 합당하지 못하다고 말하려 했지만 짐은 아직 젊을 뿐 아니라 진실로 사랑하는 그 마음이 어떤 변화를 줄 수 있을 것같이 생각되었다.

"짐, 너는 항상 하나님을 너의 마음속에 모시고 살아야 해. 그리고 너의 발걸음을 하나님께서 인도하시도록 해야 한다. 하나님께서는 이미 주를 경외하도록 양육된 훌륭한 너의 반려자를 준비해 두고 계실 거야."

"오, 어머니, 저에 대해서는 조금도 걱정할 필요가 없어요. 조금만 있으면 주님을 위해 살게 될 거예요. 그렇게 될 날을 어머님의 생전에 꼭 보시게 될 거예요. 여자란 매사에 남편을 따르기 마련입니다. 조금만 참아 보세요. 루실과 결혼한 것이 참 잘한 일이라고 말씀하실 때가 올 거예요."

콜린스는 더 이상 말해도 소용이 없다는 것을 알았다.

콜린스의 마음은 무거웠다. 억지로 기뻐하고 즐거운 듯 한 마음을 가지려고 애를 써 보았다.

짐과 루실은 마침내 결혼하였고, 콜린스는 그들의 결합이 행복하도록 축복해 주고 도와주려고 노력했다. 그녀는 수년 동안 살아왔던 커다란 석재 주택을 아들 부부에게 물려주고 몇 구역 떨어진 길 아래쪽에 작은 집 한 채를 구하여 이사했다. 짐의 반대에도 불구하고 그녀는 아들의 결혼선물로 이 집을 물려 준 것이다. 사실상 이렇게 큰 집은 그녀 혼자 살기에는 오히려 불편했다. 예상했던 대로 짐 부부는 신앙문제에 대해서만은 잘 풀리지 않았다. 그들은 교회 출석문제 한 가지를 제외하고는 거의 행복하게 지내고 있었다. 하지만 콜린스에게만은 그 한 가지 문제가 가장 중요한 것이었다.

루실은 시어머니가 출석하는 교회에 꼭 두 번 참석했다. 어느 날 루실이 기독교인들을 비웃고 빈정댄 일 때문에 짐은 두 번 다시 그녀를 교회에 데리고 가지 않았다. 루실은 하나님의 능력도, 교인들의 열성적인 기도도 믿지 않았다. 콜린스와 다른 성도들은 이미 구원받았음을 확신하고 있었기 때문에 교회에서 부르짖으며 기도했던 것이다. 짐은 루실을 집에 남겨둔 채 주일학교에 나갔고 간혹 주일밤 예배에 혼자서 참석하다가 얼마 후에는 아주 발을 끊고 말았다.

애기 슈가 태어났을 때 콜린스는 바느질 바구니를 꺼내어 첫 손자를 위하여 예쁜 옷을 새로 지었다. 손자가 있음으로 해서 그녀의 생활은 더욱 밝아졌지만 여전히 며느리가 주님을 찾도록 열망하는 그 마음으로 가슴은 더욱 무거워졌다.

애기 슈가 세 살이 되어 주일학교에 갈 나이가 아직 못되었지만 할머니는 몇 번 교회에 데리고 갔다. 애기는 교회에서 주는 천연색 카드를 받아들고 어쩔 줄 모르게 좋아했다. 콜린스는 고사리 같은 슈의 손에 주일학교의 등록카드가 들려졌던 그 때를 회상하고 있었다.

그녀가 기도하는 동안 뺨으로 눈물이 흘러내렸다. "오 하나님, 슈의 아빠 엄마를 구원시켜 주소서. 매주일 교회에 출석하게 해 주시고 당신에 대하여 배우게 해 주소서. 주님 오실 날이 멀지 않았습니다. 그 사실을 저들이 깨닫고 준비하도록 인도해 주소서."

식사를 마친 그녀는 설거지를 하고 주위를 깨끗이 쓸고 닦아 여느 때와 똑같이 정돈된 부엌으로 만들었다. 그녀는 거실로 들어가서 이중창문 곁에 놓인 안락의자에 앉았다. 그리 멀리 떨어지지 않은 호수에서 불어오는 시원한 미풍이 그녀의 얼굴을 어루만져 주었다. 밖에서 꿀을 만들려고 분주히 일하는 벌레들의 소음을 들을 수 있었다. 〈우리는 얼마나 분주한가. 우리는 주님께 드릴 꿀을 준비하고 있는가? 하나님의 아들이 재림하신다는 사실을 많은 사람들에게 전했는가? 〉라는 생각에 잠시 잠겼다. 그날 아침, 아들 부부에게 가서 그 메시지를 전달하기로 결심했다. 루실은 귀를 기울이려 하지 않겠지만 그 애기를 전하지 않을 수 없었고 듣고 믿도록 하지 않으면 안 되었다.

잠시 그녀는 주님 앞에 머리를 숙이고 전해야 될 바른 말씀을 알게 해 달라고 간구했다.

주님을 찬양하는 마음으로 가득한 미소를 띠며 기도하면서 정들었던 옛 집을 향해 발길을 옮겼다.

콜린스가 도착했을 때 루실은 아직 아침식사 준비를 하지 않고 있었다. 주일날이면 항상 늦잠을 자고 11시나 되어서 아침식사를 하는 습관에 젖어 있었다.

"애들아, 그 동안 별일 없었니?"

콜린스는 집안으로 들어서면서 안부를 물었다.

"어서 오세요, 어머니. 저희들은 잘 지냅니다만 루실이 두통으로 누워 있습니다."

짐은 하품을 하며 어머니를 맞이했다.

슈는 할머니의 방문을 손뼉 치면서 기뻐 맞이했다. 콜린스는 커다란 팔을 벌려 애기를 끌어안고 장밋빛 뺨에 연거푸 키스를 퍼부어댔다.

"너희들 둘 다 오늘 아침 교회에 가서 여태껏 들어보지 못했던 주님 재림에 대한 놀라운 설교를 들었으면 좋았을 텐데."

루실은 양미간을 찌푸리며 달갑지 않다는 듯 한 표정이었다.

"누가 그런 요정애기 같은 말에 관심을 갖겠어요? 그런 애기쯤은 책에서 얼마든지 읽을 수 있어요. 일요일 아침에 늦잠도 못자구요."

콜린스의 볼은 화끈 달아올랐고, 짐은 심각하고 엄격한 눈초리로 루실을 쳐다보았다. 콜린스는 뜻하는 바가 있어 일부러 왔기 때문에 루실의 빈정거림 정도로 물러설 수가 없었다.

"정말 놀라운 말씀이었단다." 콜린스는 아무렇지도 않다는 듯 말을 계속했다. "우리 주님께서 자기의 백성들을 위하여 조만간 재림하실 것 같구나."

혹시 루실이 중간에 제지할까 콜린스는 숨 돌릴 겨를도 없이 끝가지 말을 재촉했다. 평소에 루실이 애기를 잘 들어 준다고 할 때도 진지한 자세는 거의 엿볼 수가 없었고, 주님의 재림에 대한 애기라도 꺼내면 무례한 언동을 할 때도 많았다.

콜린스가 애기를 끝마쳤을 때 짐은 묵묵히 입을 다물고 있었고 얼굴은 창백해졌다. 루실은 잠시 시어머니를 빤히 쳐다보면서 밉살스런 웃음으로 깔깔댔다.

"그만해 둬! 그만." 짐이 무안해서 소리쳤지만 루실은 더욱 크게 웃어댈 뿐이었다.

짐이 루실의 어깨를 흔들어대자 겨우 진정했다.

"그 따위 낡아빠진 허튼 소린 수 없이 들었어요. 그런 애기로 저를 환기시켜 그 고리타분한 교회에 끌고 가시려고 여기까지 오셨나요? 그럴 필요가 없어요. 저는 그런 데엔 관심도 없어요. 제가 교회에 나간다 해도 어머니가 다니시는 그런 광신자 집단 같은 데는 가지 않겠어요. 어머니의 인생과 저의 인생은 전적으로 다르니까요."

루실은 일어서서 마치 불꽃이 타는 듯 한 눈으로 시어머니를 똑바로 쳐다보며 말했다.

"목사라고 부르는 작자가 신자들을 때가 되면 공중으로 데리고 간다고 믿게 하는 모양이죠?"

루실은 손가락을 쳐들며 쏘아붙였다.

"말도 안 되는 소리예요. 어머니께서는 고상한 지성을 소유하신 분이라고 생각했는데 종교에 미친 사람이 되었군요. 제 남편의 어머니께서 이처럼 어리석은 사람인 줄은 미처 몰랐어요."

"여보, 이분이 어머니라는 걸 잊었소? 우리 집에서 이런 식으로 어머니를 모욕하는 건 더 이상 참을 수가 없소." 짐이 근엄하게 소리쳤다.

짐이 존경하는 어머니가 아니라면 그 누구도 가질 수 없는 인자하고 부드러운 음성으로 콜린스는 조용히 입을 열었다.

"그냥 두어라. 난 다 이해할 수 있어. 루실은 너나 나처럼 하나님의 진리의 말씀으로 교육되지 않았기 때문이다. 지금 당장은 성경이 이 모든 일에 대하여 말씀하시는 것을 깨닫지 못하지만 나중에는 자신의 사상체제에서 벗어나와 이 사실들을 받아들이게 될 거야."

"짐이 받은 교육을 제가 못받았다구요?" 루실은 노골적으로 응수했다.

"어머니가 말씀하시는 교육이라면 하나도 빠짐없이 저는 다 받았어요. 저의 부모님들은 매우 현대적인 분이셔서 그런 미치광이 애기 같은 것을 믿지 않도록 훌륭한 교육을 잘 해주셨답니다. 어느 날 아침 제가 자다가 일어나면 사람들이 모두 사라져 없어진 다구요? 공중으로 휴거된 다구요? 그런 엉터리를 억지로 믿게 하시려고요? 어머니의 실종사건이 신문 제 1 면 기사에 나오면 그 기사를 꼭 한번 보겠어요."

콜린스는 루실을 쳐다보면서 연민의 정으로 가슴이 막혔다. 하나님의 말씀으로 양육하지 못한 루실의 부모님의 잘못으로 자녀를 불행하게 만드는 결과가 되었기 때문이다. 며느리의 불신앙을 깨드릴 수 있는 어떤 합리적인 말을 할 수 있으면 좋겠지만 콜린스의 힘으로는 어쩔 수가 없었다.

"하나님이 어떻다느니 사람들이 사라진다느니 하는 잡다한 애기는 이젠 끝을 내요. 다시는 입 밖에 내지 않았으면 좋겠어요."

루실은 사뭇 명령조로 애기했다.

"휴거라는 말은 이제 다시는 입 밖에도 꺼내지 말라는 말이지요. 아시겠어요? 또 어머니의 이치에 맞지도 않는 신앙을 다른 사람에게 전하지도 마세요. 제 친구들이 듣고 우리 시어머니가 그처럼 무식하고 유치하다는 말을 해대는 것은 정말 싫어요. 친구들이 저를 계속 놀려댈 거예요. 그런 건 참을 수가 없어요. 언제든 어머니께서 저희 집에 오시는 것은 환영해요. 하지만 제발 집에 오시기 전에 그런 애길랑 도랑에 버리고 오세요. 그리고 성경이니, 하나님이니 하는 소리는 꺼내지 마세요. 저는 나름대로의 올바른 길을 가고 있다고 생각해요."

루실이 계속 퍼부어대는 동안 콜린스의 주름 잡힌 얼굴에 눈물이 흘러 내렸다. 아무리 자제하려 해도 눈물은 그치지 않았다.

루실이 잠잠해지자 방안은 적막한 침묵이 잠깐 계속되었다. 콜린스가 가려고 일어서고 짐과 애기 슈가 문간까지 따라 나왔다.

"어머니, 정말 죄송합니다. 루실은 누구든지 교회나 하나님에 대해서 애기하면 저렇게 제 정신을 잃고 만답니다."

"괜찮다, 애야 !" 모든 힘이 다 빠져버린 듯 맥 빠진 음성으로 대답했다.

방금 전에 어머니가 집안에 들어오기 전보다 주름살이 훨씬 많아 보인다고 짐은 생각했다.

"다시는 그 애 앞에서 그런 애기를 꺼낼 수 없겠지. 하지만 무릎을 꿇고 기도할 때마다 하늘의 아버지께 루실을 구원해달라고 간구하겠다, 애야 !"

그녀는 작은 소리로 타일렀다.

"루실을 너무 꾸짖지 마라. 날 믿어다오. 그리고 주님께서 다시 오실 날이 멀지 않았다는 것을 꼭 기억해 두어라. 많은 사람들이 루실과 다를 바가 없다는 것을 난 잘 알고 있어. 사람들은 그것을 전혀 믿지 않지. 하지만 성경에는 그 일에 대해서 언급하고 있는데 말세가 되면 불신자들은 주님이 오신다는 징조가 어디 있느냐고 희롱하고 조롱한다는 거야. 어느 날 아침에 깨어났을 때 너의 소중한 애기가 사라져 없어질 것을 기억해 두어라. 만일에 휴거가 생겨 그런 일이 일어났어도 네가 거듭나지 못했다면 너 혼자만 지상에 남아 있게 되는 거야."

"알았어요, 어머니. 어머니께서는 의로운 길을 가르치신다는 것을 저는 잘 알아요. 이제부터 교회에 출석하여 저의 마음을 온전히 하나님께 드리겠어요."

짐은 부드러운 손으로 어머니를 껴안으며 목멘 소리로 말했다.

"장하다, 애야. 루실도 주님 앞에서 구원되기를 바란다."

콜린스는 허리를 굽혀 애기에게 작별키스를 하고 종종걸음으로 사라졌다.

어머니가 돌아가신 후에 짐과 루실은 격렬한 싸움이 벌어졌다. 그러나 짐은 안방에 앉아 신문을 읽고 루실은 침실에서 흐느끼는 것으로 싸움은 끝을 맺었다.

콜린스는 천천히 길을 따라 내려오면서 많은 친구들과 사랑하는 이들이 구원의 방주(Ark) 밖에 있다고 생각했다.

그녀는 최선을 다해서 사람들에게 선한 영향력을 끼치며 길 잃은 영혼들을 주 앞으로 인도하지 않으면 안 된다고 마음속으로 굳게 다짐했다.

제 2 장

갈등 속에서

헤스터는 낸시네 집을 향해 좁은 골목길을 뛰어 가면서 "주님께서 오늘 오실지도 몰라. 주님께서 오늘 오실지도 몰라." 라는 말을 입 속에서 되뇌고 있었다. 자꾸만 그 말을 반복하면 할수록 예수께서 곧 지상에 오실 것이라는 생각이 더욱 현실적으로 받아들여지는 것이었다.

그녀가 헨리 소녀 옆을 목례를 하는둥마는둥 지나쳐 버리자, 헨리는 이상하다는 듯이 그녀의 뒷모습을 물끄러미 쳐다보았다.

"무슨 일이 있는 게 아냐? 이상한데, 저렇게 덤벙거릴 아이가 아닌데." 라고 중얼거리며 그는 영문을 모르겠다는 듯 골목길로 올라가 버렸다.

헤스터는 수없이 낸시네 집에 드나들었지만 대문을 노크라는 따위의 일은 해 본 적이 없었다. 헤스터는 문을 열자마자 뛰어 들어가며 "주님이 오신다!" 라고 소리 질렀다.

"헤스터 벨 윌슨, 도대체 무슨 일이니? 갑자기 그런 소리를 하다니!" 낸시는 흥분된 어조로 물었다.

이 시간까지도 헤스터는 그 흥분된 상태를 가눌 수가 없었다. 그녀는 이 일이 실제로 중요한 것임을 보여주지 않으면 안 된다고 생각했다. 그녀는 쟁반처럼 커다랗게 눈을 치켜뜨고 주님의 오심을 드라마틱한 방법으로 낸시에게 설명해 주었다. 그 때 낸시는 접시를 닦고 있었는데 이 깜짝 놀랄 만한 사실을 듣자 들고 있던 그릇을 떨어뜨려 쨍그랑 소리와 함께 산산조각을 내고 말았다. 헤스터가 이 소식을 전하는 것을 끝마치

게 되었을 때 낸시는 눈물이 맺혀 앞을 내다볼 수 없었다.

"어머. 낸시야, 너 울고 있는 게 아니니?" 헤스터가 당황스런 듯 물었다.

"그래, 난 아직 준비가 되지 않았단 말이야!" 그녀의 온몸은 떨리고 있었다.

"하지만 낸시야, 지금부터라도 준비할 수 있어!"

순간 헤스터는 그런 말을 자연스럽게 지껄일 수 있었던 자기 자신에게 놀라고 있었다. 그러면서 헤스터는 준비하는 방법에 대하여 자기 나름대로의 생각을 말해 주었다.

그날 밤 낸시는 헤스터가 다니는 교회에 출석하기로 작정했다.

한편 헤스터의 어머니 수잔은 헤스터가 외출을 한 후, 마음속의 두려움을 가라앉히려고 애를 쓰고 있었다. "이런 애기야 수년 전부터 들어 왔었지. 그런데도 아직까지 아무 일도 일어나지 않았어. 두려워할 것은 조금도 없어." 라고 혼잣말을 뇌이고 있었다. 그러나 마음 한구석에는 어쩐지 불안한 마음을 떨어뜨릴 수가 없었다. 그녀는 울고 또 울었다. 자신의 신경과민 때문이라고 믿고 싶었지만 지금의 상태는 신경과민이 아니라는 것쯤은 스스로 잘 알고 있었다. 그녀가 냉수를 퍼서 소리 내어 세수를 하고 화장을 고치고 났을 때 초인종이 울렸다. 그녀는 서둘러 나가, 유쾌한 오후를 즐길 수 있으리라는 희망을 가지고 첫 번째 손님을 맞아들였다.

그녀의 친구들이 모두 도착하고 나서 카드놀이가 한판 벌어지기 시작했다. 수잔은 아무런 근심도 없는 듯이 괜히 떠들어대고 웃기도 하며 필사적으로 노력했지만 감정을 완전히 숨길 수는 없는 노릇이었다.

"수잔, 담배 피우겠니?"

윌머 반즈 부인이 담배를 권했다.

"생각 없어"

"그럼 술을 좀 드는 게 어때. 이건 말이야, 남편이 가져온 건데 한 병 슬쩍 해온 거야. 최고급 술이야. 자, 조금만 마셔 봐."

"아무 것도 먹고 싶지 않아."

수잔은 신경질적으로 잘라 말했다. 그녀는 마치 자기를 못마땅하게 생각하는 사람이 있어 그쪽을 마주 노려보는 것처럼 창문과 도어를 쳐다보고 있었다.

"애, 수잔은 우리들 앞에서까지 경건스러워지려는 모양이지?" 방 맞은편에 서 있던 조이스 메이슨 부인이 못마땅한 듯 빈정댔다. 수잔은 그만 얼굴이 새빨개졌다. 그녀는 여태껏 동료들에게 서글서글한 사람으로 알려져 왔는데 헤스터가 교회에서 휴거에 대한 소식을 가져온 탓으로 그녀의 평판은 완전히 구겨지고 만 것이다. 수잔은 그날 낮에 딸아이로부터 그 메시지를 전해 듣자 어렸을 적 그녀의 어머니가 가르쳐 준 교훈들이 되살아난 것이었다. 그리고 심판이 곧 그녀에게로 덮칠 것 같은 두려운 마음에 사로잡혀 있었다. 일요일 오후는 술 마시고 흥청거리는 시간이었다. 그런데 이 파티의 주역인 수잔 윌슨이 이처럼 바보 얼간이가 되어 있는 것이다. 아무리 잊으려고 애써도 헤스터가 외쳤던 "엄마, 주님이 오신대." 라는 말을 떨쳐 버릴 수가 없었다. 그 말은 계속해서 그녀의 뇌리를 망치로 두들기듯 덮쳐와 거의 실성한 사람처럼 되어 버렸다. 윌머 부인은 허리를 구부려 수잔을 유심히 들여다보고 나더니 "수잔, 네 얼굴이 너무 창백하다, 애. 곧 쓰러질 것 같은데, 물을 조금만 마셔 봐. 좀 나아질 거야 !"

윌머 부인이 물을 가지러 가려 하자, 수잔은 손을 들어 올려 그냥 앉아 있으라는 시늉을 했다.

"난 물을 마시고 싶지 않아. 아무 것도 달라진 게 없어 ! 제발 나 혼자 있게만 해 줘. 담배도 술도 필요 없다고 해서 그것이 무슨 죽어가는 증세라도 된다는 거니? 제발 요번만은 날 혼자 있게 내버려 둬. 알겠어?"

그녀의 언성이 고조되고 신경이 날카로워지자 윌머 부인은 겸연쩍어 그만 뺨이 빨개졌다.

"그렇다고 그렇게 신경질을 낼 것까지는 없잖니?" 그녀는 비꼬는 투로 대꾸했다. "그렇게 친절히 대해 줄 필요가 없다니까. 요즈음 사람들은 남의 호의를 고맙게 여기지 못한단 말이야."

"얘, 얘, 그만들 해. 도대체 너희 둘 때문에 오늘 오후를 다 망치겠어. 수잔, 이리 와서 카드놀이에 한몫 끼어들어. 기분이 싹 달라질 거야."

"아냐, 난 카드놀이를 더 이상 하고 싶지 않아. 사실 내게 무슨 일이 있었어. 미안해 윌머, 기분을 상하게 해서. 내가 만일 무슨 일이 있었는가를 너희들에게 얘기하면 아마 정신 나갔다고 비웃을 거야. 신경과민 탓이라고 스스로 타이르고 있지만 그 일을 떨쳐 버릴 수가 없어."

그 곳에 모인 부인들은 모두 귀를 기울였다.

"수잔, 계속해 봐." 수잔이 머뭇거리자 마일더렛 부인이 재촉했다. "좀 더 자세히 얘기해 봐. 우리는 모두 네가 제일 좋아하는 친구들이잖아. 우릴 믿을 수 있을 거야."

"그럼!" 흥분했던 윌머 부인도 기분이 가라앉았는지 진지한 표정을 지었다.

"사실은, 오늘 아침에 헤스터가 교회에 갔다 오기 전까지는 기분이 매우 좋았었어."

"그렇다면 헤스터 때문에 그런 거니?"

윌리 메이 댐 부인이 참견했다.

"정말 요즘 애들이란 항상 말썽만 피운다니깐."

"아, 아냐. 헤스터가 말썽을 피운 것이 아니래도."

수잔은 헤스터가 전해 준 소식 때문에 헤스터에게 그 책임의 일부를 돌렸었다는 사실을 생각해 냈다. 헤스터에게 주님의 오심에 대한 메시지를 들려달라고 요청한 일은 없었던 것이다.

"내가 점심을 준비하고 있을 때 헤스터가 뛰어 들어왔어. 그리고선 대뜸 한다는 말이 〈엄마, 주님이 재림해요.〉하고 소리쳤어. 갑자기 화살이라도 맞고 쓰러지는 사람처럼 힘이 쭉 빠지는 것 같았지. 물론 그런 말 같지 않은 소리는 하지도 말라고 야단을 쳐댔어. 하지만 헤스터는 오늘 아침에 예배시간에 들은 예수 재림에 대한 설교를 계속 되풀이하고 있어서 별 수 없이 나는 그 애의 이야기를 모두 들을 수밖에 없었던 거야. 만일 지금 여기에 그 애가 있다면 다시 한 번 그 메시지를 말하게 할 수도 있지. 그렇지만 난 흥분해서 떠들어대는 헤스터의 이야기를 이젠 더 듣고 싶지 않아. 또 너희들마저 어느 순간에 그런 일이 일어나게 될 것이라고 상상하게 된다는 것은 정말이지 싫어. 하지만 생각나는 대로 대략 내가 말해 줄게."

그 곳에 앉은 부인들은 새로운 뉴스에 대한 기대감으로 입을 벌리고, 귀를 곤두세우고, 눈을 쟁반만큼이나 크게 치켜떴다. 수잔은 하나님의 아들이 이 땅 위에 다시 오신다는 메시지를 간략하게 이야기했다. 이야기가 거의 끝나갈 때쯤 수잔은 잠시 한 사람씩 응시해 보았다. 어떤 이에게는 이것은 순전히 새로운 이야기였으며 전에 들어보지 못했던 동화 같이 들렸다. 또 어떤 이는 어린 시절에 경외하고 믿었던 하나님의 말씀에 양육되었던 옛 추억들이 되살아나기도 했다. 극심한 두려움이 그들의 심령을 사로잡았으며, 호흡은 더욱 빨라지고 심장은 맹렬히 고동치고 있었다.

"신문지상에서 늘 읽는 일이지만, 유대인들이 성지를 회복하려 하고 있지 않니? 하나님은 장차 어느 때인가 유대인들을 다시 불러 모으신다고 언약하셨어."

수잔이 이야기를 마쳤을 때 그들은 아연실색하여 서로의 눈만 응시하고 있었다. 벽난로 위에 장식된 괘종시계의 추가 왔다 갔다 하는 소리가 마치 〈주님 재림! 주님 재림! 주님 재림!〉하고 외치는 것 같아 단 1분이 길고 긴 영겁의 시간처럼 느껴졌다.

"지금 내가 미쳤나 봐!" 수잔은 부르짖었다. "하지만 내 마음에서 그걸 떨쳐버릴 수가 없어. 나는 혼자되어 겁을 먹고 있는 거야. 온종일 어떤 이를 기다리고 있는 것 같아."

그 때 현관문의 손잡이가 서서히 돌려지고 문이 확 열려졌다. 방안에 있는 모든 사람들은 놀라 넘어지며 외마디 비명을 질렀다. 의자에 파묻혀 당황하며 어찌할 바를 모르고 있을 때 방안에 들어온 사람은 수잔의 남편 프랭크 윌슨이었다.

"이 곳에서 뭘 하고 계십니까? 여러분들은 내가 마치 지옥에서 돌아온 사람처럼 대하시는 것 같은데요."

"아무 일도 아니에요." 수잔은 그녀의 감정을 감추면서 대답했다. "당신이 문을 너무 급히 열었기 때문에 우리가 놀랐나 봐요. 누가 이 방에 들어오리라는 생각을 못했으니까요. 좀 조용히 들어오시지 그랬어요."

프랭크는 잠자코 2층으로 올라가 버렸다.

"자, 수잔, 방금 우리에게 들려준 이야기를 잠시 생각해 보았는데 난 한 마디도 믿을 수가 없어. 단지 너의 생각이 그러할 뿐이야. 그것이 너의 신경을 더욱 악화시키고 있는 것 같아. 나도 가끔 라디오에서 살인사건에 대한 이야기를 들으면 어떤 사람이 구석진 곳에서 나를 잡아채려는 것만 같아 오싹한 느낌이 들 때가 있어. 하지만 그런 느낌은 점차로 사라지게 돼. 이번 일도 그것과 똑같은 것이 아닐까. 이를테면 누군가가 하나의 무서운 이야기를 만들어낸 거야. 그리고 그 이야기가 너의 신경을 자극한 거란 말이야. 그 밖에는 달리 생각할 수가 없어." 월머 부인은 아무 것도 아니라는 듯이 손으로 제스처를 써가며, 어깨를 움츠리며 말했다.

그러나 몇몇 사람이 분위기를 바꾸려고 시도해 보았지만 파티는 시시하게 끝나고 말았다. 유쾌한 분위기는 사라졌고, 아무도 계속 그 분위기를 다시 붙잡으려 하지 않았다.

마지막 한 사람까지 모두 사라졌을 때 수잔은 그녀의 주위를 돌아보며 발꿈치로 살금살금 2층의 계단 쪽으로 걸어가서 귀를 기울였다. 그녀는 깊게 들이쉬는 프랭크의 숨소리를 들을 수 있었으며 그가 달콤한 잠에 떨어져 있다는 것을 알았다. 안도의 한숨을 내쉬며 그녀는 살그머니 책상 쪽으로 가서 맨 아래 서랍에서 노랗게 퇴색해 버린 다 낡아빠진 성경책 한 권을 끄집어냈다. 어머니께서 애지중지 여기셨던 그 성경책을 읽어본지도 벌써 오랜 세월이 흘렀다. 예수 재림이 기록된 성경의 모든 구절마다 특별한 표시가 되어 있었다. 수잔은 성경 한 장 한 장을 펼치면서 재림에 대한 성경의 모든 부분을 모조리 읽었다. 그녀의 심령은 더욱 무거워지기 시작했다. 진정으로 전능하신 하나님의 영과 그녀의 심령이 교제를 나누고 있었다. 계시록을 펼쳐 봉독하기 시작했을 때 더욱 큰 두려움이 그녀를 휘감았다. 그리스도의 신부(新婦)이신 교회가 휴거 된 다음에 일어날 무서운 일은 생각만 해도 두려운 일이었다.

"이건 동화가 아니야 !"

수잔은 큰소리로 말했다. "월머가 이 사실에 대해서 무슨 말을 했든지 내가 상관할 것은 없어. 이것은 틀림없이 하나님께서 친히 하신 말씀이 분명해."

오랜 시간 동안 수잔은 계시록의 여러 페이지를 눈물을 글썽거리며 읽어 내려가며 깊이 생각했다. 그녀는 주를 위해 살아야 할 것임을 알았다. 그녀의 어머니가 그녀를 양육시킨 대로 어떻게 해서든지 헤스터 벨이 주 앞에 나와 주를 경외하는 사람이 되도록 만들어야 한다는 것도 알고 있었다. 헤스터는 어머니의 기도를 한 번도 들어본 적이 없었으며, 가정예배를 드리는 것이 어떤 것인지조차 알지 못했다. 수잔은 얼마 후에는 교회에 다시 나가야겠다고 결심했다.

6시 30분이 되어서야 헤스터가 집으로 돌아왔다. 그녀의 얼굴은 아직도 흥분이 가시지 않고 상기되어 있었다. 헤스터는 그 날 아침 페어뷰 교회에서 들었던 놀라운 메시지에 대한 소식을 많은 사람들에게 이야기해 주었다. 이 도시의 사람들에게 있어서 페어뷰 교회는 인기 있는 교회가 아니었다. 그 교회는 보혈을 통하여 사람들이 구원을 받는다고 설교하는 너무 유별난 교회라고 생각하고 있었다.

'오늘날의 시대에 그런 설교를 한다는 것은 살벌한 도살장 종교의 본색을 드러내는 것이다.' 고 팻 러브맨은 조롱했다.

앨라베스터에 있는 몇몇 교회들도 전에는 보혈에 대한 설교를 하거나 예수의 보혈을 찬송하는 일이 있었지만 지금은 그러한 설교는 하지 않고 있다. 요즈음 사람들은 많은 지식을 쌓았으며 그 따위 시대에 뒤떨어진 이야기를 믿을 사람은 아무도 없다는 것이었다.

페어뷰 교회는 매우 극심한 박해를 받아왔으나, 하나님께서 축복하셨기 때문에 교회를 유지할 수 있었던 것이다. 사람들은 페어뷰 교회 신자들을 '광신자 집단' 이라고 부르고 있지만, 그들은 하나님 말씀의 정통적인 가르침을 그대로 고수해 나가고 있었다. 그리고 신자들 대부분이 순수하고 순결한 삶을 살았다. 의롭게 살지 못했던 사람들이 의롭게 살았음을 주장하는 사람들도 있지만 그런 일들은 어디서나 당연하게 받아들여지는 것이었다. 어떤 교회에서든지 바르게 살지 못한 사람들을 볼 수 있다. 그러나 교회 안에 몇 사람의 위선자가 있다고 해서 나머지 다른 사람들마저 하나님을 위한 삶을 살지 않는다고는 할 수 없으며, 대다수의 신자들이 성결(聖潔)의 미(美)를 가지고 하나님을 섬기고 있는 것이다.

헤스터는 그녀가 참석했던 교회에 대하여 부끄럽게 여기지 않았다. 그녀가 다니는 페어뷰 교회에 대해서 아무도 좋다고 평하는 사람은 없었지만 그녀는 그녀의 마음 한 부분은 그 교회에 두고 있었다. 헤스터는 페어뷰 교회의 교인이 아니었으나 언제인가는 그 교회의 교인이 되려고 마음먹고 있었다.

"어머니, 오늘 밤에 저와 함께 교회에 가요. 그리고 놀라운 목사님의 메시지를 들어요."

헤스터는 어머니에게 권했다.

수잔은 〈그럼, 가고말고.〉 라고 말할 작정이었다. 그러나 그녀의 마음속에서는 무슨 까닭인지 〈오늘 밤엔 가서는 안 된다.〉 고 말하는 악마의 목소리와 싸우고 있었다. 다른 때에도 교회에 갈 수 있으며, 앞으로도 그녀에게는 교회에 나가 예배할 수 있는 충분한 기회가 얼마든지 남아 있다는 생각이 지배하고 있었다. 그녀는 머리가 약간 아팠다. 그것이 교회에 가지 않아도 된다는 명분이었다.

"지금은 갈 수 없어. 하지만 네가 교회에 갔다 와서 그 메시지에 대한 이야기를 들려주면 될 게 아니냐?"

"하지만, 엄마는 오늘 점심시간에도 그 이야기를 하려 했어도 들어주지 않았잖아요?"

"그래, 그랬었지. 그러나 내가 전과 달라져서 그 이야기를 즐겁게 들을 수 있을지 누가 아니?"

마침내 헤스터는 준비를 끝냈다. 그녀는 시계를 쳐다보면서 낸시가 정말 올까 하고 생각해 보았다. 그녀는 낸시가 문 앞에 오는 소리를 들었다.

"헤스터 벨, 나 지금 왔어. 넌 준비가 다 끝났니?"

"그래, 서둘러야겠어. 그렇지 않으면 자리를 잡을 수 없을 거야."

그들은 손을 잡고 페어뷰 교회를 향하여 서둘러 걸음을 재촉했다. 수잔은 창가에 서서 그들이 가는 것을 보면서 함께 따라갔으면 좋았을 것이라고 생각했다. 헤스터와 낸시가 교회에 도착했을 때 교회는 거의 가득 차 있었다. 낸시는 한 교회에 이렇게 많은 사람들이 모인 것을 보고 놀라고 있었다. 그녀가 나갔던 교회는 주일 밤에는 문을 닫아버리기 때문에 신자와 목사는 극장이나 기타 유흥가로 놀러 나갔다.

"이곳 교회는 주일날이면 엄청난 숫자가 모이고 있어." 헤스터가 자랑스러운 듯이 말했다. "사람들이 몰려와 곧 자리를 잡을 테니까 지금 좋은 자리를 차지하는 것이 좋겠어. 주일 밤에는 많은 사람들이 항상 선 채로 예배를 보게 되거든."

낸시는 회중들을 돌아다보면서 페어뷰 교회가 자기 교회였으면 좋겠다고 생각했다. 독특함을 지니고 있는 이곳 사람들에게 마음이 끌리고 있었다.

첫 번째 찬송이 시작도 되기 전에 전 좌석이 완전히 채워졌고 주일학교 부서에서 의자들을 날라 오고 있었다.

첫 번째 찬송이 시작되었을 때 낸시는 이 교회와 자신이 다녔던 교회는 심한 차이가 있음을 깨닫게 되었다. 그녀가 살아온 동안 그처럼 놀랍고 아름다운 찬송을 들어 본 적이 없었다. 하늘나라의 합창처럼 울려 퍼졌다. 찬송을 부르고 있는 사람들 모두가 거룩하게 보였다. 그들의 얼굴은 하나님의 영광으로 밝아 보였고 성자와 같은 모습으로 보여 졌다. 그러나 낸시는 하나님의 영광에 대해 별로 많이 알고 있지 못했으므로 그것을 하나님의 영광으로 생각지는 못했다. '이것은 나의 천국이요'라는 찬송이 울려 퍼지자 낸시는 길고 깊은 숨을 들이마셨다. 낸시는 처음으로 그 찬송의 참뜻을 배웠기 때문이다.

찬송하고 기도하고 간증이 끝난 후에 레오 매스페로 목사가 강단에 서서 설교 제목을 '대환난' 이라고 발표했다. 매스페로 목사님이 계시록을 가지고 휴거에서 제외된 사람들이 겪어야 할 무서운 일들을 선포했을 때 헤스터와 낸시는 공포의 분위기 속에 떨고 있었다. 낸시는 그런 일들이 성경에 기록되어 있다는 것을 알지 못했기 때문에 그녀가 들은 것을 거의 믿을 수가 없었다. 그녀가 다녔던 교회의 목사는 한 번도 그런 종류의 설교를 전파한 적이 없었으며, 또한 휴거에 대한 말은 더더구나였다. 그 목사님은 정말로 구원받았을까 하는 의문이 미쳤을 때는 차디차고 싸늘한 손길이 그녀의 가슴을 에워싸는 것 같았다. 헤스터가 그 날 오후에 들려 준 것과 같이 그 목사님은 정말 거듭났을까 하는 의문이 생겼다. 그 목사님은 헤스터가 말한 대로 이 교회에서 하는 것처럼 기도하기 위하여 사람들을 제단 앞으로 초대하는 일은 한 번도 없었다. 그 목사님은 누구든지 교회와 함께 교제를 나누기를 원하시는 분은 앞으로 나와서 앞좌석에 앉아도 좋다고 항상 말했다. 그러나 그렇게 해서는 누구도 구원받을 수 없다고 헤스터는 말하지 않았는가. 만일 매스페로 목사가 성경에서 뽑아낸 말씀을 봉독하지 않았다면 낸시는 그가 말한 모든 말씀이 성경에 있는 것이라고는 믿을 수 없었을 것이다. 어쨌든 그것은 믿어지지 않을 만큼 놀라운 것이었다.

마침내 설교가 끝났을 때 제단 앞으로 초대하는 순서가 있었다. 수많은 사람들이, 낸시가 보기에는 예배에 참석한 거의 대부분이 제단을 향하여 달려가고 있었다. 엄청난 두려움이 전 회중을 사로잡고 있었다. 사람들이 울면서 제단을 향하여 쇄도하고 있었다. 낸시는 주님께서 오시는데도 아직 준비되지 못한 자신을 생각하면서 온몸을 떨기 시작했고, 두 줄기의 눈물이, 그 다음에는 억수 같은 눈물이 그녀의 시야를 가리고 있었다.

그녀를 제단 앞으로 초청하는 작고 고요한 음성이 속삭이고 있었다. 그녀는 순간 헤스터의 눈치를 살펴보았다. 헤스터는 마치 대리석 동상처럼 서 있었다. 그러나 낸시는 헤스터의 가슴 속 내면에서 투쟁하는 커다란 싸움을 조금도 깨닫지 못하고 있었다.

"우리도 제단 앞으로 나가자." 라고 낸시는 거의 속삭이는 듯 한 목멘 소리로 말했다.

헤스터는 초점이 없는 허공을 계속 응시하고 있었다. 그녀는 낸시가 한 말을 들었다. 그러나 그녀는 제단 앞으로 나가는 것에 대하여 갈등을 계속하고 있었기 때문에 낸시의 음성을 못들은 척 하고 있는 것뿐이었다. 그녀는 오늘 밤 삶의 방향을 전환할 준비가 되지 않았다고 생각했기 때문에 다음 기회에 제단 앞에 나가리라고 마음속으로 결정했다.

낸시는 헤스터가 나갈 때까지 기다리고 있었다. 하지만 더 이상 견딜 수가 없었다. 그녀는 할 수 있는 힘을 다 해서 마귀의 사슬을 끊어 버리고 제단으로 향하는 중앙통로로 뛰어 내려갔다. 그녀는 양 손을 번쩍 들고 머리는 쳐든 채 하나님께 그녀의 심령을 쏟아 부었다.

헤스터 벨은 낸시를 뒤쫓아 자신도 계단 앞으로 나가려 했지만 곧 다음 기회로 미루자는 생각 때문에 그렇게 할 수가 없었다.

성도들이 제단 앞에 모였다. 어떤 성도는 낸시 옆에 무릎을 꿇고 구원 얻는 방법을 안내해 주었다. 그녀의 뺨에는 뜨거운 눈물이 시냇물처럼 흘러 내렸고 자신의 죄를 도말하시기 위하여 십자가에 매달리신 그리스도의 보열 때문에 그녀의 죄짐이 굴러 떨어짐을 확인할 때까지 하늘의 아버지를 향하여 부르짖었다. 낸시는 영혼의 구원을 위하여 하나님을 찬양할 때, 여태껏 살아보면서 느껴보지 못했던 마음의 평화와 자유함을 맛볼 수 있었다.

헤스터와 낸시는 거의 입을 다문 채 교회에서 집으로 돌아오고 있었다. 헤스터 벨은 그녀의 마음을 하나님께 드려야 했는데 하는 생각을 하고 있었으며 낸시는 조금 전에 하나님의 놀라운 전(殿)에 들어갔었던 경험으로 행복에 젖어 있었다. 그것은 그녀에게 있어서 기이하고 새로운 것이었다. 이제 그녀는 아무도 그녀에게 말을 걸지 않아도 아무렇지 않았으면 성별되고 거룩해졌음을 느낄 수 있었다.

이윽고 그들은 헤스터의 집 문 앞에 이르자 헤어졌다. — 한 사람은 가벼운 심령으로, 또 한 사람은 납과 같은 무거운 심령으로.

헤스터는 낸시가 길을 따라 껑충껑충 뛰어 내려가는 것을 지켜보고 서 있었다. — 내일 무슨 일이 생길 것인가를 서로가 전혀 깨닫지 못하고 있었다. 헤스터는 자기 생전에 오늘밤과 같은 일이 일어나리라고는 결코 생각지 못했다.

헤스터가 계단을 올라 집으로 돌아오는 길에 메어리 콘웨이의 얼굴이 떠올랐다. 메어리는 헤스터가 그런 교회가 있는 것인가를 알기 훨씬 전부터 페어뷰 교회에 출석하고 있었다. 메어리는 선한 생활면에서나 도덕적인 삶에서나 세상 사람들이 따를 자가 없지만, 그녀는 사실상 기독교인이 아니었다. 그러나 그녀의 양친은 모두 하나님의 귀한 성도들이었다. 헤스터는 메어리처럼 훌륭한 신앙심을 가진 부모님이 계셨더라면 주님을 위하여 확신 있게 살 수 있을 것이라고 생각했다.

마침내 헤스터는 주님의 오심을 준비해야겠다는 최후의 결심을 굳히면서 잠자리에 들었다. 잠이 들자 그녀는 꿈속에서 푸른 풀밭과 아름다

운 나무와 꽃들을 보았다. 무엇인가 무시무시하고 충격적인 사건들이
일어나고 있었다.

제 3 장

사라져 버린 이웃들

밤새도록 루실은 병으로 신음하고 있었으며 애기 슈 또한 잠들지 않고 자주 울면서 보챘다. 그래서 짐도 뜬눈으로 날을 새고 있었다. 이따금씩 루실은 격렬한 고통을 당했으며 짐은 아내의 고통을 덜어주려고 할 수 있는 한 여러 가지 가정요법을 동원해 보았다. 가끔 애기 슈를 돌보기 위해 유아실에 가보기도 했다.

　그 밤은 영원히 끝나지 않을 것같이 길고 지루했지만, 이윽고 새벽이 돌아왔다. 6시쯤 되었을까. 애기의 울음이 멈추었다. 짐은 아내의 진통에 차도가 있도록 간호하느라 온 정신을 쏟고 있었기 때문에 애기의 울음소리가 잠잠해진 다음에는 애기 돌보는 것을 깜박 잊고 있었다.

　시간이 흐를수록 루실의 고통은 점점 더해만 갔다. 짐은 초저녁에 어머니를 부르러 갔어야 했지만 어머니를 깨우기가 죄송스러웠던 것이다. 더구나 그 날 낮에 루실이 어머니께 불경스런 말을 지껄여댔던 일도 있었기 때문이었다. 물론 그의 어머니께 알리면 안 오실 분은 아니었다. 사실 어머니는 루실을 적대하는 마음이 추호도 없는 분이다. 그럼에도 불구하고 루실이 어머니를 모셔오도록 간청하기 전까지는 차마 갈 수가 없었던 것이다. 루실은 병이라도 나게 되면 언제나 어머니를 모셔오도록 청했다. 그렇기 때문에 곧 어머니를 모셔오도록 요청할 것이라고 짐은 생각하고 있었다. 루실은 가끔 짐에게 말하기를, 어머니는 고통 중에 있는 사람을 돕는 방법을 알고 계신다고 했다.

　마침내 귀를 기울이고 있는 짐에게 루실은 말문을 열었다.

"여보 지금 몇 시나 됐어요?"

"거의 일곱 시가 되었을 거야." 그는 침대에 바싹 다가오며 대답했다.

"어머니께 가 보셨으면 좋겠어요. 아파서 견딜 수가 없어요."

그녀는 나지막이 소리로 말했다.

"그래, 갔다 오지 !"

그가 모자를 집어 들자 루실이 등 뒤에서 소리쳤다.

"여보, 빨리요. 죽겠어요. 어머니는 제가 아프지 않도록 하는 방법을 알고 계실 거예요."

짐은 옆방에 있는 유아실의 애기 슈를 그냥 지나쳤다. 애기를 보려고 들어갔어야 했지만 루실이 너무 고통스러워 재촉했기 때문이었다.

만일 짐의 마음이 그처럼 한 가지 일에 몰두하지 않았었다면 길 맞은 편 골목에서 고함치는 신문팔이 소년의 목소리를 들을 수 있었을 것이다. 그는 한눈도 팔 틈이 없이 지나쳤다.

언제나 이 때쯤이면 어머니는 이미 일어나서 집안을 산뜻하게 정돈하고 계셨다. 어머니는 이중창문 옆에 놓인 구식 팔걸이의자에 앉아 성경을 읽고 계셨던 것이었다. 그 성경은 짐이 어릴 적부터 보아온 책이었다. 이미 새벽기도를 마치셨을 시간이었다. 짐은 기도하는 법을 알고 있는 어머니를 자랑스럽게 생각하고 있었다. 짐은 어머니가 은빛 머리를 숙여 성경을 들여다보시는 모습을 눈앞에 보는 듯했다.

어머니의 집이 시야에 들어왔을 때 항상 이 시간이면 창가에 앉아 있어야 할 어머니가 보이지 않았다. 루실이 아파서 누워 있는 지금 어머니까지 편찮으시지나 않기를 빌었다.

"어머니 !"

현관에 발을 들여 놓으며 어머니를 불렀다. 그가 집안에 들어서기 전에 그의 어머니를 부르는 일은 늘상 있는 일이었다. 그것은 소년시절부터 몸에 밴 습관 중의 하나였다. 아내는 그런 버릇은 좋지 않다고 가끔 핀잔을 주었지만 이미 굳은 습관이 되어 있어 언제나 그렇게 해 오던 것이었다.

오늘 아침 현관문을 열면서 부르는 짐의 "어머니, 어머니 !" 하는 음성은 흥분되어 있었다.

주위는 조용했다. 만약 짐이 그처럼 서두르거나, 혹시 어머니께서 편찮으시지나 않았나 하고 걱정하지 않았다면 방안의 독특한 분위기를 주의해 보았을 것임에 틀림없다.

식당과 부엌으로 넘나들며 "어머니, 어디 계세요?" 하고 불렀다.

행여 정원에 어머니가 계시나 하고 부엌문 밖으로 내다보려고 눈을 크게 떴을 때, 만일 어머니가 편찮으시다면 침실에 계실 것이라는 생각이 퍼뜩 떠올랐다. 왜 그런 생각이 얼른 떠오르지 못했을까 하고 그는 생각했다.

그는 어머니가 주무시는 침실로 뛰어 들어갔다. 그는 방 한가운데 우뚝 서서 시야에 들어오는 한 지점을 뚫어지게 바라보았다. 어머니는 그곳에 계시지 않았다. 마치 누가 잠자리를 준비하려고 시트를 깔아 둔 것처럼 보였으며 이불은 침대에서 반쯤 떨어져 있었다.

짐은 미친 듯이 방안을 샅샅이 찾았지만 여전히 어머니는 눈에 띄지 않았다. 그 때 불현듯 전에 어머니가 말씀하신 〈내 집에 와서 내가 없어진 것을 알면〉 이라는 말이 떠올랐다. 그의 심장은 단검에 찔린 것같이 섬뜩한 느낌이 들었다.

"안돼요 !" 그는 질식할 듯 한 소리로 부르짖었다.

"하나님 용서해 주세요. 안돼요. 더 이상 참을 수가 없어요."

그리고 나서 그는 어깨를 움츠리며 "밤새도록 한잠도 못자서 신경이 이상해진 거야." 라고 외치며 겸연쩍다는 듯이 갑자기 싱글싱글 웃어댔다.

"휴거가 일어났다 ! 휴거가 일어났다 !" 그의 뇌리에서는 망치를 두드리는 듯 한 혼란된 목소리가 들렸다.

순간, 처음으로 짐은 방의 분위기를 주목해 보았다. 침대 주변의 방바닥을 살펴보자 어머니의 옷과 안경이 방바닥에 놓여 있음을 발견했다. 싸늘한 냉기가 등골을 오르내리며 파고드는 오싹함을 느꼈다.

"안 돼, 안 돼, 그럴 수는 없어." 그는 목이 메었다. "믿을 수가 없어. 우리 어머니는 없어질 수가 없어 ! 제발, 하나님 !"

그는 빌었다. "만일에 휴거가 일어나지 않았다면 꼭 당신의 편에 서겠습니다. 맹세합니다. 하나님 !" 그의 눈은 눈물로 얼룩져 방안을 볼 수가 없었다. "만일에 휴거가 일어나지 않았다면 다음 예배에 참석하여 제 인생을 헌신하겠습니다."

커다란 자석과 같은 어떤 것이 짐을 거실로 이끌었다. 테이블 위에는 어머니께서 무엇보다도 소중히 여기시던 검은 빛깔의 성경이 놓여 있었다.

그것은 펼쳐져 있었다. 그는 성경 구절 아래 붉은 줄이 그어진 페이지를 들여다보았다. '이러므로 너희도 예배하고 있으라. 생각지 않는 때에 인자가 오리라.' (마태복음 24장 44절)는 말씀이 눈에 띄었다.

이마에 구슬 같은 땀방울을 흘리면서 짐은 외쳤다. "드디어 일어났군, 일어났어. 휴거가 일어난 거야. 큰일 났어. 나는 휴거되지 못했어. 어머니만 가셨구나!" 두 뺨에 눈물을 주룩주룩 흘리면서 그는 방바닥에 거꾸러져 비참하게 통곡했다. 얼마나 오랫동안 부르짖으며 기도했는지 짐 자신도 알지 못했다.

어머니가 기르시던 개, 부취가 현관문에서 짐을 발견하고는 낑낑대며 짐의 발밑으로 다가왔다. 그는 살며시 문을 밀치고 무릎을 구부려 부취의 목을 껴안고 신음하듯 말했다. "어머니는 가버리셨어, 부취야. 가셨어." 부취는 모든 일을 다 안다는 듯이 짐의 얼굴에 싸늘한 코를 애처롭게 비벼댔다. 그 때 갑자기 짐은 무엇을 생각했는지 벌떡 일어섰다. 그리고 마당을 가로질러 마치 미친 사람처럼 대문 밖으로 뛰어나갔다.

"안 됩니다. 안 돼요!" 라고 계속 소리치고 있었다. "하나님, 우리 아기는 데려가시면 안 됩니다. 제 어머니를 데려가신 것만으로도 충분합니다. 애기는 제 것입니다. 정말로 제 것입니다!"

그의 발은 마음대로 움직여 주지 않았다. 그는 언제인가 달려가는 꿈을 꾼 적이 있었는데 그 꿈속에서도 좀처럼 발이 신속하게 움직여 주지 않았다. 그렇다, 지금도 정말로 무서운 꿈을 꾸고 있단 말인가.

짐이 신작로에서 두 구간쯤 뛰어갔을 때 "호외요, 호외! 수 천 명의 사람들이 오늘 아침 여섯 시경에 감쪽같이 사라졌어요. 호외요, 호외!" 라는 신문팔이의 흥분된 목소리를 들었다. 짐은 신문을 사 볼 틈도 없이 미친 듯이 뛰어갔다. 신문 따위가 무슨 필요가 있단 말인가. 지금의 주요 관심은 오직 그의 애기의 일 뿐이었다. 신문팔이는 그 휴거사건이 6시경에 발생되었다고 했는데, 그는 그 시간 이후로 애기 슈의 울음소리를 듣지 못했다. 그는 속도를 더욱 빨리하여 달렸다. 그의 마음속에는 거대한 폭풍과 같은 생각들이 몰아붙이기 시작했다. 바람에 머리털이 휘날려 눈을 따갑게 찔렀지만 그는 그런 것쯤에 신경을 쓰지 않았다. 그는 마치 엄청난 마귀 떼가 추적해 오는 것처럼 대문을 박차며 집안으로 들어갔다. 아내 생각은 미처 할 사이도 없이 애기 방으로 뛰어갔다. 애기의 침대는 텅 비어 있었다. 그는 짐승처럼 우뚝하니 서서 애기가 누웠던 곳을 뚫어지게 바라보았다. 그는 입술을 움직이려 했지만 한 마디도 나오지 않았다. 애기 침대에 가까이 가 보려 했지만 그럴 힘조차 없었다.

아내가 침실에서 미친 듯이 불러댔지만 이 순간만큼은 그것이 문제가 아니었다. 어머니가 사라져 없어졌고 지금은 귀여운 애기까지 사라진 것이었다. 그는 자신이 꿈을 꾸고 있었다는 것을 알려 주고 그 꿈을 깨게 해 준다면 이 세상의 모든 것을 다 줄 수 있다고 생각했다. 그러나 그것은 꿈이 아니었다. 휴거가 정말로 일어난 것이었다. 다시는 애기 방문 앞에서 발꿈치를 들고 부드럽고 하얀 베개 위에 누운 금빛 곱슬머리로 소복한 애기를 문틈으로 살며시 들여다볼 수 없게 되었다.

"하나님, 왜 저는 당신을 만나 뵐 준비를 못했었습니까?" 그는 중얼거리고 있었다.

"여보, 여보, 당신이에요?" 아내 루실은 계속 짐을 부르고 있었다. 루실은 도대체 누가 집안으로 뛰어 들어왔는지 이상하게 여기고 있었다. 난폭한 발소리가 그녀를 두렵게 만들었다.

짐은 웬만큼 중대한 일이 아닌 한 — 적어도 그녀가 아파 있을 때는 — 그처럼 요란스럽게 집안으로 뛰어드는 일이 없었다. 무슨 일이 생긴 것일까. 그렇지 않으면 외부의 침입자가 들어온 것일까. 아니면 애기에게 위험한 일이 생긴 것일까.

애기가 위험에 처해 있는지도 모른다는 생각이 들자 그녀는 갑자기 힘이 생겼다. 비록 병환으로 몸이 허약해져 있었지만, 침대에서 미끄러지듯이 빠져 나와 걸음을 옮겼다. 누가 애기 방에 있는지 모르기 때문에 될 수 있는 대로 소리를 죽여 가며 한 걸음 한 걸음씩 기어갔다. 한 걸음씩 옮겨 놓을 때마다 불처럼 격렬한 진통이 온몸을 엄습했다. 많은 시간이 지나간 것같이 생각되었을 때 애기 방문 옆에 이르렀다. 방안에서 어떤 사람이 문을 등 뒤로 하고 서 있는 것을 보고 그녀는 소스라치게 놀랐다. 그러나 곧 그 사람이 남편이라는 것을 알았다.

"여보 !" 그녀는 째지는 듯 한 소리로 남편을 불렀다.

루실은 온몸의 신경이 곤두세워졌지만 애기 방에 있는 사람이 남편이라는 것을 알자 그녀는 안도감을 느꼈다.

짐은 자기를 부르는 음성을 듣자 비로소 주위를 의식하며 뒤돌아보았다. 주위를 한 번 빙 둘러 보고서는 "아!" 하고 잠에서 깨어나듯 외쳤다.

루실은 남편 짐의 창백하고 일그러진 안색과 생기 없는 눈빛을 보았을 때 무엇인가 무서운 일이 있었음을 의식할 수 있었다. 과연 무슨 일이 일어난 것일까?

"여보, 무슨 일이죠?" 루실이 물었다.

"가 버렸어! 가 버린 거야!" 그는 절규하듯 부르짖었고 눈물이 또다시 비 오듯 쏟아지기 시작했다.

그녀가 몸을 회복하기 전까지는 애기에 대한 이야기를 하지 않으려고 했지만 충격적인 일이 한꺼번에 연속적으로 발생하는 바람에 그는 어떻게 억누를 수가 없었다. 그는 그 자리에 서서 통곡할 뿐이었다. 잠시 동안 그는 다른 말을 할 수가 없었다.

"누가 가 버렸다는 말 이예요? 누구예요! 진정해요. 여보! 당신이 그렇게 정신 나간 모습을 본 적이 없어요."

"여보, 우리 아기가 가 버렸소! 알아듣겠소? 우리 귀여운 애기가 가 버린 거요!"

루실은 몸을 가눌 수가 없어서 문 옆에 놓인 걸상에 앉아 있었으나 애기가 없어졌다는 말을 듣자 충격으로 벌떡 일어섰다.

"가 버렸다고요!" 그녀는 거칠게 소리쳤다. "어디로 갔는데요. 오! 여보, 경찰을 불러요. 우리 아기가 유괴되었다고요? 애기를 이런 곳에 혼자 자게 두는 것은 안 좋다고 당신에게 말했잖아요. 그런데도 당신은 애기가 어른들과 함께 자는 것이 좋지 않다고 했죠? 보세요. 기어코 사고가 생겼잖아요." 그녀는 울부짖었다.

짐은 한 마디의 대꾸도 없이 서 있었다. 비록 아내가 터무니없이 화를 내고 있지만 그런 따위의 일에 관심을 가질 만큼 마음의 여유가 없었다.

"여보 ! 경찰을 부르라니까요 !" 그녀는 또 한 번 소리 질렀다. 그러나 짐은 움직이지 않았다.

루실은 애기 방을 빠져나와 전화가 있는 곳으로 달려가 경찰서로 다이얼을 돌렸다.

"여보, 경찰에 연락해도 소용없어요." 짐은 조용한 음성으로 말했다.

"무슨 말씀이세요?" 수화기를 제자리에 얹으면서 루실이 물었다.

"여보, 휴거가 일어난 거요." 짐은 조용한 음성으로 말했지만 그의 머릿속은 거센 소용돌이 속으로 휘말리고 있었다.

짐은 지구가 회전을 멈추어 버린 것만큼이나 충격을 받고 있었다.

"무슨 뜻이에요?" 루실은 극도의 공포에 휩싸이며 외쳤다.

"당신은 이해할 수 없을 거요. 주님이 재림하신 것이오. 어머니도 가 버리셨소. 우리 아기도 가 버렸소. 수많은 다른 사람들도 사라진 것이오. 당신과 나만이 뒤에 남겨진 것이란 말이오."

그는 목이 메었다. "여보, 당신은 기억하고 있을 거요. 이제 당신은 어머니께 다시는 휴거라는 말을 입에 올리지도 말라고 했소. 당신은 두 번 다시 그런 일로 어머니의 간섭을 받지 않아도 되겠군!"

이야기를 하는 동안 잠시 눈물을 그쳤지만 그는 또다시 비 오듯 눈물을 흘렸다.

"이제 당신은 기뻐하겠지. 어머니가 가 버렸으니. 하지만 어머니는 주님과 함께 영원히 살기 위해서 올림 받아 가셨소. 지금 우리 아기 슈와 같이 있어요. 알겠소?" 그는 근엄하게 말했다.

"당신은 그런 걸 믿지 않는다고 말했어요. 그런 일은 믿을 수가 없는 허황된 이야기라고 당신은 말하지 않았소? 그러나 일은 일어나고야 말았소. 모두가 가 버린 거요."

루실은 눈앞이 캄캄했다. 그녀는 앉아보려고 애를 썼지만 힘이 없어

짐의 발 앞으로 쓰러졌다. 짐은 기진맥진해 쓰러진 아내를 내려다보면 서도 물 한 모금 갖다 주려 하지 않았다. 그의 머리는 충격으로 감각이 상실되어 무엇을 해야 좋을지 알지 못했다.

뒷집에 사는 부인의 외치는 소리가 들렸다. "우리 아이들이 없어졌 어요. 좀 도와주세요. 좀 도와주세요. 도와주세요. 우리 아이들에게 무 서운 일이 일어났나 봐요. 누구 없어요. 제발 좀 도와주세요!"

짐은 자신의 괴로움에 너무 정신이 팔려 있어서 다른 사람을 도울 수 가 없었다.

"내가 휴거를 준비하고 있었다면 !" 짐은 혼자서 중얼거렸다.

"하나님 앞에 바르게 설 수 있는 기회는 얼마든지 있었는데. 하지만 앞으로도 시간은 많다고 생각하면서 언제나 뒤로 미루기만 했었어."

그는 아내를 살펴보며 과거의 일들을 생각하고 있었다. 그의 어머니 가 여러 번 주의를 주었던 많은 기회를 생각했다. 바로 어제만 해도 어 머니는 그에게 경고를 해 주었다. 그는 항상 나중 시간으로 미루기만 했 다. 그러나 휴거는 일어나고야 만 것이다. 그는 이런 일이 자기 당대에 일어날 것이라고는 전혀 생각지 못했다. 휴거에 대하여 여러 세대 동안 언급되어 왔지만 오늘까지 아무 일도 일어나지 않았던 것이다. 그래서 그도, 루실도 준비하지 못한 것이다.

루실은 가냘픈 신음소리를 내면서 의식을 되찾았다. 이윽고 짐은 욕 실에 들어가서 물 한 컵과 젖은 수건을 들고 나왔다. 그는 그녀의 머리 를 방바닥에서 일으켜 세워 찬 수건으로 얼굴을 닦아 주고 바짝 마른 입 술에 물 컵을 갖다 댔다. 그러고 나서 마치 어린애를 다루듯 번쩍 들어 올려 침대에 안아다 놓았다. 루실이 심상치 않다는 것을 알아차리게 되 자 그는 그녀를 위로하려고 애를 썼다.

"내 애기를 돌려주세요. 여보, 내 애기를 빨리 찾아요!" 그녀는 울음을 그치지 않았다. 짐은 지금이라도 준비만 되면 어머니와 애기에게 갈 수 있다고 말해 보았지만 루실은 들으려 하지 않았다.

짐은 병원에 전화를 걸었다. 아무도 전화를 받는 사람이 없었다. 지금은 진료시간이 아니라는 것을 깨닫고는 의사 선생님 댁으로 다이얼을 돌렸다. 응답이 없었다. 온 세상이 가공할 소용돌이 속으로 빠져드는 것이라고 짐은 생각했다.

그는 약국에 가서 수면제 몇 알을 구하기로 했다. 하지만 루실에게 이처럼 흥분된 상태가 계속된다면 수면제도 별 효험이 있을 것 같지가 않았다.

죽고 싶은 심정뿐이었다. 어머니도, 애기도 없어진 지금 무엇 때문에 살아야 하는가? 그러나 슬픔과 가슴 아픈 일이 밀어닥쳐 세상을 살아갈 수 없는 것처럼 보일지라도 생명은 부지하지 않으면 안 되는 것이다.

현관의 신문함에는 「엘라베스터 트리뷴」 지(紙)와 그 밖의 빨갛고 검은 잉크로 인쇄된 다른 신문도 있었다. 짐이 함에서 신문을 꺼내어 펼치자마자 검은색과 붉은색의 커다란 고딕체로 된 '수 천 명의 사람들이 불가해하게 실종되다'라는 제목이 눈앞에서 춤추고 있었다.

눈을 커다랗게 뜨고 숨을 죽이면서 그는 실종기사를 읽어 내려갔다. 어떤 사람은 술회하기를, 그와 그의 아내가 함께 새벽 5시 경에 깨어 있었는데 모든 일이 정상이었다고 했다. 그는 매일 습관적으로 해 오던 아내의 기도소리를 들었으며, 6시쯤에 식탁에서 아침을 먹었다고 했다. 아내에게 커피를 부탁하고는 아내를 기다리면서 식탁에 줄곧 앉아 있었는데 홀연히 어떤 이상한 느낌이 그에게 엄습해 왔다. 그는 손목시계를 내려다보았다. 그러는 순간 맹렬한 바람소리를 느꼈다. 그가 고개를 들었을 때 의자는 텅 비어 있고 아내가 어디로인지 사라졌다. 그는 거의 자신의 눈을 믿을 수가 없었다. 방금 전에 아내는 그 곳에 있었던 것이다. 그는 눈을 한번 비비고 다시 한 번 쳐다보았다. 그러나 여전히 그의 아내는 보이지 않았다. 그의 시선을 피하여 순간적으로 밖으로 나갔다고는 할 수 없었다. 그는 당황한 채 앉아서 진상을 파악하려고 이리저리 생각해 보았다. 집 안팎을 샅샅이 뒤졌다. 아무 곳에서도 아내는 찾을 수 없었다. 그는 아내가 자기에게 장난을 치려 한다고도 생각해 보았다. 그래서 식탁으로 돌아와서 식사를 계속하려 했지만 불안한 마음이 가셔지지 않았다.

부엌에 있는 라디오에서 경쾌한 음악이 흘러나오고 있었다. 그때 마치 번갯불에 송신이 끊기듯 진행 중이던 프로그램이 중단되고 잠시 후에 지금까지 들어보지 못했던 극도로 흥분된 목소리가 방송되기 시작했다.

'이 프로그램은 방금 들어온 중대한 뉴스 보도를 위해 중단하게 되었습니다. 수많은 사람들이 갑자기 실종해 버린 미스터리 사건이 발생했습니다. 그 이상의 상세한 정보는 아직 입수하지 못했습니다. 새로운 소식이 들어오는 대로 긴급히 보도를 해드리겠습니다. 계속 본 방송국에 다이얼을 맞추어 놓으시고 기다려 주시기 바랍니다.'

그는 이어서 말하기를, 이 사건은 마치 섬광처럼 순간적으로 일어났다고 했다. 하나님의 아들이 내려와서 하나님의 자녀들을 그의 신부로 맞아 데려간 것이었다. 그 밖에 이와 비슷한 경험들이 많이 실려 있지만 짐은 약국에 서둘러 가야만 했다. 짐은 태양이 여전히 빛나고 새들이 노래하는 것을 보고 소스라치게 놀라지 않을 수 없었다. 즐거운 것이라곤 아무 것도 없었다. 왜 온 세상이 어두워지고 극도의 슬픔으로 눈물을 흘리지 못하는가?

그 때 길 건너 앨머 윌콕스네 집의 대문이 열려 있고 거기에 앨머가 서 있는 모습을 보았다. 짐은 놀라움으로 눈을 껌벅거리며 믿을 수 없는 마음으로 바라보았다.

"여보게 짐 !" 그녀의 음성은 신경질적이리만큼 날카로웠다.

"어서 오게. 내 쌍둥이 외손자 녀석들이 없어졌다네. 도저히 찾을 길이 없네. 어젯밤까지도 나와 함께 있었어. 더구나 아이들을 돌보려고 새벽 5시경에 일어났을 때까지만 해도 아이들은 무척이나 평화스럽게 잠들고 있었거든. 그런데 지금은 없어졌다는 말일세. 온 집안을 뒤져 찾아보아도 흔적 하나 찾을 길이 없네. 어젯밤에 애들 곁을 떠날 때 문도 안으로 걸어 잠가 두었다네. 애들은 키가 모자라 창문으로 올라갈 수도 없지. 애들 옷은 아직 침실에 그대로 있어. 경찰에 연락하려 했지만 계속 통화 중이었어. 날 좀 도와주게."

짐은 동상처럼 서 있기만 했다. 근육 하나도 움직이지 않았다. 앨머 윌콕스가 휴거되지 못하고 남겨진 것을 알고는 세삼 놀라지 않을 수 없었다. 한 순간이 지나자 그는 그녀가 미친 듯이 계속하는 이야기를 들으며 평소에 있었던 그녀의 생활 상태를 마음속에 떠올렸다. 극심한 상황 아래 처하게 되면 사람의 마음이란 기묘하게 작용하는 모양이다. 앨머 윌콕스는 짐의 어머니가 다니는 교회에 소속했다. 그러나 짐의 어머니처럼 헌신적인 크리스찬이 되지 못했다. 부흥회가 개최되어 전도사가 마을에 초빙되어도 참석할 시간을 좀처럼 내지 않았다. 부인전도회가 기도 모임을 가질 때도 항상 다른 일을 핑계로 빠져나갔다. 수요일 밤에 있는 예배도 마찬가지였다. 예배시간에는 참석하지만 잃어버린 영혼들을 위한 열심은 찾아볼 수 없었다. 하나님의 성도들이 길 잃은 자들에게 구원의 길을 안내하는 동안 그녀는 앉아서 수수방관하기만 했다. 이제 휴거가 일어났고, 미지근한 신앙상태에 있는 앨머 윌콕스는 휴거되지 못하고 뒤에 남게 된 것이었다.

"원 저런, 아주머니 ! 무슨 일이 생겼는지 모르고 계셨어요? 주님이 재림하셨어요!"

앨머의 손과 팔은 떨리기 시작했으며 그녀의 무릎도 부들부들 떨리기 시작했다.

"아냐, 그럴 리가 없어 !" 그녀는 소리쳤다. "날 바보로 취급하지 말게. 내가 아직 여기에 있잖은가. 나는 아직 없어지지 않았단 말이네."

짐은 그녀의 두려움과 불신앙이 뒤섞인 말을 듣고 그가 읽었던 신문을 펴 보여 주었다. 그제야 그녀는 '수 천 명의 사람들이 불가해하게 사라지다.' 라고 신문 제 1 면의 태반을 차지하고 있는 굵은 고딕체 활자를 볼 수 있었다.

그녀의 입술은 극도의 비참한 울부짖음으로 변했다. 그 음성은 인간의 입술에서 터져 나오는 소리라고는 믿기 어려운 것이었다. 짐이 여태껏 한 번도 들어보지 못한 괴성이었다.

"나의 주님 ! 사실이었군요. 주님이 오셨는데 저는 이렇게 남겨지게 되었습니다 !"

그녀는 땅바닥에 무릎을 꿇고 주저앉아 절규하며 이전에 결코 그처럼 해 본 적이 없는 강렬한 기도를 했다.

"오, 하나님 ! 저는 얼마나 어리석을 자입니까? 냉랭한 심정으로 당신을 섬겼습니다. 옛날 베드로처럼 멀리서 주를 따라갔습니다. 왜, 왜, 마귀로 하여금 저를 속이도록 내버려 두셨습니까? 마침내 휴거는 일어났습니다! 저는 남겨졌습니다. 저는 남겨졌습니다." 그녀는 소리쳤다.

그러자 어떤 생각이 그녀의 뇌리에 떠올랐다. 〈그런데 사실이 아닐지도 몰라. 만일 그녀가 알고 있는 사람 중에서 진정으로 하나님의 성도라고 할 수 있는 사람이 없어지지 않았다면 실제로 휴거가 발생했다고는 볼 수 없을 것이야.〉 라고.

그녀는 허겁지겁 일어서서 뒷문으로 뛰어나가 잡역부(雜役夫)인 릴리가 살고 있는 오두막집을 향해 뒷골목 길을 빠져나갔다. 앨머가 생각하기로는 만일 진실한 하나님의 성도가 한 사람이 있다면 틀림없이 그것은 릴리라고 확신하고 있었다. 비록 페인트칠은 되지 않았으나 하찮은 것까지도 말끔히 정돈된 릴리의 낡은 집은 오늘 아침에는 어딘지 모르게 외롭고 한적해 보였다.

그녀가 닫힌 문으로 가까이 다가갔을 때 그녀의 심정은 두려움으로 두근거렸다.

그녀는 문을 요란스럽게 두드리고는 조심스럽게 기다리고 있었다. 모든 것들이 예전 그대로였다. 그녀는 화장대 안쪽에 걸린 벽시계의 똑딱똑딱하는 소리를 들을 수 있었는데, 마치 "너 혼자만 남았구나. 너 혼자만 남았구나." 하는 소리처럼 들렸다. 릴리가 문을 활짝 열고 그녀의 심한 스코틀랜드 억양으로 "안녕하세요, 월콕스 부인!" 이라고 말한 것 같았지만 대답이 없었다. 그녀는 방안에서 어떤 기척을 들은 것처럼 착각했지만 문은 열려 있지 않았다. 릴리는 사라진 것이다. 발걸음을 터벅터벅 옮기면서 골목길을 다시 올라오는 그녀는 눈물이 앞을 가리고 있었다.

자기의 집 가까이에 왔을 때 짐이 좀 전의 그 자리에서 허공을 쳐다보며 아직도 서 있는 것을 보았다. 어제보다 15년쯤 더 나이 들어 보였다. 항상 곧게 펴고 다니던 어깨는 절망으로 곱사등처럼 구부러졌다. 그의 머리 결은 흐트러졌고, 모습은 매우 수척해 보였다.

앨머는 그에게 바싹 다가가서 그를 부르며 "짐, 릴리네 집에 다녀왔는데 그녀는 보이지 않았어. 아마 밖에 외출했나 봐." 그녀는 침착을 가장하려고 애썼다.

이와 동시에 그녀는 그만 울음을 터트리고 말았다. 짐은 아무것도 듣지 못했다는 듯이 계속 허공을 응시하고 있었다.

이윽고 짐은 정신 나간 상태에서 깨어나 비로소 주위를 둘러보았다.

길 아래쪽 어떤 집 대문을 요란하게 두드리는 소리를 들을 수 있었다. 정면을 똑바로 보자 대문이 열려 있는 젤머 프릭의 집 앞에 앨머가 서 있는 것이 보였다. 짐은 휴거의 이야기와 사라진 사람들의 이야기가 그 밖의 다른 사람들에게 전달되고 있다는 것을 알았다. 외마디 비명소리가 공간을 깨뜨렸다. 또 하나의 영혼이 주님의 오심으로 들림 받지 못하고 남겨진 것을 깨달은 것이었다.

짐의 뇌리는 감각을 잃었다. 그리고 그는 냉기가 전신을 휩싸는 것을 감지했다. 구슬 같은 식은 땀방울이 그의 이마를 뒤덮고 있었다.

짐이 젤머 프릭의 집 앞에 이르렀을 때 앨머와 젤머는 문에서 밖으로 뛰어나와 짐의 앞을 지나쳐 보도를 걸어 내려갔다. 그들은 마치 둘 다 서로에 대하여 부끄럽게 여기는 것처럼 서로 의지하고 있었다. 그들 두 사람의 얼굴은 창백했으며 눈은 마치 고통의 웅덩이 같았다.

짐은 눈을 여전히 감은 채 주택들을 지나치며 저들 중에 어떤 사람은 사라져 없을 것이라고 생각했다. 아직도 잠들어 있던 사람들이 깨어나 간밤에 무슨 일이 일어났었는가를 알게 되면 얼마나 슬퍼하랴 하고 생각했다.

짐은 생각에 깊이 빠져 있었기 때문에 자기를 향해 길을 서둘러 올라오는 어떤 부인의 모습을 주목할 수 없었다. 그는 미처 피하기도 전에 그녀에게 부딪치고 말았다. 그는 마치 고통스런 지옥의 경험을 한 것처럼 보이는 그녀의 두 눈을 들여다보았으며 커다란 고뇌가 여전히 그녀의 영혼을 짓이기고 있는 것 같았다.

"저의 남편과 아기를 본 적이 있으세요? 어떻게 찾을 수가 없을까요?" 그녀는 울음보를 터뜨렸다. "오늘 아침에 일어나 보니 아빠도 아기도 둘 다 없어졌어요. 아빠는 정말 착한 분이었어요. 무서운 일이 우리 아빠에게 일어난 것이 틀림없어요."

짐은 동정의 눈빛으로 그녀를 쳐다보았다. 그는 그 여자가 겪어야 할 고통들을 알고 있었다. 사실을 알려 주어야 할까? 그는 입술을 움직여 휴거가 일어났다는 말을 하려고 했으나 입 안에서만 뱅뱅 돌 뿐 소리가 나오지 않았다. 그는 한마디 말도 없이 꼭 쥐고 다녔던 신문을 펼쳐 검은색과 붉은색의 커다란 고딕체로 인쇄된 활자를 그녀의 눈앞에 갖다 대었다. 그녀는 신문을 들여다보고 몇 줄 읽어내려 가더니 갑자기 외마디 소리를 지르며 길가에 주저앉았다.

짐은 눈물을 억누르며 아무런 목적도 없이 거리를 질주해 나갔다. 휴거가 일어난 후에는 어떻게 될 것이라는 것을 말해준 사람들은 많았지만 아무도 사례를 구체적으로 들어준 사람은 없었다.

짐은 앨머와 젤머가 어머니가 다니던 교회의 은퇴한 목사 힐러리의 집 계단을 서둘러 올라가는 것을 보았다. 둘이 함께 정신없이 문을 두드리고 있었다. 짐은 그 문이 열리지 않을까 하고 가망 없는 희망을 가지고 기다려 보았다. 하나님께서 귀히 쓰시는 노성자(老聖者)는 이미 사라지고 없었다. 만일 목사님이 집에 계신다면 휴거가 나타나지 않았음을 확실하다. 그러나 무한한 시간을 기다렸다는 생각을 하며 짐은 그 곳을 뒤로 하고 길을 따라 내려갔다. 그 집에는 아무도 남아 있지 않기 때문에 더 이상 기다려 봐도 소용없는 것임을 짐은 잘 알고 있었다.

마침내 짐은 약국에 도착했다. 뒷방에서 잠자고 있던 약사인 빌을 제외하고는 다른 사람은 눈에 띄지 않았다. 짐은 이 약국의 오늘 첫 손님이었다. 짐은 안으로 들어서자 빌의 걱정스러운 얼굴빛이 밝아지고 있었다.

"짐, 잘 잤나!" 빌이 쾌활한 음성으로 반가이 맞았다. "오늘 아침 기분이 좀 어떤가?"

"무서운 일이 있었네." 짐은 가까스로 대답했다.

(빌이 어떻게 된 것이 아닐까? 오늘 같은 아침에 어떻게 기분 같은 것을 물어볼 수 있단 말인가?)

빌은 짐의 파리한 안색과 괴로운 듯 한 눈빛을 세심하게 관찰하며 물었다. "짐 콜린스, 웬일인가? 자네에게 무슨 일이 생겼나? 거의 허탈상태에 빠진 것처럼 보이는데."

"우리 아기와 어머니가 없어졌다네."

"뭐라고 !"

짐의 대답에 빌이 휘둥그레진 눈으로 물었다.

짐은 계속 가지고 다녔던 신문을 펼쳐 보았다. 빌이 고딕체의 표제를 읽었을 때 손에 들고 있던 약병을 떨어뜨렸다. 약병은 마루 위에서 산산조각이 났다.

"이 사람들 - 중에 - 설마 - 자네와 어머니가 - 끼어 있는 - 것은 - 아니겠지?"

"정말 그렇게 되었네. 아내가 지금 최악의 상태에 있어. 수면제 몇 알을 가지고 가서 편안히 잠들도록 해 줘야겠어."

빌 역시 가정예배를 드리는 집에서 하나님의 말씀을 항상 떠올리며 은혜로운 소망을 소유하셨던 은빛 머리를 지닌 어머니에게 양육되었다. 비록 어머니는 수년 전에 돌아가셨지만, 빌은 언제나 어머니께서 귀하게 여기시던 성경구절을 기억하고 있었다.

'보라, 너희에게 비밀을 말하노니 우리가 잠잘 것이 아니요. 마지막 나팔에 순식간에 홀연히 다 변화하리니 나팔소리가 나매 죽은 자들이 썩지 아니할 것으로 다시 살고 우리도 변화하리라. 이 썩을 것이 썩지 않을 것으로 입겠고 이 죽을 것이 죽지 아니함을 입을 때에는 사망의 이김이 삼킴 바 되리라고 기록된 말씀이 응하리라. 사망아, 너의 이기는 것이 어디 있느냐. 사망아, 너의 쏘는 것이 어디 있느냐.' (고린도 전서

15장 51~55절)

그는 그 자리에서 휴거의 사건을 목격한 것처럼 하나님의 아들이 공중 가운데 나타나시고, 그의 어머니의 무덤이 순간에 열려 어머니의 육신이 영혼과 함께 썩지 않을 새로운 육체로 변화되는 것을 눈앞에 그리고 있었다. 그가 만일 주님 오실 날을 준비하고 있었다면 그의 어머니와 함께 들림 받을 수 있었던 것이다.

"다른 많은 사람들과 똑같이 될 수 있었던 어머니의 교훈으로부터 너무 멀리 떨어져 살았던 거야. 주님이 이렇게 속히 오시리라고는 꿈에도 생각지 못했네."

그는 목이 메었다. 빌은 약국 문을 뛰어나와 양쪽 길을 쳐다보았다.

"호외요, 호외 !" 신문팔이 소년이 외치고 있었다. 빌은 신문 한 장을 빼앗듯이 샀다.

손은 덜덜 떨리고 뺨에는 눈물이 흘러내렸다. 그는 신문을 움켜쥐고 이 거대한 사건을 읽었다. 엄청난 숫자의 사람들이 가 버렸다. 그러나 빌과 같이 뒤에 남겨진 사람들에게는 실로 두려운 일이었다. 그는 신문의 페이지를 넘길 때마다 깜짝깜짝 놀라며 이 실종사건의 전모를 보았다. 그가 아는 사람도 더러 있었다. 모르는 사람들도 있었다. 자기 마을에 사는 어린이들까지 없어진 것을 알고는 빌은 전율을 느꼈다.

〈가 버렸다 !〉 이 말은 그 어느 때보다도 더욱 커다란 의미가 부여된 것이다. 빌은 기도하려 했지만 너무나 오랫동안 기도하지 않았기 때문에 그에게는 힘든 일이었다. 또한, 마귀가 뒤에 남아있는 그에게는 유혹의 손길을 뻗치고 있었기 때문이다. 여러 번 기도하려고 애를 써 보다가 그만 포기하고 말았다.

노아의 시대에 부르심과 방주 안에 있는 피난처를 찾는 것을 거절한 사람들은 닫힌 방주 문 밖에서 그들에게 퍼부으시는 하나님의 심판을 받게 되었다. 지금도 노아의 시대와 마찬가지로 하나님의 성도들은 들림 받아 갔고 뒤에 남은 사람은 환난기에 처해지게 되었다.

빌은 마을을 가로질러 어머니가 안장되어 있는 공동묘지로 달려갔다.

숨을 헐떡이며 무덤에 도착했을 때는 눈물이 강물처럼 그의 뺨을 타고 흘러내렸다. 그는 열려진 무덤을 들여다보았다. 어머니는 부활하셨고 그는 뒤에 남겨진 것이다. 마을의 중심부로 걸어 돌아왔을 때 사람들이 여기저기서 웅성거리며 지나가고 있었다.

그들 중의 일부는 빌이 알고 있는 사람들이었으나 말을 거는 것을 귀찮게 생각했다. 할 말도 없었다. 남자도, 여자도, 소년들도 소녀들도 그들의 안색은 공포에 질려 있었고 충혈된 눈에서도 전율을 읽을 수 있었다. 그들은 서로 흥분하여 큰소리로 말을 주고받았다. 몇몇의 완고한 사람들은 하나님의 아들이 재림했다는 사실을 믿을 수 없는 일이며, 어떤 사람들이 헛소문을 퍼뜨려 장난을 치고 있다고 주장했다. 그러나 사실은 엄연했다. 계속해서 부정할 수는 없는 노릇이었다. 누구나 무엇인지는 모르지만 사랑하던 많은 사람들이 무서운 사건으로 실종되었기 때문이다.

전차는 딸랑딸랑 종을 울리면서 덜커덕거리며 원기 없이 궤도를 진동시키고 있었다. 자동차 정적소리가 요란하게 울리고 사람들은 특별한 목적도 없이 미친 듯이 서두르며 밀려가고 있었다. 사람들은 그 날 아침 직장에 나가는 것조차도 관심이 없었다. 그들은 왜 그렇게 된 것일까?

살아가는데 필요한 물건들을 사 모으며, 그것을 위하여 기꺼이 일하고 그것을 귀중하게 여겨왔던 모든 사람들이었지만 이제 그들의 열심과 정열은 모두 사라져 버린 것이다. 일을 하려고 해도 집에 돌아오려 해도 집은 텅 비어 있고 사랑하는 식구가 없어진 것을 생각하면 얼마나 그들의 마음이 공허하겠는가?

빌은 약국에 대한 생각을 까맣게 잊고 있었다. 휴거될 기회를 잃어 버렸다는 생각으로 가득 차 있어 그 밖의 모든 것은 관심이 없었다. 휴거가 나타난 이후의 상황이 이와 같이 비참한 것이 되리라고는 전혀 상상하지 못했다.

어떤 여인이 모퉁이에서 호소하는 눈초리로 순경에게 이야기하다가 그에게 다가와서 자기 남편을 좀 찾아달라고 애걸했다. 빌은 가까이에 사랑하는 이들이 없었던 것이 오히려 다행스런 일인지도 몰랐다. 그는 매일의 일을 마치고 집에 돌아올 때는 누구인가 기다렸으면 하는 바람이 여러 번 있었지만 저렇게 별안간 남편을 잃고 비통해 하는 것을 보니 차라리 다행이라고 생각했다. 빌은 전쟁 동안에 소년들이 징집되어야만 했던 때 얼마나 전율했는가를 생각했다. 가까운 친구들을 전송하기 위해 그는 역으로 나갔던 것이다. 기차가 떠났을 때 사랑하던 많은 사람들의 비통한 마음을 위로해 주었다. 그러나 이 날 아침은 남아 있는 친구들과 이웃들에게 위로해 줄 말을 잊고 있었다. 재난을 당한 사람들을 찾아가 그들의 사랑하던 사람들이 곧 돌아올 것이라는 커다란 희망을 줄 수만 있다면, 그러나 그렇게 될 수는 없었다. 그들은 가버린 것이다. ─ 주님과 함께 영원히 거하기 위해 들림 받아 간 것이었다.

제 4 장

불러도 대답 없어라

콜린스는 주일 오후 무거운 마음으로 아들 짐의 집을 나왔다. 그녀는 짐과 루실을 구원하려고 애썼으나 실패하고 만 것이다.

"오, 하나님, 그것이 저의 책임입니까? 제가 부족한 것이 아닙니까? 아버지시여, 그들을 붙잡는 방법을 가르쳐 주소서. 며느리 루실이 당신을 거역했습니다. 그러나 하나님, 그를 용서해 주소서. 하나님을 거역하고 우리의 놀라운 구속주이신 당신의 아들을 조롱하지만 그것이 무슨 짓인가를 알지 못합니다. 아버지시여, 루실이 당신을 찾도록 제게 말씀의 능력을 허락해 주소서. 짐을 강하게 해 주셔서 원수의 쇠사슬에서 자유함을 얻게 하옵소서."

그녀는 주위를 한 번 돌아보면서 주님을 알고 사는 일이야말로 얼마나 가치 있는 것인가를 생각하며 주님을 알지 못하고 어두움에 거하는 사람들을 염려했다.

이따금씩 어린이들이 콜린스의 곁을 지나치며 반기는 인사를 했다. "안녕하세요? 콜린스 아줌마."

이웃에 사는 어린이들은 그녀를 '콜린스 아줌마' 라고 늘 불렀다. 꼬마들의 명랑한 음성은 그 날 오후의 무거운 마음을 훈훈하게 해 주는 큰 위로가 되었다. 만일 그 날 아들 부부가 구원받았다면 얼마나 감격적인 날이 되었을 것인가?

그녀가 집에서 기르는 개 부취는 걱정스러운 듯 한 눈초리로 주인을 올려다보았다. 집안으로 들어가기 전에 그녀는 귀여운 개를 한 번 어루

만져 주었다.

거의 저녁식사 시간이 되었으나 아무 것도 먹고 싶은 의욕이 없었다. 그녀는 테이블 의자에 앉아 성경을 펴 들고 읽기 시작했다. 그녀는 아직도 아침에 들은 말씀을 곰곰이 생각하고 있었다. 그리고 주님의 재림에 대한 성경구절을 여기저기 찾아보기 시작했다.

'교우 여러분 죽은 자들에 대하여 여러분께서 알아야 할 것이 있습니다. 여러분은 소망이 없는 불신자들처럼 슬퍼해서는 안 됩니다. 우리는 예수께서 죽으셨다가 다시 살아나신 것을 믿습니다. 그래서 우리는 예수 안에서 잠자는 자들을 하나님께서는 자기의 백성으로서 하나님의 나라로 데려가실 것을 또한 믿습니다. 우리는 주의 말씀을 따라 말합니다. 주님께서 다시 오시는 날 우리 살아남아 있는 자들이 그리스도 안에서 잠들어 있는 자들의 부활을 방해하지 못할 것입니다. 명령이 떨어지고 대천사의 부르는 소리가 들리고 하나님의 나팔소리가 울리면 주님께서 친히 하늘로부터 내려오실 것입니다. 그러면 그리스도를 믿다가 죽는 사람들이 먼저 살아날 것이며, 다음으로는 그 때에 살아남아 있는 우리가 그들과 함께 구름을 타고 공중으로 들리어 올라가서 주님을 만나게 될 것입니다. 그 곳에서 우리는 주님과 영원히 함께 있게 될 것입니다. 그러므로 여러분은 이 말씀으로 위로받으시기 바랍니다.' (델살로니가 전서 4장 13~18절)

예수님께서 언제인가 오셔서 자기의 자녀들을 데리고 가실 것을 안다는 것은 얼마나 기쁜 일인가. 성경 책장을 넘기며 그녀는 예수님께서 속히 오실 것이라는 생각이 들었다.

'그러나 교우 여러분, 여러분은 암흑 속에서 살고 있지 않기 때문에 여러분에게는 그 날이 도둑처럼 덮치지는 않을 것입니다. 여러분은 모두 빛의 자녀이며 낮의 자녀입니다. 우리는 밤이나 어둠에 속한 사람이

아닙니다.'(데살로니가 전서 5장 4,5절)

그렇다. 깨어 있어야 한다. 바로 그가 노력하는 것도 깨어 있는 일이었다. 머지않아 고대하며 깨어 있는 시기가 지나가고 예수님을 볼 수 있게 될 것이다.

성경을 덮기 전에 그녀는 누가 복음 21장 36절을 다시 읽었다.

'그러므로 너희는 앞으로 닥쳐올 이 모든 일을 피하여 인자 앞에 설 수 있도록 늘 깨어 기도하라.'

이 말씀을 묵상하면서 그녀는 주님 앞에 머리를 숙여 짐과 루실을 구원해 달라고 기도했다. 곧 저녁집회가 시작될 시간이므로 서둘러야 되겠다고 생각하면서 일어섰다. 간단히 화장을 끝내고 제일 좋은 모자를 쓰고 교회를 향해 떠났다. 그녀는 예수님이 오시기 전에 마지막으로 하나님의 집에 예배드리러 가는 것이라는 것을 전혀 깨닫지 못했다.

교회 앞에서 누군가가 그녀를 붙잡고 말을 건네고 싶어 했지만 상대방에게 불쾌감을 주지 않도록 양해를 구하고는 재빨리 자리를 피해 기도실로 들어가서 인류의 창조주 앞에 무릎을 꿇었다. 목사님이 모든 교인들에게 저녁예배가 시작되기 전에 기도실에서 기도하도록 부탁했기 때문이다. 차지도 않고 뜨겁지도 않은 신앙 상태에 있는 사람들은 흔히 기도를 등한히 여기기 마련이다. 하지만 하나님의 성령을 가진 사람들이 어찌 길 잃은 영혼들에게 무관심할 수 있을 것인가?

많은 사람들이 모여드는 것을 보면서 그녀는 그 밤의 집회를 성령께서 인도해 주시도록 하나님께 기도했다. 어떤 사람들은 교회 밖에 서서 큰소리로 웃으며 떠들고 있었지만 교회 안 기도실에서는 사랑스러운 성도들의 승리와 애원의 기도가 하늘로 올라가고 있었다.

곧 저녁집회가 시작될 시간이 되었다. 성가대원들이 성가대 좌석을 메웠지만, 그들도 이것이 휴거 전의 마지막으로 갖는 기회라는 걸 알지 못했다. 콜린스는 주님의 재림을 그 어느 때보다 더 강렬하게 느끼는 것 같았다. 하나님의 성도들이 힘차게 하나님을 찬양하자 예배실 전체는 거룩한 분위기로 감돌았다. 그들은 주님을 부끄러이 여기지 않았다.

모두들 귀한 간증을 들려주었다. 모든 사람들이 그 날 아침의 말씀에 흥분이 되어 있었으며, 모두 주님의 재림에 중점을 두고 간증했다.

설교자인 레오 매스페로 목사가 일어서서 말씀을 시작하기 전에 '주 예수의 강림이 불원하니' 라는 찬송을 인도했다. 찬송이 한 절 한 절 이어지면서 그것이 천사들에 의해 하나님의 보좌까지 들어 올려지는 것을 느꼈다. 교인들이 열심히 부르는 찬송가 소리가 기쁘게 울려 퍼졌다.

교인들이 찬송을 끝내자 레오 매스페로 목사는 성경 본문을 읽기 시작했다.

'보라 내가 도적같이 오리니 누구든지 깨어 자기 옷을 지켜 벌거벗고 다니지 아니하며 자기의 부끄러움을 보이지 아니하는 자가 복이 있도다.' (계시록 16장 15절)

매스페로 목사는 이제 우리는 말세에 살고 있으며 휴거는 조만간 곧 일어날 것이라는 경고의 말씀을 전하기 시작했다.

같은 시각에 그 도시의 다른 곳에서는 모어헤드 박사가 웅장한 교회의 거룩한 강단에 서서 같은 주제를 가지고 전혀 다른 각도로 설교하고 있었다. 모어헤드 박사의 교회 신자들은 페어뷰 교회에 모여든 사람들과는 전혀 다른 부류의 사람들이었다. 성령의 인도도 받고 있지 않았고 위에서 주는 기쁨도 그들에게는 감돌지 않았다. 이 교회에 오늘처럼 많은 회중이 모인 것은 예상 밖이었다. 모어헤드 박사의 교인들은 주일 저녁예배에는 잘 참석하지 않는 편이었다. 그 곳 교인들은 카드놀음이나 영화구경이나 또는 춤추러 가는 것을 좋아했다. 교회에 출석하는 것보다 세상의 쾌락을 더 즐겼다. 목사 자신도 주일 아침예배를 제외하곤 교인들이 모이는데 대해선 별로 관심이 없었다. 오히려 그는 골프칠 시간을 더 많이 얻을 수 있었기 때문이다. 낡고 케케묵은 성경의 교리를 연구하고 설교준비에 애쓰지 않아도 된 것이다. 목사의 수입은 언제나 일정했으며 그의 목회란 한 마디로 말해서 생활의 수단이었다. 그러나 오늘 밤은 달랐다. 그의 설교는 어느 때보다도 진지해 있었다.

페어뷰의 광신적인 레오 매스페로 목사가 '주님의 재림' 이라는 제목으로 설교한다는 광고를 신문에서 본 것이다. 모어헤드 박사의 신자 한 사람이 찾아와서 매스페로 목사의 설교에 대해서 어떻게 생각하고 있느냐고 질문을 했을 때 자기도 재림에 대해서 설교할 것을 광고하기로 결심했다. 이 교회의 성도들은 한 번도 박사가 주님의 재림에 관해 설교하는 걸 들어본 적이 없었기 때문에 주일 밤이 속히 오기를 고대했다. 카드놀이도 연기되었다. 댄스파티도 취소되었다. 주일 저녁마다 즐기던 오락들을 모두 젖혀 두고 교인들은 박사의 설교를 듣기 위해 모여들었다. 그 날 아침, 페어뷰 교회에서 전파된 말씀에 대한 소문을 듣고 그들은 놀라고 있었다. 가운을 입은 성가대가 여전히 맥 빠진 찬송을 불렀고, 교인들은 달갑잖은 성가대의 합창에 지루함으로 몸을 비틀고 뒤척였다. 그들의 관심은 그 날 저녁에 전해질 말씀에 있을 뿐이었다. 어떤 사람들은 단순한 호기심에서 나왔고, 어떤 사람은 그들의 마음속을 사로잡고 있는 두려움을 떨쳐 버리고 싶어서 나왔다.

모어헤드 박사가 설교준비가 되었을 때 많은 사람들은 의자에 떡 버티고 앉아 있었다. 어떤 사람들은 몸을 앞으로 굽히기도 했다. 토마스 목사가 죽고 난 후 후임으로 이 교회에 온 지 20여년 만에 처음 대하는 대단한 주목이었다.

모어헤드 박사는 강단으로 들어오면서 자신이 처음 이 교회에 임직했던 당시의 상황을 생각해 보았다. 토마스 목사는 선한 사람이었지만 모어헤드 박사만큼 훌륭한 교육을 받지 못한 사람이었다. 그는 너무 무식해서 교인들에게 쓸 데 없는 것을 많이 가르쳤다. 모어헤드 박사는 이 교회에 온 후 교인들의 마음속에서 많은 것을 지워 버리려고 애썼다. 어떤 교인들은 아무리 모어헤드 박사가 철학자들의 말을 인용하며 이야기해 봤지만 그의 말에 귀를 기울이지 않고 이 교회를 떠나 페어뷰 교회로 가서 떠들썩한 회중들과 한 패가 되어갔다. 그렇게 소견이 좁고 어리석은 사람들이야 갈 테면 가라지. 그런 자들이 없어도 그의 교회는 부흥될 것이었다.

오늘 밤, 그는 기분이 썩 좋지 않았다. 수년 동안 자신의 설교를 들어온 사람들이 자기가 무슨 말을 하는지도 모르고, 페어뷰 교회의 건방진 설교자의 말에 흥분하고 떠들어대다니. 또 일부는 그 패에 끼어들어 재림의 메시지를 받아들이다니. 보나마나 그 철없는 설교자는 대학의 문턱에도 가보지 않았을 것이며 현대의 위대한 학자들의 가르침을 받지도 못했을 것이다.

그는 앞가슴을 한 번 쭉 펴고 생각했다. (내 오늘 저녁 이 자리에서 저 자들의 생각을 뜯어 고쳐 놓아야지. 두 번 다시 주님이 오셔서 그의 백성을 데려간다고 떠들어대지 못하게 만들겠어.)

입가에는 조소를 머금고서 눈에는 날카로운 빛을 띠며 설교를 시작했다. 주위는 고요했다. 청중은 주의 깊게 귀를 기울였다. 어떤 사람들은 이 목사님이야말로 현명하고 하나님의 길을 제대로 알고 있으며 낡아빠진 교리를 분간해 줄 수 있는 목사라는 신념으로 만족하고 있었다. 그런가 하면 또 어떤 사람들은 두려움으로 마음을 조이면서 목사님께서 언젠가는 주님이 다시 오실 것을 믿고 있다고 말해 주길 바라며 주님을 다시 찾을 기회가 될 것을 바랐으나 모어헤드 박사의 마음속에 그런 생각은 전혀 들어 있지 않았다. 설교가 시작되었다.

"저는 오늘 밤 이렇게 훌륭한 청중들 앞에 서서 주님의 재림에 대한 가르침이 얼마나 황당무계한가를 여러분께 말씀드릴 수 있는 특권을 갖게 된 것을 무한히 기쁘게 생각합니다."

그 때 애드워드 아베이 집사는 승리했다는 듯이 머리를 흔들며 예배 전에 그 문제에 대해 토론했던 제이크를 건너다보았다.

"하나님께서는 저를 통해서 여러분의 마음을 편안하게 해 주실 것입니다. 여러분은 하나님의 자녀들입니다. 하나님은 성경에 없는 교리를 믿어 쓸 데 없는 걱정을 하는 것을 원치 않으십니다. 성경은 거짓 선지자들이 나타날 것이라고 했는데, 바로 여기에서 멀지 않은 교회 설교단에 도사리고 있습니다."

"그렇다면 박사님, 주님 재림에 대한 성경의 언급은 다 무엇입니까?" 한 교인이 일어서서 질문했다.

"좋은 질문입니다. 대부분의 사람들이 잘못 생각하고 있는 것이 있습니다. 성경 말씀은 영적인 것이지 실제로 일어나는 것은 아닙니다. 사실대로 말씀드린다면 성경은 유대인들을 위해 쓰인 것입니다. 때문에 우리 이방인들은 유대인들만을 위해 쓰인 성경말씀에 그렇게 관심을 가질 필요가 없는 것입니다. 많은 목사들이 이 가르침을 믿었던 것은 사실입니다. 그러나 그것은 한결같이 많은 교육을 받지 못했던 때였고, 오늘 우리가 받고 있는 교육의 기회를 누리지 못했던 때입니다. 오늘날은 개화된 시대입니다. 아무도 어둠에 있어야 필요가 없는 것입니다. 자 여러분, 하나님께서는 우리가 항상 슬픔 가운데 있는 것을 바라시는 분입니까? 만약 제가 주님이 언제인가 오실 것이라는 교리를 믿고 있다면 결코 기쁠 수가 없을 것입니다. 오히려 제 마음은 두려움으로 가득 차 있을 것입니다. 지식층의 사람들은 그 따위 교리 같은 건 절대로 믿지 않습니다. 정신박약아나 믿을 일입니다."

모어헤드 박사는 입가에 미소를 띠면서 벤스 데이를 곁눈질해 보았다. 집회가 시작되기 직전 벤스 데이의 믿음의 고백을 듣고 그가 주님의 재림을 믿고 있다는 것을 알고 있었다.

벤스 부부는 항상 앉았던 예배석에 앉아서 목사의 설교를 받아들이지 않고 있었다. 의지가 약한 사람들이 주님의 재림을 믿는다고 빈정대는 말투에도 조금도 흔들리지 않았다. 하나님의 아들이 다시 오신다는 교리를 깊이 믿고 있었기 때문이다. 그는 목사를 동정의 눈초리로 쳐다보았다. 그리고 목사의 불신앙을 몹시 딱하게 생각했다. 유년시절부터 벤스는 줄곧 그 자리에 앉아서 예배를 드렸다. 그 자리는 그의 외할머니가 늘 앉으셨고 또 그의 어머니가 앉으시던 곳이었다. 이 교회가 세워진 때부터 벤스의 가족들은 이 교회를 다녔다.

그 자리에 앉아서 벤스는 주님의 재림에 대한 이야기를 지칠 줄 모르고 하던 전임 토마스 목사를 생각했다. 어느 날 토마스 목사의 영혼이 떠나기 바로 몇 시간 전에 벤스는 목사의 머리맡에 서 있었다. 그가 사는 동안 수없이 되풀이하여 인용했던 그 말씀이 그의 귀한 입술에서 새어 나왔다.

'주께서 호령과 천사장의 소리와 하나님의 나팔로 친히 하늘로 좇아 강림하시리니 그리스도 안에서 죽은 자들이 먼저 일어나고(데살로니가전서 4장 16절) 그 후에 우리 살아남은 자도 저희와 함께 구름 속으로 끌어 올려 공중에서 주를 영접하게 하시리니, 그리하여 우리가 항상 주와 함께 있으리라.' (고린도 전서 4장 17절)

이 성경 구절을 입술로 뇌이던 토마스 목사의 얼굴에서는 하나님의 영광이 빛나고 있었다.

이날 밤, 벤스 데이는 모어헤드 박사의 주님의 재림에 대한 거짓 교리에 반박하지 않고 그저 앉아만 있다는 것을 깨달았다. 사실상 그 목사가 자기를 노려보며 광신자로 몰아붙일까 봐 겁이 나서 힐책하지 못했던 것이다.

왜 여태껏 주님을 부정하고 돌아앉아 있었을까? 왜 처자식들마저 그런 거짓 교리에 속도록 내버려 두었을까 하고 스스로 반문하고 있었다.

그의 모친은 이 은혜로운 소망을 안고 돌아가셨다. 그것은 거짓 없는 사실이었다. 예수님께서 성도들을 데리러 오실 것이다.

목사의 입으로부터 전해지는 말들은 모두 하나님을 모독하는 것이었다. 벤스 데이는 이때가 바로 주님을 위해 바로 설 때라는 생각을 품었다. 지금 이 시간이 지나면 다시는 이런 기회를 가질 수 없을 것이다.

오랫동안 출석했던 교회지만 그는 설교가 채 끝나기도 전에 아내를 일으켜 세워 자리를 떴다.

놀라움으로 모든 시선들이 모아졌다. 벤스 데이 가문의 사람이 그렇게 행동하기는 처음이었다. 그들은 항상 거룩해 보였다. 교인들은 서로서로 옆 사람의 옆구리를 쿡쿡 찔렀다.

모어헤드 박사는 당황한 나머지 다음 말을 잊지 못했다. 네댓 사람들이 따라 일어났다. 그들은 벤스 데이 부부가 어디로 가는가를 알고 있었다. 바로 페어뷰 교회로 가려는 것이었다.

모어헤드 박사는 온갖 재치를 동원하여 설교를 마치려 했다. 그는 지금 일어난 일을 보지 못한 것처럼 시치미를 떼고 계속하려 했지만 처음 설교를 시작했던 때와는 달리 스스로를 자제할 수 없었고 자신감을 상실했다.

마침내 예배는 끝났다. 이 예배의 결과 어떤 사람들은 더욱 더 불안한 마음을 가눌 수 없었다. 벤스 데이 부부는 곧바로 페어뷰 교회로 달렸다. 교회가 가까워지자 찬송소리와 부르짖음과 찬미가 하나님께 올라가는 것을 들을 수 있었다.

예배당은 초만원이었다. 겨우 문을 열고 안으로 들어설 수 있었다. 눈에 비치는 광경은 방금 떠나온 교회와는 전혀 달랐다. 모어헤드 박사가 자기 교회로 부임해 오기 전에 기뻐 찬미하던 하나님의 축복을 누리고 있었다.

하나님을 찬양하는 찬미를 부르는 성도들의 얼굴이 하나님의 영광으로 빛나는 것을 보는 것처럼 이들의 눈에 감격의 눈물이 맺혀 있었다.

설교가 메시지를 전하기 위하여 일어나기 전, 마지막 찬송소리를 들으면서 때맞춰 예배당에 도착했다. 이 젊은 설교자의 얼굴에서 벤스 데이는 침착하고 부드러운 면을 볼 수 있었다. 이전에 〈은혜로운 소망〉을 그에게 가르쳐 준 저 토마스 목사님에게서 보던 그런 인상이었다. 그의 메시지는 확신으로 넘쳐 있었다. 그의 다갈색 눈동자는 인류를 지으신 하나님의 영광으로 빛나고 있었다.

"이 마지막 시대에 우리 주님의 오심에 대해 여러분에게 말씀드릴 수 있는 것은 정말 감사할 일입니다. 그 어느 때보다 주님의 재림은 가까워 왔음을 압니다. 바로 문 앞에 있는 것입니다. 많은 사람들이 주님을 고대하며 기다리고 있다는 것을 저는 잘 알고 있습니다. 몇몇 사람들은 주님의 백성으로 자처하면서 실제로는 그의 오심을 달가워하지 않는 사람들도 있습니다. '보라, 내가 도적같이 오리니 누구든지 깨어 자기 옷을 지켜 벌거벗고 다니지 아니하며 자기의 부끄러움을 보이지 아니하는 자가 복이 있도다.'(계시록 16장 15절) 일생 동안 하나님을 경외하지 않고 사는 사람들이 많습니다. 그들은 이 세상의 온갖 향락을 꾀할 뿐 저 세상에서 가지고 즐길 보화는 마련하지 않은 자들입니다. 지난 몇 주간의 밤 예배에서 저는 계시록과 다니엘서를 중심으로 말씀드렸습니다. 이 말씀을 통하여 크리스찬 형제들의 마음을 자극시켜 주님과 더 가깝게 동행하는 계기가 되기를 바랍니다."

하나님의 사자는 계속 이야기를 펼쳐나갔다. 이야기를 할 것은 많은데 시간이 별로 남지 않았다는 태도가 역력했다. 그는 계속 성경말씀을 가지고 메시지를 펴나갔다. 하나님의 말씀을 두려워하거나 부끄러워하지 않는 것으로 보였다.

레오 매스페로 목사는 다음의 성경말씀으로 말을 마쳤다.

'그러므로 너희는 앞으로 닥쳐 올 이 모든 일을 피하여 인자 앞에 설수 있도록 늘 깨어 기도하라.' (누가 복음 21장 36절)

벤스 데이는 근래 들어 처음으로 제단으로 초청하는 순서를 지켜보았다. 그는 기도의 제단 앞으로 달려가 주님과의 언약을 갱신하고 싶었다.

마귀가 속삭였다. (다른 사람들의 생각을 해야지. 수십 년 동안 교회에 다닌 사람이 이게 무슨 주책이람. 흥분한 것 같은데 조금만 참아요. 내일이면 말끔히 잊게 될 테니. 당신 위치도 생각해야잖겠어? 이 사실이 알려지면 당신 교회 교인들과 목사가 뭐라겠어?)

벤스는 더 이상 듣고 싶지 않았다. 그는 재빨리 기도의 제단 쪽으로 달렸으며 그의 아내도 뒤를 따랐다.

헤스터 벨은 그들이 회중석 중앙통로로 달려가는 것을 보고 놀랐다. 그녀는 그들이 모어헤드 박사의 교인이라는 걸 잘 알고 있었기 때문이다. 그 교회에서 온 네댓 명의 다른 교인들도 뒤를 따랐다. 헤스터는 그들이 앞으로 나가는 걸 보고서 두려운 마음을 가눌 수가 없었다. 자신도 그들과 낸시가 그랬던 것처럼 앞으로 달려가고 싶었다. 그러나 그녀는 다음 기회를 보기로 하고 그냥 앉아 있기로 마음먹었다.

그날 밤 헤스터는 집에 돌아와서 그날 있었던 여러 가지를 생각하면서 오랫동안 잠을 이루지 못했다. 준비가 되어 있는 사람에게는 예수님이 오신다는 것은 반가운 소식이었지만 그렇지 못한 사람들에게는 끔찍한 이야기가 아닐 수 없었다.

헤스터가 엎치락뒤치락 잠을 못 이루면서 고민하고 있을 때 아래층에서는 그의 어머니도 주님의 재림에 대해서 생각하면서 깨어 있었다. 그녀는 헤스터가 교회에서 돌아오면서 살금살금 방문 쪽으로 걸어와 문을 두드렸을 때 대답하지 않고 그냥 누워 있었다. 그녀는 숨을 죽이며 기도를 드리고 싶었지만 말이 나오질 않았다. 마침내 그녀는 다음 예배에 참석해서 주님을 맞아들이기로 결심했다. 설마, 그 전에야 주님이 오시지 않겠지.

제 5 장

아, 후 회스런 후회

헤스터는 공포에 놀라 잠에서 깨어났다. 햇살이 따스하게 창문을 통해 들어오고 있었으며 온 주위가 이상하게 조용했다. 이마에는 식은 땀방울이 맺혀 있었다. 그녀는 무시무시한 꿈을 꾸었다. 꿈속에서 그녀는 대환난기에 처해 있기도 하고 무저갱이 활짝 열려 있었으며 목사님이 계시록을 풀면서 말씀하신 험상궂은 짐승들이 나타났다. 그 짐승들이 얼굴은 남자 모양이고, 머리는 여자 머리요, 이빨은 사자 이빨이었는데 목사님의 설교 그대로였다. 그 무섭게 보이는 메뚜기 떼들 중 하나가 덮쳐왔을 때 잠에서 깨어났다.

그녀는 잠시 도안 그대로 누워 있으면서 그것이 꿈이었고 또한 깨어난 것에 대하여 고맙게 생각했다.

창밖의 호주산 소나무 위에서 지저귀는 새소리와 짐수레가 덜거덕거리는 소리가 들려왔다. 채소행상을 하는 벤일 거라고 생각했다.

마침내 그 사건은 일어나고야 만 것이다. 마치 청천벽력과 같이. 신문 배달 소년이 헤스터의 집 앞을 뛰어가면서 충격적인 소식을 외치며 지나갔다.

"호외요, 호외! 오늘 아침 여섯 시에 수천 명의 공중으로 사라졌습니다! 호외요, 호외! 긴급뉴스를 읽어 보세요!"

헤스터는 거의 의식을 잃었다. 침대가 빙글빙글 돌고 방이 차츰 좁아지며 주위가 점점 캄캄해지는 것만 같았다. 그는 필사적으로 정신을 잃지 않으려 했다. (주님께서 오셨구나!) 그것은 꿈이 아니라 무서운 현실이었다. 그녀는 휴거되지 못하고 남아 있게 된 것이다.

(그럴 리가 없어. 내가 남아 있을 리가 없어!)

지난밤만 해도 그녀는 교회에서 낸시와 함께 있었다. 낸시에 대한 생각에 이르자 그녀의 심장은 금방 멈출 것 같았다. (낸시가 가면 안 돼!) 낸시만한 친한 친구가 헤스터에게는 없었다. 다른 사람들이 모두 싫어해도 낸시만은 헤스터 편을 들어 주었다.

매일 아침 낸시와 같이 나란히 학교에 갔고, 같은 반에서 공부했다. 교실에 앉아 있으면서 낸시가 없는 텅 빈 자리를 바라본다는 건 참을 수 없는 일일 것이다.

그녀는 어젯밤 하나님께서 그녀를 구원하셨을 때의 그녀의 금발과 불그레한 뺨, 흐뭇한 미소를 잊을 수 없었다. 그런 친구가 떠나면 안 되었다.

이때쯤 신문팔이 소년은 한 구간을 내려가면서 계속 또 외쳐댔다.

"호외요, 호외! 수천 명의 사람이 실종되었습니다!"

헤스터는 스스로를 꼬집고 몸을 흔들면서 꿈이 아니라는 것을 확신했다.

만일 꿈이라면, 그리고 그 꿈에서 깨어나게 해 준다면 그녀가 가진 것은 무엇이든지 바치고 싶었다. 만일에 휴거가 정말로 일어나지 않았다면 낸시를 데리고 콜린스 아주머니한테 가서 주님을 찾도록 도와달라는 부탁을 하리라고 마음속으로 생각했다. 주님을 알고 있는 사람이 있다면 그 사람은 곧 콜린스일 것이라고 생각했다.

손이 나타나서 벽에 글을 썼을 때 후들후들 떨던 벨사살 왕처럼 헤스터는 침대를 빠져 나왔다. 어떻게 옷을 입었는지조차 깨닫지 못했다. 어떤 응어리가 목구멍에 걸려 있는데 그걸 삼킬 수 없는 사람 같았다. 울고 싶어도 눈물이 나오지 않았다. 마치 혼수상태에 있는 사람 같았다.

손은 움직였다. 하지만 그 손은 신체의 일부분으로 느껴지지 않았다.

헤스터의 부모들이 기거하는 방은 계단 끝에 있었다. 헤스터는 미친 듯이 방문을 두드렸다. 어머니의 응답을 기다릴 여유도 없이 뛰어 들어가 침대 위로 쓰러졌다. 너무 흥분되어 말문이 열리질 않았다. 어머니 수잔은 놀라움으로 눈을 비비고 있었고 아버지 프랭크는 깜짝 놀라 잠에서 깨었다. 그들은 무엇인가 무서운 사건이 터진 것으로 알았다. 그러나 무슨 일이 일어났는지는 눈치 챌 수 없었다.

헤스터가 침대 속에 들어가 머리끝에서 발끝까지 벌벌 떨며 부모들을 응시하고 있는 것을 보는 수잔과 프랭크는 여러 가지 잡다한 생각이 떠올랐다. 집에 불이 났을까, 도둑이 들었을까, 아니면 또 다른 무슨 일이 일어난 걸까? 그러나 정작 무슨 일인지는 알 수 없는 노릇이었다.

침대 속에 파묻혀 있으면서 그녀는 죽는 줄로 알았다. 두 손은 뻣뻣하고 축축했으며 혀는 갑절이나 두터워진 것 같았다.

마침내 그녀의 말문이 열렸다.

"일어났어요. 그 사건이에요. 주님 재림 말이에요! 주님이 오신 거예요 ! 다들 사라지고 없어요! 수천 명이 없어졌어요! 마침내 휴거가 일어난 거예요 !"

수잔 윌슨은 믿을 수 없다는 듯 딸을 쳐다보았다. 딸의 어깨를 쓰다듬으며 침착함을 되찾아 주려고 애썼다. 헤스터는 웃어 보이려고 했지만 근육이 얼어붙어 있었다. 프랭크는 헤스터가 무슨 꿈을 꾼 걸로 생각했다.

헤스터는 흥미진진한 이야기를 잘 꾸며댔기 때문이다.

프랭크는 불길하다는 듯 헤스터에게 소리쳤다.

"아침부터 잠을 설치게 할 거니? 너의 엄마는 또 온종일 신경을 곤두세우겠다. 그 허튼 소리 어디서 들었는지 다 알고 있다. 나도 오락실에서 들었는데 페어뷰 교회 목사라는 자가 생전 들어보지 못한 희한한 이야기를 한다더라. 다들 그런 자는 이 도시에서 추방해야 한다고들 아우성이다. 나도 한몫 거들기로 했다. 다시는 그런 교회에 가면 혼날 줄 알아라. 알겠니?" 하고 그는 고함쳤다.

"여보, 당신 제정신으로 하는 소리예요? 아니 헤스터한테 무슨 말씨가 그래요. 뭐, 나쁜 뜻으로 그런 건 아닐 텐데. 주께서 실제로 오신다는 이야기는 꾸며댄 이야기가 아니에요. 아직 오시지 않은 것 뿐이에요. 헤스터가 꿈을 꾼 모양이에요." 그녀는 둘 다 진정시키려 했다. "주의 재림 이야기를 듣고는 그게 사실인 것처럼 착각한 거예요. 이야기 때문에 놀란 건 사실이지만 곧 정신을 차리게 되겠지요."

수잔은 계속했다. "헤스터야, 네 방에 가서 옷 갈아입고 학교에 가야지."

헤스터는 부모들이 이런 반응을 나타낼 것이라고는 예상하지 못했다. 신문팔이 소년의 전격적인 외침과 부모들의 심상치 않은 꾸지람을 듣고 난 헤스터는 어안이 벙벙했다. 가까스로 말문이 열렸을 때 여태껏 멈추었던 울음이 와락 터져 나왔다. 저수지가 물을 가득 담고 있다가 일시에 수문을 열 때 터져 나오는 세찬 분출 같은 것이었다. 이것은 헤스터에게도 늘 있는 일이 아니어서 부모들을 당황하게 만들기에 충분했다. 사시나무처럼 떨고 있는 헤스터의 모습은 광풍에 밀리는 잎사귀의 가냘픔과도 같았다.

"하지만 사실인데 어떻게 해요. 제발 꿈이었으면 좋겠어요. 그렇지만 정말 일어나고 말았어요. 바로 몇 분 전에 신문팔이 아이가 지나가면서 소리쳤으니까요. 휴거는 이미 끝나고, 우리는 지상에 남겨지게 되었어요."

헤스터는 손으로 허공을 내리치면서 비참한 비명을 질렀다. 수잔 월슨은 부들부들 떨기 시작했다. 창백한 얼굴을 한 그녀는 "이 일을 어떻게 해." 라고 말하면서 딸과 남편을 번갈아가며 쳐다보았다.

"여보, 저애 말을 믿을 수가 없지요? 그렇죠! 애가 어딘가 이상하지 않아요?"

그녀의 음성은 목이 메어 있었다. "물론이지." 그의 대답도 이미 침착성을 잃었다. "당신도 그런 망측한 생각을 하고 있는 건 아니겠지? 이러다간 식구들이 모두 정신병원 신세를 질 수밖에 없겠구려. 자, 라디오나 들어봐요. 7시 뉴스시간이요. 둘 다 정신 똑바로 차려요."

수잔은 떨리는 손으로 침대 곁에 놓여 있는 조그맣고 하얀 라디오를 켰다.

'긴급 뉴스입니다! 오늘 아침 6시경 우리나라 해안 전역에 지상 최대의 비극적이며 충격적인 사건이 일어났습니다. 수천수만의 사람들이 공중으로 사라진 것입니다. 인류사에서 그 예를 볼 수 없는 믿을 수 없는 일이었습니다. 이 도시의 어린애들은 모두 사라졌습니다. 다른 도시에서도 전화 문의가 빗발치고 있는데 세계의 어느 곳이나 동일한 사건이 있었습니다. 상당수의 성인들도 사라지고 없습니다. 어떤 집에서는 가족 중의 일부가 사라지기도 하고 또 어떤 집에서는 가족 전체가 사라지기도 했습니다. 이 전대미문의 신비로운 사건 때문에 우린 당황하고 있습니다. 사람들 중에는 주께서 오셔서 자기 성도들을 데려간 것으로 이야기하는 사람들도 있습니다. 도대체 무슨 일이 일어났는가 하는 것은 아직 의문입니다. 계속 본 방송국에 귀를 기울여 주십시오. 계속 속보를 보내드리겠습니다.'

윌슨네 식구들은 다 같이 얼어붙어 있다가 뉴스 해설자가 말을 마친 뒤에야 겨우 제정신으로 돌아왔다. 수잔은 계속 라디오를 응시하고 있었으며 뉴스가 끝나자 구슬프게 소리치면서 바닥에 엎드렸다.

프랭크 윌슨은 침대에서 일어나 무릎을 꿇으며 두 손으로 자기 머리를 감쌌다. 그는 일생 처음으로 기도하기 시작했다. 기도할 때가 와도 그는 기도가 나오지 않을 것이라고 생각했지만, 이번에는 문제가 달랐다.

"하나님, 하나님, 이 믿을 수 없는 사건이 웬 말입니까. 제발 자비를 베푸소서. 당신을 적대하는 죄를 지었습니다. 이렇게 기도할 자격도 없는 저이지만, 제발 그런 일이 있어서는 안 되겠습니다. 오, 하나님, 그건 있을 수 없는 일입니다. 우리를 잊지 말아 주소서. 오, 하나님, 저희들을 기억하소서." 그는 소리쳤다.

이런 식으로 행동하는 걸 보는 것은 전에 없는 일이었다. 그는 무슨 일을 결정하든지 결코 하나님 같은 걸 인정할 사람이 아니었다. 그는 지금까지 그가 살고 있는 우주를 지으신 하나님 같은 건 없다는 식으로 살아온 사람이었다.

헤스터는 흐느끼면서 부들부들 떨고 있었다. 자기 아버지가 부르짖으며 기도하는 것도 위로를 줄 수가 없었다. 그가 하나님의 아들이 오시기 전에 그처럼 하나님의 모습을 찾았더라면 지금 그들의 문제는 완전히 달랐을 것이다. 이제는 너무 늦은 것이었다. 사건은 이미 일어났고 그들은 뒤에 남겨진 것이다. 왜 그녀는 어젯밤에 준비하지 못했던가. 그렇게 되었으면 오늘 아침 이런 꼴을 당하지도 않고 주님과 함께 어디론가 함께 갔을 것이 아닌가. 얼마나 어리석은 사람인가. 자기 영혼을 놓고 도박을 벌였다가 그만 잃어버린 결과가 되고 말았다. 대환난기를 피해 나갈 통로가 영영 막히고 만 것이다. 어젯밤만 해도 그 기회가 훤히 열려 있었건만 그녀는 돌아서지 않았던가! 통로를 구하는 것이 무엇을 의미하는지 깨닫지도 못하고 그것도 발견했을 때는 이미 닫힌 후였다. 사람도 사라지고 없었다. 콜린스 여사도 없었고, 다른 모든 성도들도 마찬가지였다. 다시는 어젯밤에 있었던 것 같은 모임에 참석해서 시온의 노래를 부르고, 하나님의 백성들의 간증을 듣고, 이 복된 소망에 대해 이야기를 나눌 수 없게 되었다.

헤스터는 이 세상에서 친절한 교제를 나누던 사람들이 사라지고 없다는 생각이 들자 공허한 느낌이 가슴을 메웠다. 여태껏 그녀는 자신이 페어뷰 교회 사람들을 얼마나 사랑하고 있었는가 하는 것을 깨닫지 못하고 있었다. 그들은 이미 사라졌다. 저들과 함께 사라지고 없었다. 낸시는 정말 사라진 것일까?

헤스터는 낸시가 정말로 없어졌는가를 확인하려는 감정에 사로잡혔다. 낸시만이라도 사라지지 않았다면 견딜 수 있을 것으로 생각했다. 그녀는 집 뒤에 있는 비상구를 나서면서 문을 닫을 겨를도 없이 낸시의 집으로 내달렸다.

아름다운 나뭇가지가 머리 위를 녹색으로 뒤덮고 있었지만 예전처럼 신경이 가지를 않았다. 마침내 큰길 뒤쪽으로 하얗고 커다란 낸시의 집이 시야에 들어왔다. 아름다운 정원수와 화단이 이곳저곳에 잘 가꾸어져 있었지만 여느 때처럼 그녀에게 감동을 주지 못했다. 오늘 아침, 모든 세상의 아름다움이란 모두 사라지고 만 것이다.

그녀의 삶에서 모든 빛이 사라져 버렸으며 오직 한 가지 생각 밖에 없었다. 아침 6시경에 일어난 휴거, 그것도 잠들어 있는 동안에 일어난 휴거 생각뿐이었다.

낸시의 어머니 케이트 클라인이 부엌에 있었다. 그녀가 부엌에서 일한다는 그 자체가 심상찮은 일이었다. 가정부 한나는 어디가고 혼자서 부엌일을 하는 걸까?

클라인 부인은 헤스터가 허겁지겁 달려드는 걸 보고 매우 당황한 듯 보였다. 헤스터가 숨을 거칠게 내뿜으며 말을 이었기 때문에 거의 알아들을 수가 없었다.

"내엔...시....가 어디.....있...죠?" 하고 헤스터는 말을 더듬었다.

클라인 부인의 예의도 없이 뛰어 들어오는 헤스터를 나무라기 시작했다. 그러나 헤스터의 표정이 전에 없이 심상치 않음을 알고 그만 두었다.

"낸시는 아직 자고 있다. 그런데 헤스터, 너에게 무슨 일이 생겼니? 네가 이렇게 당황해 하는 것은 처음 보는구나."

헤스터는 숨을 돌리고 침착하게 말하려 했지만 가슴을 누르고 있는 긴박감 때문에 그것이 불가능했다.

"아줌마, 아직 그 일을 모르시나요? 주님께서 오늘 아침 여섯 시경에 오셔서 사람들을 데려가신 것 말이 예요."

클라인 부인은 믿을 수가 없다는 듯 헤스터를 빤히 쳐다볼 뿐이었다. 헤스터의 얼굴 표정으로 미루어 보아 심상찮은 일인 것 같았다. 격렬한 두려움이 그녀의 가슴을 사로잡았다.

이 때, 그녀는 가정부 한나 생각이 났다. 그녀는 오늘 아침 일하러 오지 않았던 것이다. 한나는 항상 제 시간에 와서 일했는데 오늘은 전화 연락도 없었다.

한나는 주님께서 어느 날 도둑같이 오셔서 자신의 보화 같은 신자들을 데려갈 것을 철저하게 믿는 신자였다. 자기에게도 수십 번 이야기하다가 핀잔을 받은 그녀였다. 한나가 주님에 대해서 이야기하는 것은 물이 높은 데서 낮은 데로 흐르는 것처럼 당연한 이치였다.

그녀는 항상 주님에 대한 이야기를 한 다음에는 "주인마님께서도 준비하시는 것이 좋습니다. 일단 그런 일이 생긴 후에는 이미 때는 늦으니까요." 라는 말을 잊지 않고 덧붙였다.

헤스터는 더 이상 지체하지 않았다. 층계를 뛰어 올라 낸시의 문 쪽으로 달렸다. 숨을 죽이며 귀를 기울였다. 낸시가 눈을 비비면서 "웬일이니?" 하며 나와 주기를 바라면서.

바로 그 때 낸시의 어머니가 헐레벌떡 계단을 올라오면서 "문 좀 열고 그 애가 잘 자나 보려무나." 하고 말했다.

헤스터가 문을 열고 보니 침대는 비어 있었다. 낸시는 휴거된 것이다. 클라인 부인은 헤스터의 어깨너머로 방을 들여다보면서 믿을 수 없다는 표정을 지었다. 낸시가 없어질 리가! 주께서 오셨다면 왜 낸시는 가고 헤스터는 남아 있는가?

"헤스터!" 하고 케이트는 신경질적으로 말했다. "그 애가 어디 있는지 아니? 애가 이른 아침부터 어디를 나갔을까!"

헤스터는 괴로운 눈빛으로 낸시 어머니에게 말했다. "어젯밤 목사님께서 말씀하신대로 낸시는 지금 어디선가 주님과 함께 있을 거예요. 낸시는 어젯밤 주님의 초청을 받아들이고 저는 거절했어요. 이제 낸시는 주님과 함께 사는 거예요. 전 아직도 시간이 남은 걸로 생각하고 뒤로 미루었는데 이렇게 남겨지게 되었어요!"

"그게 무슨 말이니?"

케이트는 불안해하며 물었다.

낸시가 교회에 갔다 돌아오기 전에 낸시 어머니는 잠자리에 들었던 것이다. 어머니는 딸이 회심하여 그리스도께 돌아갔다는 소식을 듣지 못한 것이다. 지금은 영원히 딸의 이야기를 들을 수 없게 되었다.

"아줌마, 낸시는 어젯밤에 주님을 찾았어요. 어젯밤 낸시는 저를 제단 앞으로 데려가려 했지만 무엇인가가 그만 저를 주저앉게 하더군요. 전 좀 더 기다리며 생각해 보겠다는 마음이었어요. 낸시와 함께 제단 앞으로 나서야 했어요. 저는 휴거가 되어 주님과 함께 영원히 지내는 것이 얼마나 놀라운 일인지 잘 알 수 있어요."

바로 그 때 두 사람은 신문팔이 소년이 그 끔직한 소식을 외치는 소리를 들었다.

"수천 명이 오늘 아침 여섯시 경에 실종되었습니다."

클라인 부인은 커튼을 젖히고 신문팔이 소년이 있는 곳을 창문으로 바라보았다. 그녀는 울지 않았다. 너무 충격이 컸기 때문에 울 수가 없었다. 울 수만 있다면 오히려 위로가 될 수 있을 것이다. 주께서 오셨다가고 낸시가 그분과 함께 지내고 있다는 사실 때문에 미칠 것만 같았다.

"나는 얼마나 어리석은 바보인가! 한나가 그처럼 성경을 펴들고 이야기해 줬는데도 그 때마다 마음의 문을 굳게 닫고 있지 않았는가. 한나가 교육수준이 낮아서 성경을 잘 이해하지 못한 걸로 생각했지. 이젠 한나마저 없어졌구나."

한나의 생활은 고생으로 일관했다. 그녀는 가정부 노릇을 하면서 생계를 꾸려 나갔던 것이다. 케이트는 항상 한나를 가엾은 사람으로 취급했지만 오늘 아침 같아선 이 세상이 수만 개가 있다면 그걸 다 주고라도 그녀와 자리를 바꾸고 싶은 심정이었다. 결국 한나는 자기보다 훨씬 더 부자였지만 그녀는 그걸 모르고 있었다.

따스한 봄날의 햇살을 받은 나무와 그리고 새들의 지저귀는 소리 ― 이 모든 것들이 평화스럽지만 자신의 지금까지의 모든 평화와 행복은 사라지고 남은 재앙뿐이었다.

케이트 클라인은 하나님의 집에 들어갈 수 있는 기회가 많았지만 그 때마다 너무 바빴던 자신의 모습을 생각해 보았다. 눈 한번 깜박이지 않고 할 말을 잊은 채 과거를 생각하며 서있는 그녀의 모습은 정말로 비참했다.

헤스터는 케이트에게 무슨 말을 하려다 말고 갑자기 방에서 뛰어 나갔다. 이 무시무시한 광경을 피해 달아나지 않고서는 견딜 수가 없었다.

그녀는 부엌을 지나치면서 사라져 버리고 없는 한나를 생각하자 더욱 더 견딜 수가 없었다. 휴거가 일어났다는 사실은 도무지 씻을 수 없었다. 어디를 둘러보아도 주님께서 오셨다는 증거뿐이었다.

제 6 장

조각난 마음들

짐은 약국에서 수면제를 사들고 들어오면서 애기 방을 들여다보았다. 둘러보는 그의 가슴은 찢어지는 것만 같았다. 전날 밤에 애기 슈가 있다가 빠져나간 그대로였다. 이곳저곳에 장난감이 흩어져 있는가 하면 큰 아기 곰이 베개를 베고 누워 있었다. 주님께서 오셨을 때 고사리 같은 손에 안고 있던 장난감 곰이었다. 슈는 언제고 이 아기 곰을 안아야 잠이 들곤 했다.

"왜 루실과 나는 준비를 못했었지 ? 그랬음 오늘 아침 모두가 한자리에 앉아 있는 건데."

짐은 항상 정이 깊었던 애기 방의 문을 닫았다. 이아침, 고통이 가슴을 꿰뚫고 지나갔다. 전에 없던 고통이었다.

침실에서 루실의 신음소리가 들려왔다. 그는 당분간 자신의 슬픔을 잊고 아내를 위로하지 않으면 안 되었다. 가엾게도 아내는 남편을 이따금씩 바라보며 아기를 내놓으라고 애걸했다. 소용없는 일이라고 달래보았으나 위로가 되지 못했다. 애기를 그녀에게 되돌려 줄 수만 있다면 기꺼이 목숨이라도 바치겠지만 이미 떠난 애기가 되돌아올 리가 없었다. 하나님께서는 주셨다가 다시 원하는 시간에 데려가실 권리를 가지고 계신 것이다.

아내를 잠들게 하기까지 많은 시간이 흐른 것 같았다. 겨우 잠이 들려고 하면 친구들이 거는 전화 벨소리가 깨워 놓기가 일쑤였다. 그들은 모두 겸손해져 있었다. 짐이 생각하기에 도무지 눈물을 보이지 않을 것 같

던 사람들까지도 대성통곡이었다. 모두가 미쳐가고 있었다. 이제 그만
들 전화를 했으면. 자기의 슬픔만을 생각하고 남의 슬픔은 왜 이다지도
이해해 주지 못하는가.

한참만에야 전화 벨소리가 그쳤다. 루실은 지칠 대로 지친 나머지 잠
이 들었다. 짐의 눈에 비친 그녀는 마치 천진난만한 어린애 같았다. 그
녀의 두 뺨에 눈물이 얼룩져 있었다. 애처로운 모습을 보니 구원받지 못
한 자녀를 두고 슬퍼하던 어머니의 생각이 떠올랐다. 어머니는 수없이
눈물을 쏟으면서 그의 아들이 주님께 돌아오기를 바랐지만 모두 가치
없는 눈물이 되고 말았다. 마침내 대환난기에 살도록 뒤에 남겨지고 말
았다.

그는 눈물을 삼키며 거실로 나가 라디오를 조그맣게 틀었다. 마침내
정규방송이 중단되고, 모든 시간이 휴거에 대한 뉴스방송으로 바뀌지고
있었다. 휴거가 이미 끝난 기정사실로 이야기하는 걸앉아서 듣고 있노
라니 기분이 이상했다. 짐은 인생에 걸쳐서 그것이 미래의 사건으로 이
야기 들어왔는데 지금 뉴스 해설자는 사랑하는 이들과 친구들의 휴거를
목격한 사람들의 이야기를 들려주고 있었다. 철도를 이탈한 기차, 항해
사가 선정을 잃어 바다에 표류하는 기선, 조종사의 실종으로 인한 항공
기 추락사고, 버스와 자동차의 충돌 등등 끝이 없이 계속되었다.

짐은 라디오를 끄고 문 쪽으로 서서히 다가서서 얼빠진 사람마냥 문
을 열었다. 현관 앞에 서성거렸다. 사람들이 이리저리 뛰고 있었다. 짐
은 멀리서나마 그들의 모습에서 흥분을 읽을 수 있었다. 달려가는 사람
이 있는가 하면 빠른 걸음걸이로 걷는 사람도 있고 또 어떤 사람은 무엇
엔가 홀린 사람처럼 달팽이 걸음을 걷기도 했다. 거리를 오가는 사람들
이 하나같이 눈물을 흘리고 있었지만 부끄러워하는 표정은 아니었다.

이들을 바라보는 짐은 자신의 슬픔은 잊고 슬픔을 당한 사람들을 위

로하고 싶어졌다.

그 때 한 떼의 사람들이 지나가면서 고함을 쳤다.

"페어뷰 교회로 가 봅시다. 모어헤드 박사가 이번 사태에 대한 해설을 한답니다."

짐은 무슨 사건이 일어났는가를 잘 알고 있었다. 그에겐 어느 누구의 설명도 필요치 않았다. 다만 분하고 원통할 뿐이었다. 짐은 사람들을 따라가 이 판국에 모어헤드 박사가 도대체 무슨 말을 할 것인지 들어보기로 했다. 주님의 재림을 믿지도 않고 거기에 대해 설교도 하지 않던 그가 이제 무슨 이론을 제기할 것인가?

짐이 어머니와 함께 수십 년 동안 출석한 교회에 도착했을 때 휴거가 일어났다는 사실을 더욱 더 실감할 수 있었다. 그의 어머니는 수십 년 동안 오른쪽 둘째 줄 의자에 앉으셨는데 지금은 다른 사람이 앉아 있었다.

짐은 모여든 사람들의 얼굴을 살펴보았다. 아는 사람도 있었고 모르는 사람도 있었다. 여기에 온 대부분의 사람들은 이 교회의 예배방식을 싫어했던 사람들이었다. 한결같이 이 교회를 배척했던 사람들이었다. 그러나 지금은 사형선고를 받은 사람들처럼 그들의 얼굴은 창백하게 일그러지고 있었다.

연사가 거룩한 강대상 후면에 자리를 잡고 서자 장내는 쥐 죽은 듯이 조용했다. 그의 모습은 몹시 초췌했으며, 전날 밤 만취되었었던 사람처럼 보였다. 그의 눈은 빨갛게 충혈 되어 있었는데, 밤새도록 통곡하며 지새운 모습이 완연했다.

모어헤드 박사의 부인은 아침 6시가 되어서 아이가 실종된 것을 발견하고 경찰에 신고했다. 그러나 수많은 어린이들 뿐 아니라 어른들도 실종된 숫자가 부지기수라는 이야기였다. 처음엔 믿을 수 없었다. 그러나 엄연한 사실이었다.

이 시간 전까지만 해도 그는 이 설교단에 서서 휴거란 어리석은 사람이 꾸며댄 케케묵은 관념에 지나지 않으며 성경은 주님께서 정말로 다시 오실 것으로 언급하지 않았다고 가르쳤다. 하지만 상황은 달라졌다. 사랑하는 자녀도 떠나 버렸으며, 자신뿐 아니라 그를 추종하던 사람들마저 휴거에서 제외된 것이었다.

모어헤드 박사 교인들 중 몇 사람은 흥분한 채로 앉아 있었다. 그는 말을 시작하려 했지만 목소리가 막혀 나오지 않아 눈물을 왈칵 쏟았다. 이를 지켜본 사람들은 이미 사라진 가족들을 생각하며 눈물을 닦았다. 그는 떨리는 목소리로 자신감을 잃은 채 말문을 열었다. 마침내 그의 고백이 시작되었을 때 수많은 군중은 쥐 죽은 듯이 귀를 기울였다.

"형제자매 여러분, 저는 어리석은 사람입니다. 정말 눈 먼 장님이었습니다. 성경에는 소경이 소경을 인도하면 구덩이에 빠지게 된다고 말씀했습니다. 이 말씀의 깊은 뜻을 마침내 깨달았습니다. 이 못난 사람이 나지 않았다면 여러분 가운데는 지금 이 고통을 받지 않아도 될 사람이 많을 것입니다. 믿어 주세요, 친구 여러분." 그는 잠깐 멈칫하다가 말을 이었다. "하지만 제가 감히 여러분을 친구라고 부를 수 있겠습니까?"

바로 그 때 제인 슬로안 부인이 뒷좌석에서 일어나 목사를 향해 소리쳤다.

"친구라고, 흥! 이 거짓말쟁이가 못하는 소리가 없어. 그래, 당신이 우리의 영적 지도자라고? 마음 놓고 주께로 가는 길을 바르게 인도할 것이라고 믿었던 우리가 바보였지. 뭐라고 떠들어 댔어? 주님의 재림을 믿는 따위는 상식 이하라고 했지? 그런데 이게 뭐야?"

그녀는 날카롭게 다그쳤다. "우리 애들은 사라지고 우리만 뒤에 남아 있는 꼴이 뭐요? 이 사기꾼 같으니라고! 이 신성모독자! 우리의 영혼을 저주하고 나니 마음이 시원하시겠지? 어디서 감히 우릴 친구로 부를 수 있단 말이야? 우리의 영혼을 **빼앗은** 마귀의 하수인이 우리의 친구라고?"

누군가가 뒤에서 제인의 팔을 잡아당기자 그녀는 말을 잊지 못하고 주저앉았다. 모어헤드 박사가 이 많은 관중들 앞에서 이 여자의 비난이 거짓이라고 반박할 수 있었다면 얼마나 좋았겠는가? 하지만 그녀는 교인 중의 하나였으며 그녀를 잘못 인도한 장본인이 바로 자신이었고 제인의 이야기가 사실일진대 더 이상 무슨 말을 할 수 있겠는가?

"하나님 ! 자비를 베푸소서!" 라고 그는 부르짖었다. "성경의 말씀이 모두 사실이라는 것을 압니다. 보다 분명해졌습니다. 저의 이 잘못을 바로잡을 수만 있다면 저는 무슨 일이든지 다 하겠습니다. 저의 어머님께서는 이런 일이 있을 것이라고 제게 가르쳐 주셨습니다. 그런데 대학에 가서 저는 썩어빠진 가르침을 배웠고 낡은 교리에 빠졌고 성경과 동정녀 탄생을 불신하여 이렇게 뒤에 남겨지고 말았습니다. 저는 그것이 신식이며 세련된 것으로 알고 받아들여 고향에 돌아와서는 구식이 다 된 어머님보다 더 많이 아는 것처럼 우쭐댔습니다. 저는 여러 번 어머님을 설득시키려 했지만 오히려 듣지 않은 것이 천만다행이었습니다. 그렇지 않았으면 어머님도 저처럼 휴거되지 못했을 것이 아니겠습니까? 저는 어머님의 무식이 창피해서 찾아뵙는 일까지 꺼려했습니다. 방금 전에 어머님 댁을 방문했을 때 어머님은 이미 들림 받아 올라가셨음을 알았습니다." 눈물로 얼룩져 자기 앞에 모여 있는 무수한 얼굴이 흐리게 보였지만 계속해야만 했다. 몇 마디 할 이야기가 더 남아 있었다.

"여러분이 다 아시다시피 우리 교인 가운데 벤스 데이라는 분이 있습니다. 어젯밤 집회에서 주의 재림을 부정하는 저의 설교를 듣다가 설교 도중에 교회를 나가 버렸습니다. 오늘 아침 우리 집 아이가 없어진 것을 알고 저 자신을 바로잡는 뜻에서 그의 집에 달려가 보았습니다. 벤스 부부는 이내 휴거되고 없었습니다. 사실은 사실대로 받아들이는 것이 좋다고 생각합니다. 주님께서는 성경의 말씀대로 오신 것입니다. 수천의 실종된 사람들에 대해서 여러 가지 이론이 분분하지만 여러분은 더 이상 속지 마십시오. 주님께서 오셔서 당신의 자녀들을 데려가신 것입니다. 저는 마귀가 저를 속이도록 내버려 두었습니다. 그것이 여러 번저의 마음을 걸리게 하였고 주님께서 다시 오신다는 생각을 떨쳐 버릴수도 없었습니다. 그러나 저는 계속해서 그따위 소리를 믿는 사람이야말로 무식한 사람들이며 대학에서 저를 가르쳐 주신 교수들의 가르침에 오류가 있을 수 없다고 자신을 타일렀습니다. 마침내 오랫동안의 자신과의 투쟁 끝에 저는 하나님의 아들이 재림하리라는 교리는 모두 터무니없는 것이라는 결론을 내렸습니다. 그렇게 하자 마음이 자유로워졌습니다. 오늘 아침 저는 데살로니가 후서 제2장의 11절과 12절 말씀을 생각해냈습니다. '하나님의 유혹을 저의 가운데 역사하게 하사 거짓 것을 믿게 하심은 진리를 믿지 않고 불의를 좋아하는 모든 자로 심판을 받게 하려 하심이니라.' 누가 뭐래도 저는 성경의 말씀만이 진리라는 것을 알게 된 것입니다. 하나님 ! 왜 마귀에게 제가 속게 내버려 두셨습니까 ?" 라고 비통하게 부르짖었다.

그를 따라서 함께 흐느끼는 교인들이 많았다. 그들은 전적으로 그 사람만을 탓할 수도 없었다. 그들의 전임 목사는 주님의 재림이 언제인가 있을 것이라고 가르쳐 주었기 때문이다. 그들은 이 사람의 말은 믿지 않을 수도 있었다. 그들은 얼마든지 모허헤드 목사의 교회를 떠나 페어뷰 교회로 옮길 수도 있었다.

예수의 재림에 대해서 배우지 못한 사람들은 모어헤드 박사를 증오의 눈초리로 쏘아보았으며, 그 따위 인간은 이 도시에서 추방시키는 것이 훨씬 낫겠다고 생각했다.

그는 무엇인가 더 말하려다 말고 입을 다물었다. 지금까지 속여온 교인들을 무슨 방법으로 개선할 수 있겠는가? 그는 많은 허다한 하나님의 종들이 예수님의 재림에 대한 복된 소망을 전파한 그 강단에서 허탈한 상태로 비틀거리며 내려왔다. 오늘, 그 모든 종들은 들림 받아 올라가 주님과 함께 있기 때문에 이곳에 없었다.

그가 회중석 중앙통로를 지날 때 교인들은 그에게 욕지거리를 퍼부었다. 약함과 두려움으로 그는 마침내 문을 열고 거리로 나왔다. 어떻게 집에 도착했는지조차 몰랐다. 그는 방바닥에 얼굴을 묻고 통곡했다.

"하나님 ! 당신의 말씀을 듣기만 했더라도 .... 저와 같은 목사들 때문에 흑암에서 살다가 뒤에 남겨진 영혼들이 얼마나 많습니까!"

페어뷰 교회에 모여든 많은 사람들 중에 15세가량의 소녀가 있었다. 파란 눈을 가진 메어리 콘웨이였다. 이 교회가 그녀에게는 낯선 곳이 아니었다. 일생 동안 이 소녀는 이 교회에 출석했으며 주의 재림에 대해 배웠다. 그러나 이런 상황에 처할 것이라고는 꿈에도 생각지 못하고 있었다.

메어리의 부모는 이 교회의 진실한 신자였으며, 많은 사람들을 주님께 인도했다. 메어리는 주님께서 언젠가 오실 것으로 믿었다. 그러나 그녀가 살아 있는 동안에 오실 것이라고는 전혀 예기치 못했다. 언젠가 주님과 바른 관계를 가지려고 는 했으나, 지금은 너무 젊었고 앞으로도 주님을 섬길 수 있는 시간이 얼마든지 있다고 생각했다. 더구나 주의 재림에 대해서 수십 년 동안 전파되어 왔으며, 그것이 실현되려면 아직도 수백 년이 더 있어야 하는 것으로 생각했다.

어느 주일 밤 예배 때였다. 메어리는 주의 영이 전에 없이 강력하게 자신의 마음에 역사하는 것을 느꼈다. 다시 한 번 확신이 불 일듯 너무 강력하여 거의 몸이 휘어지는 것 같았다. 그녀는 머뭇거리다가 제단 앞으로 나오라는 초청을 놓치고 말았다. 메어리는 이 하나님의 집에 앉아 있으면서 이런 일을 몇 번이나 경험했다.

이 예배실의 의자에는 주님을 정성껏 섬기던 하나님의 성도들 대신에 낯선 사람들이 앉아 있었다. 그 속에는 페어뷰 교인들과 친구들이 몇몇 섞여 있었다.

메어리는 전날 밤과 같은 기회가 다시 한 번만 더 돌아온다면 무엇이든 아끼지 않았을 것이다. 가정예배를 드리던 모습, 곧 아버지께서 부드럽고 검은 가죽 성경을 읽으시던 모습, 어머니께서 잠자리에 들기 전에 볼에 키스해 주시던 애정이 담긴 모습 등등이 너무나 생생하게 떠올랐다.

월요일 아침 메어리는 깜짝 놀라 벌떡 일어나 침대에 앉아 있었다. 집안이 너무 조용했다. 시계를 쳐다보니 6시 반이었다.

(아니, 학교 가야잖아! 그런데 왜 엄만 날 안 깨웠지? 늦잠자게 내버려 둔 일이 없는데? 금년은 고등학교 졸업반인데 하루라도 결석하는 날이면 ......)

그녀는 무엇인가 이상하다 싶어 침대에서 나와 잠옷차림으로 부엌으로 가 보았다. "엄마! 엄마!" 그녀는 소리쳤다.

접시가 덜거덕거리는 소리도 들리지 않았으며 인기척도 없었다. 이상한 느낌이 들었다. 부엌문에 서서 이쪽저쪽을 보았지만 엄마는 없었다. 스토브에는 불이 지펴 있었지만 아무 것도 끓이는 것이 없었다. 냄비 속엔 밀가루가 그대로 남겨 있었으며, 일부는 반죽이 되어 있었다.

(엄마는 절대로 이렇게 일하시지 않는데.) 그녀는 더욱 불안해졌다. (거실에 메모지를 남겨 두셨을 지도 몰라.)

무슨 일이 있을 때면 엄마는 라디오 위에 메모지를 남겨 두셨는데 그런 것도 보이지 않았다.

아마 부모님은 누가 아파서 기도해주러 간 모양이라고 생각했다. (아니 왜 이런 생각을 못했지? 이렇게 쓸 데 없는 생각으로 고민할 필요가 없었던 걸.) 그녀의 부모님들은 가끔 아침 일찍이 고통당하고 있는 사람들로부터 기도해 달라는 부탁을 받고서 집을 나가곤 했다. 그럴 때마다 간단한 메모를 남겨 두곤 했었다. 아마 너무 급히 나가느라고 그걸 잊었거나, 아니면 자기가 잠에서 깨어나기 전에 돌아올 계획으로 나가신 모양이라고 그녀는 생각했다.

이미 지각은 맡아 놓은 일로 생각하고 메어리는 기다리기로 했다. 그녀는 라디오를 켜서 자기가 좋아하는 방송국으로 돌렸다. 그리고 나선 잡지를 손에 들고 의자에 파묻혔다.

갑자기 청천벽력과 같은 소리가 들려왔다.

"오늘 아침 여섯 시경에 수천의 시민들이 실종되었습니다." 아나운서의 표제 뉴스가 시작되었다. "지상 최대의 신비사건이 일어났습니다. 사람들이 문제 해결을 위한 다양한 답변들을 제시하고 있으나 어떤 의견도 만족을 주지 못하고 있습니다. 방금 전에 발간된 신문에 의하면 주님이 재림하셔서 사람들을 하늘로 올려갔다는 것이 지배적인 의견으로 받아들여지고 있습니다."

메어리는 하얗게 질렸다. 심장의 고동이 더욱 빨라졌다. 숨소리가 빨라지고 거칠어졌다.

이야기를 꾸며낸 것일까? 옛날 뉴스의 해설인가? 아니면 진짜로 사라졌다는 것인가? 무수한 생각들이 꼬리를 물고 잇달았다.

"그럴 리가 없어." 메어리는 언성을 높여 날카롭게 소리쳤다. (허지만 이런 이야기를 듣는다는 것은 유쾌한 일이 못돼! 소설의 서론 부분임에 틀림없어.)

계속해서 아나운서는 상세한 내용을 보도하면서 실종된 사람들의 명
단을 발표하기 시작했다. 마리온 스텔슨도 있었고 콜린스의 이름도 나
왔다. 그녀의 몸은 굳어지고 눈앞이 캄캄해졌다. 기절할 여유도 없었다.
그녀의 정신은 희미해갔다.

전날 밤 메어리는 존경받는 하나님의 성도들이 부르짖으며 하나님을
찬양하던 모습을 보았다. 만일 그들이 사라지고 없다면 휴거는 틀림없
이 일어난 것이었다.

자신도 모르게 메어리는 현관문까지 걸어갔다. 그 곳에 서서 그녀는
길거리를 아래위로 흥분한 채 훑어보았다. 사람들이 이리저리 뛰고 있
었다. 어떤 사람들은 그녀의 집 앞을 지나면서 미친 듯이 울부짖고 있
고, 어떤 사람들은 기도하며 지나갔다.

신문팔이 소년들이 소리치고 있었다.

"호외요, 호외 ! 오늘 아침 여섯 시경에 수천 명이 실종된 사건이
오!"

엄마 아빠도 바로 그 곳에 가신 거야. 주님께서 재림하신 거야 하고
그녀는 생각했다. 격렬한 외마디 소리를 지르며 한참 후 그녀는 천천히
눈을 뜨고 천정을 응시했다.

몸을 일으켜 세우며 그녀는 소리 질렀다.

"오, 주님 ! 당신께선 재림하셨으나 저를 데려가시지 않으셨군요! 전
어떻게 해야 하나요? 엄마 아빠는 다 가시고 저만 홀로 남았어요!"

모든 게 믿어지지가 않았다. 어제 저녁에도 그녀는 성도들과 함께 교
회에 있었고, 목사님께서도 주님의 재림을 미래의 사실로 말씀하셨지
않았던가! 그러나 지금은 엄연한 과거의 사실이 되어 버린 것이었다.

그녀는 재빠르게 거리로 뛰어나가 애통해 하는 수백 명의 영혼들이

빠르고 무거운 행렬에 합세했다. 어디로 가는 것일까? 그들은 나아갈 방향을 알지 못했다. 그들은 어디로인가 움직여가며 고통을 덮어 보려는 것이었다.

메어리는 정말로 성도들이 사라졌는가를 확인하고 싶었다. 이 사건이 잘못 알고 있는 것이라면 얼마나 좋을까. 그녀는 주님의 재림을 맞을 준비를 하고 있었던 교인들의 집을 한 집 한 집 노크해 보았다. 진실한 하나님의 성도는 어디에서나 찾아볼 수가 없었다.

뜨거운 눈물이 눈앞을 가려 앞이 잘 보이지 않았고 그녀의 마음은 가눌 수 없을 정도로 무거웠다. 마치 거대한 태풍이 불어 닥쳐 사랑하는 사람들을 모두 휩쓸어간 것 같았다. 죽음이 그녀를 데리고 간다면 차라리 좋겠지만 죽고 싶다는 생각만으로는 죽을 수가 없었다.

사람들이 미친 듯이 페어뷰 교회로 몰려갔다. 메어리도 뒤따랐다. 그녀는 모어헤드 박사의 말을 들으려는 호기심으로 교회로 들어갔다. 모어헤드 박사는 그들을 지독하게 적대했었다. 이제 그는 어떤 말을 할 것인가? 그는 아직도 재림의 교훈이란 몇몇 광신자들이 꾸며댄 것이라고 말할 것인가? 아니면 성경을 진실하다고 정직하게 시인할 것인가?

모어헤드 박사는 다른 사람이 되어 있었다. 그리고 많은 사람들 앞에 서 있는 그는 전과 달라 보였다. 그는 전에는 하나님의 사람들과 싸우면서 자신은 주님의 편에 서 있다고 내세우곤 했다. 이런 자야말로 하나님의 나라를 파괴시키는 부류일 것이라고 메어리는 항상 생각하고 있었다.

이 날 아침 메어리는 그의 강연을 주의 깊게 들었다. 군중들 앞에 서서 솔직히 회개하는 모습은 매우 감동적이었다. 마침내 이 사람은 하나님의 말씀이 참되다는 것을 깨닫고 자신이 속아 왔다는 것을 알게 된 것이다. 메어리는 동정이 울어났다. 그는 오류를 범했다. 그것도 무서운 오류를 물론 그의 고백이 지금 와서 어떤 도움을 줄 수 없다는 것을 잘 알고 있었다. 그들의 기만의 대상이 되어 있었기 때문이었다.

메어리는 사람들의 얼굴을 하나하나 들여다보면서 그 속에서 고통과 아픔을 보았다. 〈왜, 모어헤드 박사는 그들을 여태까지 어둠 속에 내버려 두고 그 사실들을 감추고 있다가 지금에 와서야 용서를 비는가.〉 하고 스스로 묻고 있었다.

어느 새 사람들이 모두 떠나고 메어리만이 혼자 남아 깊은 생각에 잠겨 있었다. 더 살아야 할 가치가 엿보이지 않는 것 같았다. 하나님의 성도들이 이곳에 예배드리러 오는 모습들이 눈에 보이는 듯했고, 하나님을 찬양하는 부르짖음과 찬미소리가 들려오는 것 같았다. 만일 저들이 오늘 하루만이라도 여기에 남아 있다면 그녀는 기꺼이 기도의 제단으로 달려 나가 구원을 받았을 것이다. 그러나 모두 지나간 과거가 되어 버렸다. 이렇게 그들을 아쉬워하게 되리라고는 꿈에도 생각 못했던 것이다.

무거운 마음으로 짐 또한 교회를 떠났다. 새로운 말이라곤 거의 없었다. 그는 주님이 오셨다는 것을 잘 알고 있었다. 누가 뭐라던 휴거가 정말 일어났다는 사실은 의심할 나위가 없었다.

이 휴거를 통하여 오랫동안 헤어졌던 아버지와 어머니의 반가운 상면을 생각하며 길을 걸었다. 어머니는 이때를 얼마나 고대하며 기다리셨던가. 마침내 때가 온 것이다. 짐도 함께 상봉할 수도 있었는데 그가 성경의 부르심에 응답하지 못한 때문에 이렇게 남겨진 것이었다.

짐은 죠가 경영하는 식품점 앞을 지나쳤다. 하지만 가게 문은 열려 있지 않았다. 죠는 참된 십자가의 군병이었다. 그는 주님의 일보다 자신의 사업을 앞세워 본 적이 없었다. 저녁예배가 다가오는 시간에는 고객들에게 교회에 가야 하니까 물건을 서둘러 사라고 재촉하던 죠의 모습이 생각났다. 그는 물질적인 욕망에 파묻혀 있지 않고 하나님께서 세우시고 지으신 나라를 구하는 데만 열중했다. 그래서 주님이 오셨을 때를 위하여 단단히 준비하고 있었던 것이다.

가게 문 앞에는 식빵제조업자가 배달한 빵들이 그대로 쌓여 있었다. 죠는 지난밤에 마지막 남은 빵을 팔아 버렸다. 우유와 채소가 빵 옆에 쌓여 있었지만 죠에게는 아무 소용이 없게 되었다.

짐은 죠가 만날 때마다 주님께 헌신하라고 간곡히 설득하던 생각이 나자 눈에서 눈물이 방울져 내렸다. 죠는 두 번 다시 짐에게 주님의 이름을 언급할 수 없을 것이다. 미리 준비할 수 있었던 수많은 기회를 어찌 그렇게 다 놓쳐 버릴 수 있단 말인가?

제 7 장

또다시 기도하며

헤스터가 낸시의 집에 되돌아왔을 때 낸시 어머니는 여전히 정신발작에서 깨어나지 않았고, 낸시 아버지는 기도하며 울부짖고 있었다. 낸시가 휴거되어 없다고 전해 주고 싶었지만 이처럼 혼란한 와중에서는 다소간의 시간이 지난 다음에 이야기 해 주는 것이 좋겠다고 생각했다.

주님이 오시기 바로 전날 밤에 주님을 만날 준비를 갖춘 낸시는 얼마나 좋을까? 성령의 역사로 낸시의 마음을 크게 움직였기 때문에 준비를 충분히 갖출 수 있었지만, 헤스터는 결국 성령을 거절하고 만 것이다.

그날 밤 예배에는 참석했으나 헤스터처럼 주님을 영접하지 못한 사람들은 어떻게 되었는가. 어떤 사람들은 한때 열심 있는 믿음을 가졌지만 마귀의 유혹으로 끝내 주님께 들림 받아 올라가지 못했다는 것을 알고 있었다.

지상에 남은 사람들은 누구든지 무서운 일을 당해야 할 것이다. 더욱이 한 때 주님을 잘 믿었으나 휴거 때에 탈락된 사람들에게는 더욱 두려운 일이었다. 지난 밤 헤스터는 제단 앞에 나아가고 싶은 심정이 얼마나 간절했던가. 그러나 때는 이미 늦은 것이다.

목사님의 말씀처럼 남은 것은 후회 그보다 몇 배나 더 가슴 아픈 절망일 뿐이었다.

등골이 오싹하는 두려움과 양심의 가책은 누구도 표현할 수 없을 것이다. 너무나 가공스런 일이어서 현실로 받아들일 수가 없었다. 거리마다 외치며 돌아다니는 신문팔이 소년들을 보고 그것이 사실임을 알 수 있었다. 낸시도 사라졌다. 한나가 일하러 오지 않았다는 뚜렷한 증거가 있지 않은가.

콜린스 아주머니도 가 버렸을까? 그녀는 평소에 알고 지내던 몇 사람을 더 확인하고 싶었다.

거리를 달려 올라가면서 창백하고 일그러진 얼굴을 한 사람들을 지나쳤다. 어떤 사람들은 울며 소리를 지르고 있었고 어떤 사람들은 공포에 질린 얼굴로 길가에 넋을 잃고 앉아 있었다. 그녀는 가슴을 찌르는 장면들을 피하려고 했지만 애끊는 울음소리를 듣지 않을 수가 없었다.

콜린스 아주머니의 집에 도착하기까지 꽤 오랜 시간이 걸리는 것 같았으나 이윽고 작은 방갈로를 둘러싸고 있는 낮고 하얀 말뚝 울타리에 도착했다. 부취가 대문에서 반갑게 짖으며 그녀를 맞았다. 부취의 눈은 깊은 수심에 차 있는 것같이 보였다.

문은 활짝 열려 있었다. 혹시 콜린스 아주머니는 집에 계실지도 모르지. 휴거라는 것은 착오일 수도 있으니까.

"콜린스 아주머니, 콜린스 아주머니."

조용한 실내에 헤스터의 목소리가 공허하게 울렸다.

거실의 벽난로 위에 걸려 있는 벽시계의 똑딱거리는 소리가 그녀의 등골을 쭈뼛하게 했다. 부취는 헤스터의 발아래 웅크리고 있다가 마치 그녀를 따라가라는 명령이나 받은 것처럼 뒤를 돌아보며 껑충 집 안으로 뛰어들었다. 부들부들 떨면서 헤스터는 집안으로 발걸음을 떼어 놓았다. 낸시의 방에서 느꼈던 것과 같은 이상한 공기가 거기에도 감돌고 있었다. 그녀는 거실 한가운데에 서서 주위를 둘러보았다. 콜린스 아주머니가 평소에 두던 자리에 모든 물건이 질서정연하게 놓여 있었다. 얼마나 오래 그처럼 서 있었는지 자신도 몰랐다.

콜린스 아주머니의 방에서 부취가 세게 짖어 대서야 그녀는 제정신이 들었다. (아마 몸이 편찮으신지도 몰라.) 아주 절망 가운데서 작은 희망이라도 가져보려는 것은 참 이상한 일이었다.

침실에 들어서다가 헤스터는 깜짝 놀랐다. 눈앞의 광경에 놀라 숨이 막힐 지경이었다. 바로 몇 시간 전에 짐이 본 것과 똑같은 장면을 그녀는 본 것이었다. 방 안의 풍경이 눈 안에 들어오자 헤스터는 휴거가 참으로 일어났다는 것을 확실히 알 수 있었다. 침대 옆에는 콜린스 아주머니의 구두와 옷과 안경이 놓여 있었다. 눈물이 헤스터의 두 뺨에 흘러내렸다. 바로 어제 오후에 콜린스 아주머니와 함께 교회에서 집으로 돌아오며 나누었던 대화가 생각났다. 그 시각과 실제로 휴거가 일어났던 시각은 불과 몇 시간의 차이였었다.

콜린스 아주머니의 침실에 서 있는 헤스터는 그 날 아침 6시경에 콜린스 아주머니가 겪었던 놀라운 체험을 결코 깨닫지 못했다. 그녀는 5시 30분경에 일어났다. 그러나 그녀는 휴거가 일어나기 전으로서는 마지막으로 자기 침대에서 일어난다는 사실을 미처 깨닫지 못한 채 잠에서 깨어났다. 짐과 루실에 대한 근심이 그녀의 마음을 무겁게 누르고 있었고, 주님의 재림이 아주 가까워오고 있는 것 같았다.

기도하며 하나님께 마음을 다 쏟아 바친 후 그녀는 마음속으로 찬송을 부르며 일어섰다. 지난 밤 집회에서 많은 사람이 주님 앞으로 돌아왔던 것을 생각하며 기뻐하고 있었다.

침대를 정돈하면서 그녀는 인생의 기쁨과 괴로움을 생각하며 주님께서 항상 그의 백성들 곁에 계신 것을 생각했다. 그리고 그녀가 좋아하는 찬송가 '내 본향 가는 길보이도다' 를 부르기 시작했다.

갑자기 방 안의 하나님의 영광으로 환해졌다. 그리고 커다란 소리가 들렸다. "보라 신랑이 온다. 신랑을 맞으러 나오라." 그녀의 가슴은 기쁨으로 뛰었다. 그녀는 주님의 목소리를 들었고 무엇인가가 그녀의 몸에 닿는 것을 느꼈다. 그리고 지금까지 느껴보지 못했던 평온한 기분이 온몸을 휘감았다. 변화가 일어났다. 순식간에, 눈 깜짝할 사이에 그녀는 변화되었다. 자신이 들려 올려지는 걸 느꼈고, 공중을 둥둥 떠갔다. 성도들이 들려지면서 구원하시는 하나님을 찬양하는 성도들의 목소리가 들렸다. 그들의 목소리는 맑은 물소리와도 같았다.

그녀는 수많은 사람들과 함께 소리칠 수 있었다. "오, 영광스러운 아침이여! 오, 무덤아, 너의 승리가 어디 있느냐?"

죽음이 그리스도의 승리에 이기지 못한 것이다. 성도들은 주님과 함께 하기 위해 들려져 올라갔다.

헤스터는 재빨리 방을 나왔다. 그녀는 가슴이 터지는 듯 한 이 현실을 더 이상 볼 수가 없었다. 그녀가 살아 있는 한 뇌리에서 지워질 수가 없는 것이었다.

거실로 되돌아왔다. 성경이 펼쳐진 채로 테이블 위에 놓여 있었다. 그 성경이 그녀를 잡아끄는 것 같았다. 짐이 읽었던 그 성경구절을 읽었다. '이러므로 너희들도 예비하고 있으라. 생각지 않은 때에 인자가 오리라.' (마태복음 24장 44절)

전신에 식은땀이 흘렀다. 그 말씀은 사람들에게 준비하고 있으라는 하늘의 경고였다. 마침내 경고는 현실로 나타났으며, 준비하지 못한 수많은 사람들이 헤스터처럼 지상에 남아 있게 된 것이다.

콜린스가 귀여워하던 개 부취가 헤스터에게 바싹 몸을 기대자 헤스터는 털을 쓰다듬으며 부드럽게 말했다. "네 주인은 가셨단다. 믿을 수가 없고 이해할 수도 없지만 사실인 걸. 부취야 슬퍼해서는 안 돼."

마치 사람에게 대하듯 한 말씨였다. "콜린스 아주머니는 이때가 오기를 고대하며 살아오신 거야. 항상 주님이 오신다는 이야기를 즐겨 하셨지. 오늘 아침엔 주님과 함께 하늘나라에 계실 거야."

그녀는 푸른 하늘을 쳐다보며 그 순간 콜린스 아주머니가 하늘에서 기쁨과 평안함으로 지내고 있을 모습을 그려보았다. 그러나 눈물이 푸른 하늘을 가려 버렸다. 눈앞을 분간하지 못하며 그녀는 허둥지둥 계단을 내려왔다. 좀 더 그 자리에 있다간 죽을 것만 같았다.

길을 따라 걸어가면서 그녀는 슬프게 우는 소리를 들었다. 여인의 울음소리였다. (누구일까?) 분명히 귀에 익은 소리였다. 점점 더 크게 울고 있었다. 마침내 헤스터는 피케트 여사의 집 대문 앞에 웅크리고 앉아 울고 있는 사람을 보았다. 바로 피케트 여사였다. 헤스터가 말을 걸었으나 그녀는 대답이 없었다. 여러 차례 그녀에게 말을 걸자 그녀는 약간 흥분이 가라앉았는지 헤스터를 쳐다보며 소리쳤다. "가엾어라, 헤스터. 너도 남아 있었구나!"

"아주머니, 식구들 중에서 휴거된 사람이 있어요?"

헤스터는 걱정스럽게 물어보았다.

"아냐, 우리 식구들이 들려 올라간 게 아니야. 너도 게임 병원에서 간호사로 일하고 있는 우리 딸 헤젤을 알지?"

"알다마다요. 그런데요?"

"그 애는 휴거가 일어났을 때 영아실에서 일을 하고 있었단다. 영아실 한가운데 서 있을 때 별안간 애기들이 사라져 버렸다는구나. 아무리 둘러보아도 애기 우는 소리가 들리지 않더래. 애기들의 요람마다 찾아보아도 그 방에 있던 애기들이 한 명도 없이 다 사라져 버렸더래. 어찌 된 영문인지를 모르겠더래. 누가 들어와서 아기들을 몽땅 데려갔을 리도 없고, 흔적도 없이 공중으로 사라져 버린 거야. 헤젤은 미친 듯이 소리를 질러댔대. 간호사들이 놀라서 뛰어온 거야. 헤젤의 성품이 차분하다는 것은 병원에서 다 아는 일인데 그처럼 소리를 지를 정도라면 굉장히 무서운 일이 생겼으리라고 생각했다는 거야. 간호사들은 우리 헤젤을 진정 시키느라 큰 애를 먹었대. 한참 후에 맑은 정신을 찾은 헤젤은 애기들이 모두 공중으로 사라졌다는 이야기를 했대. 처음엔 아무도 그 말을 곧이듣지 않고 정신이 돈 모양이라고 서로 눈짓을 했다는 거야. 헤젤이 너무 강력하게 주장해서 모두들 애기들을 찾아보았는데, 정말 모두 사라졌다지 뭐야! 모두들 덜컥 겁이 났지. 그 때 병실 저쪽에서 다른 간호사가 소리를 질렀어. 그 간호사가 담당하는 병실 환자 중에 기브스를 하여 꼼짝 못하는 사람이 있었는데 이 환자가 별안간 사라졌대. 기브스를 그대로 벗어둔 채 말이야. 의사가 그 기브스를 떼어 내려면 두 시간 이상이나 걸린다는구나. 간호사가 환자에게 얼음을 가져다주려고 나갔다가 다시 병실 문을 들어섰을 때 눈앞에서 순식간에 사라져 버렸대. 그 사실을 어떻게 믿겠니? 이런 사람들을 다른 간호사들도 목격했대. 위급한 사태에 대비하여 잘 훈련된 간호사들이지만 너무 놀라 발작을 일으켰다는구나. 환자 하나가 라디오를 켰다가 엄청나게 많은 사람들이 실종되었다는 두렵고 떨리는 뉴스를 듣고 미친 듯이 고함치기 시작했대. 그 환자는 한때는 크리스찬이었었기에 주님 재림의 가르침도 잘 알고 있었던 모양이야. 때문에 무슨 일이 일어났는지를 즉시 알 수 있었다는 거야. 그 환자의 고함소리에 놀라 이층에 있던 간호사들이 모두 병실로 몰려들었을 때 그는 라디오에서 들은 대로 주님이 오셨다는 이야기를 해 주었대. 어떤 간호사들은 기절해 버렸고 어떤 간호사들은 정신발작을 일으켜 자신을 바로 가눌 수가 없었더라는 구나. 헤젤은 주님께서 다시 오셔서 자기 백성들을 데리고 가셨다는 소식을 들었을 때 무척 충격을 받았단다, 헤스터야."

피케트 부인은 통곡을 했다.

"얼마나 무서웠던지 헤젤은 그만 머리가 돌아버렸단다. 병원에서 연락이 왔는데 헤젤을 꼼짝 못하게 묶어 놓았다는구나. 견딜 수가 없구나. 헤젤은 매우 총명한 아인데 말이야. 헤스터, 난 사라진 사람들에 대해선 아는 것이 없단다. 그 사람들을 생각할 틈도 없어. 그런데 정말 주님이 오신 거니?" 그녀는 마치 사형선고를 기다리고 있는 사람처럼 새하얗게 질려 있었다.

"아줌마, 그거 사실이에요. 주님께서 자기 백성들을 데려가신 거예요."

헤스터는 바로 전날 저녁 교회에 가서 낸시가 주님을 찾았다는 것을 이야기해 주었고, 낸시와 콜린스 여사가 어떻게 사라졌는가와 콜린스의 침실에서 보았던 사실들을 설명해 주었다.

그러나 피케트 부인은 사실로 받아들일 수 없는 모양이었다. 그녀는 주님이 재림하여 믿는 사람들을 데리러 오신다는 것을 절대로 신뢰하지 않던 사람이었다. 헤스터가 그것은 하나의 환상이라고 말해 주기를 은근히 기대해 보았으나 헤스터는 주저함이 없이 사실을 뚜렷하게 간증했다.

"주님은 인간들에게 이런 비극을 내리실 분이 아니야. 그분은 신(神)이시며, 이런 따위의 일을 하시기 에는 너무나 영광스런 분이야. 그런데 왜 지상에 내려와 사람들을 도둑질해 가시지?"

"주님 예수는 이 땅에서 아무 것도 훔쳐 가시는 것이 없어요. 그분은 마땅히 해야 하실 일을 하러 오신 것이에요. 아줌마와 저도 준비하고 있을 수도 있었다는 걸 잘 아시죠? 아줌마도 재림에 대한 가르침을 아시고 있지 않아요?"

헤스터는 따지듯이 물었다.

"하지만 그 이야기야 귀가 따갑도록 들어 왔어도 정말 그대로 되리라고는 생각 못했어. 그리고 나는 그 설교를 들은 지가 너무 오래되었어. 몇 년 동안 교회에 나가보지 못했거든. 너무 바쁜 일들이 많았어. 월요일부터 토요일까지 엄청난 일 속에 파묻혔고, 주일날엔 교회에 가는 것보다 낚시질하러 교외로 나가는 것이 더 재미있었어. 더구나 애들 아빠도 교회 같은 데에는 관심이 없었어. 〈이 세상이 어떻게 되든 어차피 우리가 어떻게 할 수가 없는 일〉이라는 것이 그의 생활철학이었어."

"그게 아니에요, 아줌마. 주님께선 우리 각자에겐 자유롭게 그를 맞을 준비를 하고 그를 따르게 하신 거죠. 그의 보혈을 믿기만 했다면 모든 인류가 오늘 아침 그대로 올라갈 수 있었던 거예요. 우리들은 그의 보혈을 거절했기 때문에 지금 이렇게 뒤에 남겨진 거죠."

"난 믿을 수가 없어. 그렇게 될 리가 없어. 그런 허무맹랑한 이야기들은 믿어지지 않아."

피케트 부인의 말에 헤스터는 화가 치밀었다.

"글쎄요, 피케트 아주머니. 각자 믿고 싶은 대로 믿는 거겠죠. 아줌마 같은 사람 때문에 이처럼 휴거되지 못한 사람이 많게 된 거랍니다. 너무 고집이 세기 때문에 하나님의 말씀을 믿을 수 없는 거죠."

이렇게 되자 헤스터의 마음은 분노로 들끓고 있었다. 처음 피케트 부인을 보았을 때 느꼈던 동정은 온 데 간 데 없이 사라지고 말았다.

그녀는 피케트 부인의 눈을 쏘아보며 말했다. "아줌마 때문에 헤젤이 미친 거예요. 그 애한테 올바른 길을 가르쳐 주었더라면 그 애는 지금쯤 주님과 함께 있었을 거예요."

헤스터의 뺨에 눈물이 주르륵 흘러 내렸다. 자기 어머니가 자기를 교회에 데려갔더라면 자기도 이렇게 뒤에 남아 있지 않았을 것이라는 생각이 들었다.

"아줌마 같은 세상의 어머니들은 오늘 아침에 반성할 점이 많아요."

그녀는 소리쳤다. 피케트 부인이 마치 독사라도 되는 듯이 그녀는 허겁지겁 달아났다.

피케트 부인은 헤스터의 마지막 말이 귀에 거슬렸다. 한마디 따끔한 말을 내뱉으려고 입을 벌리는 순간 이미 헤스터는 길모퉁이를 돌아서고 있었다. 그녀의 뒷모습을 쫓는 피케트 부인의 마음에 싸늘한 공포가 찾아왔다.

피케트 부인은 주님께서 오셨다는 것을 믿지 않으려고 몹시 애를 썼는데 이것이 대부분 사람들의 마음이었다. 그녀는 헤스터가 왔을 때 이 사실을 알아차렸지만 그것을 받아들이지 않으려고 마음을 굳게 닫고 있었다.

"그 따위 어리석은 이야기가 어디 있어. 이 세상이야 어떻게 되든 상관할 바 아니야. 어차피 뾰족한 수가 없을 테니까."

그러나 그녀의 마음속으로는 헤스터의 이야기가 옳다는 걸 알고 있었다. 딸을 제대로 가르치지 못했다는 점을 깨닫고 있었지만 그걸 용납하고 싶지는 않았다.

주님의 재림 이후로 헤스터의 눈에 들어온 광경은 너무 가슴 아픈 것들이었다. 그 어느 한 개인으로서는 이 모든 걸 증거 할 수도, 다 표현할 수도 없었다. 어느 쪽으로 발길을 돌리든 휴거가 실제로 일어났다는 증거는 뚜렷했다. 다들 다시 준비를 하고 휴거를 맞이할 수 있다면 얼마나 좋겠는가 하는 소망을 가져보지만 부질없는 노릇이었다. 헤스터는 지금 수많은 사람들과 함께 대환난기에 접어들고 있었다. 과거에는 그것이 실제적인 것으로 보이지 않았지만 이제는 그것이 더 이상 망상일 수 없었다.

어젯밤만 해도 주님의 재림과 대환난 이야기를 들었을 때 먼 미래의 일로 들렸지만 이젠 그것이 끝난 뒤였다. 앞을 내다보는 눈이 그에게 있었던들 문제는 달랐겠으나 그것이 인생인 다음에야 어쩔 수 없는 노릇이었다. 오늘은 인간의 소관이며 내일은 하나님의 소관인 다음에야 내일 무슨 일이 일어났는가를 아는 분은 하나님뿐이다. 인간들에게 준비하라는 경고는 이미 선포되었으며 하나님께서는 자기 아들이 뜻하지 않은 시각에 찾아올 것으로 말씀해 주셨다.

많은 사람들이 엡워스 장의사 집 앞에서 웅성대고 있었다. 이른 아침부터 장의사 집 앞에 무슨 흥밋거리라도 있는 것일까?

장의사 웨슬리 버트램은 사뭇 흥분조였다.

"글쎄, 정말이지, 영문을 모르겠군요. 지금까지 수십 년간 이 장사를 하고 있었지만 처음 있는 일이랍니다. 찾고 또 찾았지만 아무 데도 없단 말씀이에요. 할 수 있는 대로 다해 수소문해 보았어요. 경찰을 부르고 또 불렀지만 계속 통화 중이라서 신고도 못했고요."

헤스터가 군중을 비집고 들어가 보니 회색 양복과 모자로 잘 차린 신사가 서 있었다. 그의 왼쪽 손가락에 낀 커다란 다이아몬드 반지가 햇빛에 반짝이고 있었다.

"이젠 더 이야기할 필요가 없어요. 아니, 그래 어젯밤에 내 아내 시신을 가져다 장례준비를 한다던 사람이 오늘 아침에 와서 그게 없어졌다니 도대체 말이나 되는 거요? 그래, 이 존 드레스덴이 부자라고 이런 재주를 부려가면서 돈을 더 우려낼 것으로 생각했다면 그건 계산착오요. 고소하겠소! 다른 도리가 없잖소? 당신이 정 그렇게 나온다면 당신 호주머니에 있는 동전 한 닢까지라도 모조리 우려내고 말 거요. 자, 시간은 열두시까지요. 그때까지 내 아내의 시신을 찾아 놓지 못하면 당신은 끝장날 걸로 아시오. 나머진 변호사에게 다 맡겨 버릴 테니. 어디 이

바닥에서 장사해먹나 두고 봅시다."

웨슬리 버트램은 도무지 알 수 없다는 듯이 고개를 설레설레 흔들었다. 도대체 어떻게 하라는 건가? 이미 몇 시간에 걸쳐 시체를 찾아보았지만 별다른 수가 없었다. 누군가가 이 사람이 갑부라는 걸 알고 시체를 가져가지 않은 다음에야 없어질 리가 없었다. 시체를 가지고 짓궂게 장난할 사람이 없는 다음에야 그렇게밖에 생각할 수 없지만 그런 짓을 할 사람이 어디 있단 말인가? 수십 년 동안 장의사 노릇을 해왔지만, 남의 시체를 훔쳐간다는 이야기는 들어본 일이 없었던 그인지라 그날 밤도 시체를 지켜보지 않고 그대로 내버려 두었던 것이다. 커다란 다이아몬드 반지를 낀 이 신사가 돌아서서 가려는 순간 헤스터는 그의 팔목을 잡았다.

"선생님!" 그녀가 나직하게 부르는 순간 존 드레스덴이 홱 돌아서면서 헤스터의 얼굴을 내려다보았다. 그녀의 크고 까만 눈이 마치 고통의 연못처럼 보였다. 몹시 불쾌한 감정을 가지고 있었던 터라 그녀에게도 거친 말을 내뱉으려는 참이었다. 그는 언제고 자기 고집대로 사는 사람이었으며, 방금 전까지의 대화가 더욱 그의 심정을 뒤집어 놓았던 것이다. 장의사에게 으름장을 놓으며 큰소리 쳐보았지만 그 편에서 속수무책이라는 데는 어쩔 도리가 없는 판이었다.

"무슨 일인가요?" 그는 가까스로 상냥한 말을 내뱉었다.

"댁의 부인은 신자였나요?"

"말하자면 그렇죠."

그는 왼손으로 자기 턱을 만지면서 대답했다. "아내는 항상 종교 이야기를 했어요. 하지만 나는 별로 신경을 쓰지 않았어요. 하고 싶은 대로 내버려 두었다고나 할까요. 난 사업에 분주하고 아내는 대부분의 시간을 자기가 원하는 대로 이용했어요. 그런데 아가씨, 아내의 시신이 없어진 것과 내 아내가 신자라는 사실과 무슨 연관성이 있나요?"

존 드레스덴은 자신이 젊은 처녀와 시간을 많이 보내고 있는 것을 깨닫자 스스로 놀라고 있었다. 여느 때 같았으면 돌아보지도 않고 그냥 지나쳤을 드레스덴이었다.

흥분한 사람들이 헤스터와 드레스덴의 이야기를 들으려고 모여들었다. 아마 실종된 시체의 수수께끼를 풀 열쇠를 가지고 있을 것이라는 기대를 가지고 있었다.

"댁의 부인께서 하나님의 진실한 자녀였다면 그녀에게는 저 〈은혜로운 소망〉이 있었던 거예요."

"그게 무슨 뜻이오? 수수께끼 같은 말은 그만하시오. 어서 빨리 이 의문을 풀어야겠소. 날 도와줄 수 있다면 빨리 말해 주시오."

헤스터는 나지막한 소리로 이야기했지만 거기 모여든 사람들은 다 알아들을 수 있었다.

"주님께서 오늘 아침 여섯 시경에 재림하셨습니다. 댁의 부인도 신자였으니 부인의 몸이 변화되어 하늘로 올라가 영혼과 하나가 되어 땅에 있던 그 모습 그대로입니다. 저 수천의 사람들이 오늘 아침에 지상에서 사라진 것과 같은 시간에 하나님의 성도들이 죽음을 이기고 다시 살아난 거예요."

겁에 질린 존 드레스덴은 믿지 못하겠다는 듯 그녀를 빤히 쳐다보았다.

"지금 공동묘지에 가서 보시면 파헤쳐진 무덤이 많을 거예요."

존 드레스덴과 많은 사람들이 공동묘지로 달려가고 헤스터 혼자만이 그 자리에 남게 되었다.

그녀는 자신도 그들의 뒤를 따라가 부활의 사실을 직접 확인해 보기로 마음먹었다. 그녀가 무덤 근처에 이르렀을 때 사람들의 통곡소리가 들려왔다. 납득할 수 없는 부활의 사실을 그들이 목격하고 있다는 걸 알 수 있었다. 열려진 무덤에 이르기 전 공동묘지 정문 근처에서 드레스덴을 만났다. 손에 손수건을 들고 연신 흐르는 눈물을 닦고 있었다. 잠시 그녀는 그의 곁에 서 있었다. 그러나 그는 그걸 눈치 채지 못했다.

고린도 전서 15장 41~44절의 말씀이 헤스터의 머리에 떠올랐다. '죽은 자의 부활도 이와 같으니 썩은 것으로 심고 썩지 않을 것으로 다시 살며 욕된 것으로 심고 영광스러운 것으로 다시 살며 약한 것으로 심고 강한 것으로 다시 살며 육의 몸으로 심고 신령한 몸으로 다시 사나니 육의 몸이 있는 즉 또 신령한 몸이 있느니라.'

"정말 무서운 일이군요." 하고 드레스덴은 부들부들 떨면서 말을 건넸다.

"그렇습니다. 댁의 아내의 시체에 대해서 한 이야기를 지금은 이해하시겠군요?"

"그럼요, 이해하고말고요. 그런데 막상 일을 당하고 보니 정신이 없습니다."

그의 얼굴엔 수심이 가득했고 참가 어려운 고통으로 얼굴의 근육이 일그러지고 있었다.

헤스터는 파헤쳐진 무덤 앞에 잠깐 멈추어 섰다가 서둘러 묘지를 지나쳐 내려왔다.

미망인이 된 블랜든은 공동묘지에서 그리 멀지 않은 곳에 살고 있었다. 헤스터가 그 집 앞을 지나칠 때 집안에서 아무 소리도 들리지 않았다. 2년 전에 남편이 교통사고로 죽자 다섯 아이를 데리고 근근이 생계를 꾸려가곤 했는데, 항상 끼니 걱정을 했지만 일용할 양식을 주님께서 주시곤 했다.

주일날 저녁은 그녀의 짐은 너무 무거웠다. 끼니를 때울 빵 한 조각도

동전 한 푼도 없는데다가 애기는 병들어 있었다. 아픈 아이를 간신히 잠재워 놓은 다음에 자정이 지난 다음까지 울며 기도하다 깊이 잠들고 말았다. 하나님께서 섭리하고 계시는 내일이 그녀에게 보일 리 없었다. 몇 시간만 지나면 그녀가 당하는 고통이 끝난다는 것을 알지 못했다.

6시 10분 전, 괘종시계가 울리는 소리로 무거운 몸을 일으켰다. 전신이 지쳐 쓰러질 것 같았다. 아직 일어날 시간 전인데도 더 이상 눈을 붙일 수가 없었다. 마음의 부담은 혼자서 감당할 수 없는 것이었다. 그러나 일거리를 찾아나가 아이들을 먹이지 않으면 안 되었다.

블랜든이 잠시 무릎을 꿇고 아침에 나가서 다만 몇 시간이라도 일할 수 있도록 해달라고 기도를 하려고 하는 순간에 온 방안이 갑자기 하나님의 영광으로 밝아졌다. "보라, 신랑이 온다. 그를 맞으라." 하는 소리를 들었다. 뜨거운 불이 몸을 휩싸 감는 것 같았다. 눈 깜짝할 사이에 육체가 변화되었으며 어린 자녀들도 함께 들리어 올려졌다. 영광스런 아침이 찾아온 것이다.

헨리 조든은 미망인 블랜든의 집에서 두 집 건너에 살고 있었다. 그의 부인 린다는 구원받은 지 몇 십 년 되었지만 남편의 핍박은 그치지 않았다. 때때로 그는 아내의 팔을 비틀면서 주님의 이름을 욕하도록 강요하기도 했지만 그럴 때마다 그녀는 승리했다. 그는 목사와 교인들에게 그녀에 대한 거짓말까지 했지만 사람들은 믿어주지 않았다. 사람들은 그 사람의 됨됨이를 잘 알고 있었으며 얼마나 아내의 믿음을 핍박하는가를 다 알고 있었다.

그는 휴거가 일어나는 순간 아내의 침대 곁에 서 있었다. 아내는 전날 밤 부흥회에 참석했었다. 그는 부흥회 기간만 되면 그녀를 더욱 괴롭혔다. 그는 6시 조금 전에 아내를 깨웠다. 욕설을 퍼부어대면서 아침식사를 준비하라고 했다.

눈을 비비며 일어나 그녀는 시계를 보았다. 아침식사가 늦을 만큼 늦잠을 잔 것은 아니었다.

"아니, 여보. 아침식사 준비하려면 한 시간이나 남았어요. 시계를 잘못 보신 거겠죠?"

그의 노발대발한 성격이 나타났다.

"말대답 그만 두지 못하겠어? 그 빌어먹을 교회에 가선 밤새 내내 지내면서 그래 남편 아침식사 준비하는 건 싫단 말이야? 그놈의 종교가 우리 가정을 망친 거야. 이런 식으로 나가다간 이혼하기 위해 법정에 서는 날도 시간문제야." 그의 얼굴이 험상궂게 변했다.

린다는 어쩔 줄 몰라 쩔쩔매며 물끄러미 쳐다보고만 있었다. 그전에도 입에 못 담을 소리를 많이 들었지만 이번에는 문제가 달랐다.

"병신처럼 앉아 있지만 말고 어서 일어나! 이제부터 그런 구식 교회는 그만 둬. 알아듣겠어? 이건 금지명령이야! 꼭 가야겠거든 유명한 사람들이 다니는 교회가 있지 않아? 왜 그렇게 영리하게 행동 못해. 원 세상에, 창피해서 배길 수가 있나! 노름판엘 가든 어딜 가든 그놈의 케케묵은 목사 이야기로 진절머리가 나 죽겠어."

그녀의 눈에 눈물이 고였다. 남편의 빈정대는 말이 계속되었다. "이젠 제 아무리 눈물을 짜도 소용없어. 자, 어서 일어나!" 그는 욕설을 섞어가며 말했다. "한 시간쯤 일찍 일어나다 보면 밤마다 교회 가고픈 안달이 사그라지겠지."

그 순간 갑자기 밝은 빛이 방안에 가득 찼다. 순식간에 조든의 아내가 사라졌다. 〈보라, 신랑이 온다. 어서들 마중 나오라!〉는 소리를 들은 것이다. 눈 깜짝할 사이에 그녀는 들리어 올려져 주님과 함께 영원히 지내게 되었다. 영광스런 아침이 그녀에게 찾아온 것이다.

헨리 조든은 자기 눈을 믿을 수 없었다. 이럴 수가! 아내가 공중으로 사라지다니!

욕을 한 마디 내뱉으려 했지만 무서운 마음이 들어 참았다. 그는 어떻게 해야 좋을지 몰랐다. 아무리 둘러보아도 아내의 흔적을 찾을 수 없었다. 그는 미친 듯이 집을 뛰어나와 소리치면서 머리를 잡아챘다.

헤스터가 서서히 거리를 지나고 있노라니 찢어지는 듯 한 외마디 소리가 들려왔다. 한 번도 들어보지 못했던 소리였다. 간담이 서늘했다. 또다시 같은 소리가 들렸다. 건너편 대문이 달린 집에서 들려왔다. 산발한 머리, 겁에 질린 눈망울, 다 죽어가는 사람마냥 창백한 얼굴을 한 베티 렌이 문을 붙잡고 "사람 살려! 사람 살려!" 소리치고 있었다.

베티 렌은 봅 렌의 누이동생이었다. 봅은 호리호리한 소녀 같은 아내와 두 자녀를 두고 있었다. 헤스터는 소문을 통해서 그들의 가정 내막을 알고 있었다.

봅은 한 번도 안정된 생활을 한 적이 없었다. 아니 사실을 말하자면, 그는 아무데도 쓸모없는 백수건달이었다. 그는 단 반시간도 끈질기게 일을 못했으며, 주위 사람들은 그를 무능력한 사람으로 젖혀 놓았다. 밤이면 밤마다 처자식을 놔두고 술과 여자에 미쳐 다니는 그였다.

헤스터는 그의 아내를 만나 본 일이 없지만 그녀에 대한 미담은 많이 듣고 있었다. 그녀는 훌륭한 그리스도인이자 자상한 엄마였다. 이웃들의 소문대로라면 그녀는 정말 고생이 많았다. 집안 청소, 세탁, 아이들 보살피는 일 뿐 아니라 자식들과 먹고 살기 위해 공사장에까지 나가 일을 했다. 남편에게 그처럼 헌신적인 일을 한 그녀에게 어울리지 않는 가혹한 운명이었다.

헤스터는 이런저런 생각을 하면서 베티 곁으로 갔다. 베티는 너무 흥분되어 있어서 말을 할 수 없었다. 그녀는 다짜고짜 헤스터를 잡고서 집

안으로 잡아끌다시피 들어갔다. 방 안에는 참혹한 사태가 벌어져 있었다. 헤스터는 자신도 모르게 소리를 지르고 말았다. 그녀는 무슨 일이든 침착하게 맞을 각오를 단단히 하고 있었지만 이것만은 정말 참을 수 없었다. 천정에는 자살한 봅의 시체가 매달려 있었다. 시체의 눈알이 뛰어나와 덩그렁 거리고 있었고, 길게 삐져나온 혀 사이로 피가 쏟아진 채 죽어 있었다.

헤스터는 믿을 수 없다는 듯이 다시 한 번 그 물체를 확인했다. 기독교인 아내를 둔 불성실한 주정뱅이 남편이 자살을 한 것이었다.

베티가 다가서서 필사적으로 그를 끌어내리려 했지만 허사였다. 그녀는 정신이 나갔으며, 자신이 뭘 하고 있는지조차 모르고 있었다.

헤스터는 명령조로 말했다. "베티, 이미 늦었어요. 그런 짓은 그만 둬요. 아무 소용없으니."

헤스터의 말을 듣자 그녀는 겨우 몽롱한 상태에서 깨어났다. 초췌한 모습을 한 눈으로 그녀는 헤스터를 쳐다보았다.

"하지만, 이건 있을 수 없는 일이야! 제발 우리 오빠가 죽지 않았다고 말해 줘!"

헤스터는 그녀의 어깨를 잡고 문 쪽으로 떠밀었다. 마루에 있는 큰 의자에 앉혀 놓고 위로하면서 주검이 매달린 방문을 살며시 닫았다.

베티는 필사적으로 무슨 이야기를 하려 했지만 괴로운 마음에서 나오는 건 신음소리뿐이었다.

마침내 그녀는 침울한 얼굴을 하며 말문을 열었다.

"도대체 왜 그런 짓을 했을까?"

그녀는 의자에 털썩 주저앉으면서 한숨을 내쉬었다.

(올케와 애기들은 어디 갔는가? 올케는 남편을 버리고 도망간 건가? 그것 때문에 저렇게 된 건가? 오빠가 집에 돌아와서 떠난다는 올케의

메모를 발견한 것일까?)

그녀는 헤스터가 말려도 듣지 않겠다는 듯이 단단한 결심을 하고 닫힌 문 쪽으로 달려가 손잡이를 돌려 방으로 들어섰다.

고통스런 눈초리로 그녀는 침대 쪽을 바라보았다. 식구들이 방금 전까지 잠자고 있었던 흔적이 남아 있었다. 올케가 집을 나갔다면 그건 지난밤에 잠자리에 든 다음의 일이었음에 틀림없었다. 그녀는 메모 쪽지 하나라도 찾아보려고 구석구석을 뒤졌다. 그렇지만 감히 시체에 가까이 가서 만지지도 못했고, 쳐다보지도 못했다.

쪽지는 발견되지 않았다. 그러나 마루 위에 놓인 조간신문이 그녀의 초점을 잃은 눈에 들어왔다. 그녀는 떨리는 손으로 신문을 집었다. 표제기사에 동공이 멈추었다. '수많은 사람들이 신비하게 사라지다' 였다. 그녀는 눈을 깜박이면서 다시 한 번 읽어보았다. 그러나 이해할 수 없었다. 그제야 헤스터는 베티가 주님의 재림을 모르고 있었다는 걸 알아차렸다. 그렇다면 그녀는 오늘 아침 내내 어디에 있었을까?

죽음이 임박한 사람처럼 새하얀 얼굴이 된 그녀는 이 모든 사실을 아느냐는 듯 헤스터 앞으로 신문을 내밀었다. "이게 무슨 이야기인지 넌 아니?"

"알고 있어." 헤스터는 부드럽게 대답했다. "오늘 아침에 주님께서 오셔서 구원받은 사람들을 하나도 남기지 않고 데려가신 거야."

베티는 숨을 죽이며 듣고 있었다. 믿을 수 없다는 듯이 헤스터를 빤히 쳐다보며 주먹을 오므렸다 폈다 하며 안절부절 못하고 있었다.

"그건 말도 안 되는 소리야! 있을 수 없는 일이야! 사실상 그런 일이 있을 거라는 이야기를 전에 들은 적은 있지만 별로 신경 쓰지 않았어." 하고 그녀는 말을 잠시 멈추고 깊은 생각을 했다.

"올케가 주님의 재림에 대해서 가끔 이야기했어. 올케는 주님에 대해서 이야기할 때가 가장 아름답게 보였어. 그녀는 주님에 대해서 이야기하기 위해 태어난 사람처럼 보였지 뭐야. 난 터무니없는 이야기라고 생각을 하면서도 그런 말을 할 수가 없었어. 물론 봅이 나의 오빠이고 이미 죽었지만…….” 그녀는 눈물을 삼키며 더듬거렸다. “오빠는 아내의 행복에 대해서는 안중에 없는 사람이었다. 오빠처럼 아내를 괴롭힌 사람도 없지만 올케만큼 그걸 관대하게 받아들인 사람도 본 일이 없어. 나는 하루에도 몇 번씩 내가 올케라면 말 한마디 없이 떠나버리겠다는 이야기를 했었어. 하지만 올케는 계속 기도하면서 주님께서 구원해 주실 것을 믿고 있었어. 지금 하나님께서 그녀를 구원하셨어도 그녀가 소원하던 대로는 아니었어. 지금쯤 올케는 어디 있을까? 집에 없는 게 이상하단 말이야. 한 번도 집 밖엘 나간 일이 없는 여잔데. 이게 너무 충격적이었던가 봐.”

헤스터는 눈이 휘둥그레지면서 말했다. “베티, 아직도 뭐가 뭔지 모르겠어? 너의 올케는 여기 없어요! 그녀는 하늘로 올려져 영원히 주님과 함께 살게 되었어.”

베티는 사실이 밝혀지자 곧 기절할 사람처럼 보였다.

“그럴 리가! 그 불쌍한 올케가 여기 없을 리가!” 하고 그녀는 헤스터의 팔 안에 묻히면서 소리쳤다. “그래, 이제 알겠어. 오빠가 자살한 이유를 말이야. 아침에 눈을 떴을 때 아내도, 애들도, 눈에 보이지 않았을 거야. 그리고 신문을 보고 아내가 그처럼 경고하던 일이 그대로 일어난 걸 깨달은 걸 거야. 아, 불쌍한 우리 오빠!” 그녀는 탄식했다.

계속 이야기를 늘어놓는 베티를 남겨 두고 헤스터는 그 집을 빠져 나왔다. 그녀는 엄마 친구 집을 찾아가 주님께서 실제로 오신 사실을 알고 있는지 여쭈려고 했던 것을 까맣게 잊고 있었다. 물론 그들은 한결 같이 남아 있을 것이라는 걸 그녀는 잘 알고 있었다.

헤스터는 천정의 밧줄에 매달린 봅의 끔찍한 모습을 뇌리에서 지우려 했지만 그렇게 되지 않았다. 지금 그는 지옥에 떨어져서야 똑바로 눈을 떴을 것이며 더 지독한 고통을 받고 있을 것이다. 만약 그가 주님을 위해 살았던들 결코 이런 일은 일어나지 않았을 것이 아닌가!

마침내 헤스터는 정원과 숲에 가려져 있는 커다란 아파트로 발걸음을 재촉했다. 그는 승강기를 기다리지도 않고 그냥 단번에 두 계단씩 건너 뛰어 올라가 2층에 있는 마르다의 아파트 문 앞에 도착했다. 성급히 문을 두드렸다. 그러나 아무 대답이 없었다.

(왜 대답이 없지?) 다시 한 번 노크하려는 순간 마르다의 어머니 윌머가 문을 열고 살그머니 내다보면서 불을 켰다.

헤스터는 놀라서 입을 벌리고 말았다. 확실히 그 전에 보아오던 윌머가 아니었다. 윌머의 머리는 빗질이 되지 않았고, 입술은 파랗게 질려 있었으며, 눈은 얼마나 많이 울었는지 벌겋게 부어올라 있었다. 안절부절 못하는 그녀의 손가락에는 반쯤 피우다만 담배가 들려 있었다. 윌머는 헤스터를 보자마자 안도의 숨을 내쉬면서 문을 활짝 열어 젖혔다.

"들어와, 헤스터." 그녀는 떨면서 말했다.

헤스터는 방안을 휘둘러보았다. 기도할 때 쓰는 방석 위에 조간신문이 놓여 있었다. 윌머는 주님 재림의 사실을 이미 알고 있었던 것이다.

헤스터는 자리에 앉았다. 침통한 침묵이 약간 흘렀다.

윌머는 조심스레 물었다. "엄마는 오늘 뭘 하고 계시니?"

그처럼 중대한 일이 일어났는데도 이렇게 가볍게 이야기하는 소리를 듣자니 기분이 이상했다.

헤스터가 말을 하려 하자 윌머가 가로막았다. "대답할 필요 없어. 뭐 꼭 이렇게 우리가 부자연스럽게 행동할 필요가 있겠니? 다 알고 있어. 주께서 오신 거지! 왜 그렇게 이야기하지 않니? 왜 그렇게 청승맞게 앉

아만 있지 말고 어서 속 시원하게 말 좀 해 봐!" 윌머는 좀 심하게 다그
쳤다.

"차라리 죽었으면 좋았을 걸! 오늘이 이렇게 저주스러울 수가 없어.
내 생전에 이런 일이 있을 거라곤 꿈에도 생각 못했으니까. 정말 미칠
것만 같아. 마르다가 가엾어. 정신이 돌아 버렸어."

"마르다는 어디 있는데요?"

헤스터는 열린 문틈으로 다음 방을 건너다보면서 물었다.

"모르겠어. 그 앤 이 소식을 듣자 밖으로 뛰어 나갔어. 걱정이 되어
죽겠어. 무슨 일이 없어야 할 텐데 공포 때문에 매우 난폭해졌어. 왜 하
나님은 우리들을 이렇게 대하시지? 도무지 이해할 수 없어. 왜 하필이
면 오늘일게 뭐람? 난 오늘 큰 파티를 열 계획을 갖고 있었는데 다 틀렸
지 뭐니? 그건 다......."

헤스터가 벌떡 일어서면서 윌머의 말을 가로막았다.

"그 이유는 말하지 마세요." 그녀는 소리쳤다. "마치 하나님께 이
모든 책임이 있다는 식이군요. 비난받아야 할 대상은 하나님이 아니라
아줌마 자신이에요! 일찌감치 준비할 수도 있었으니까요. 하나님께서는
인류가 이런 꼴을 당하지 않게 하려고 얼마나 많은 고난을 받으셨어요?
갈보리 십자가를 통해 주어진 좁은 길을 빠져나간 사람이 얼마나 많아
요? 예수님께서는 지금 휴거되고 없는 사람들 뿐 아니라 우리들을 위해
서 돌아가셨다는 것쯤은 다 알고 계시죠?"

"들려 올라가고 싶지 않다고 말할 사람이 어디 있니?" 윌머는 빈정
대며 뾰로통했다. "너, 나한테 그런 식으로 이야기하지 마라. 내가 설
교를 듣고 싶다면 교회로 가지 여기 앉아 있겠니? 주님을 받아들이고
안 받아들이고는 네 문제가 아니라 내 문제란 말이야." 그녀는 정색을
하며 노려보았다. 그녀의 매서운 눈초리는 금방 꼬리를 후려치려는 독

사와 같이 번뜩였다.

윌머는 간교한 여자였다. 그리고 헤스터는 자기 어머니가 저런 여자를 친구로 사귀는 걸 항상 못마땅하게 생각한 반면 엄마는 노름꾼 친구로는 그만인 걸로 여기고 있었다.

헤스터는 공손하게 사과했다.

"미안해요, 아줌마. 설교를 한다거나 딱딱하게 나올 생각은 없었어요. 물론 누구든지 자기 원하는 대로 사는 게 이 세상이라고 생각해요. 자기 좋을 대로 주님을 영접할 수도 배척할 수도 있는 거죠. 우리가 주님을 배척했다면 그 결과 또한 받아들일 수밖에 없어요." 마지막 말은 숨을 조이며 빠르게 덧붙였다. 그런 이야기를 달가워할 윌머가 아니었기 때문이다.

윌머는 하나님과 하나님의 일에 대해서 실컷 욕을 퍼붓기 전에는 직성이 풀리지 않았다. 헤스터는 세속에 깊이 물든 여자가 경외하는 주님을 마구잡이로 경솔하게 욕하는 걸 듣고 있노라니 맥박이 더욱 빨라지고 분노로 얼굴이 붉으락푸르락해졌다.

"아니, 세상에 이런 멍청이를 다 보게나. 헤스터야, 그래 이 모양 이 꼴로 만든 하나님을 꼭 우러러 보아야겠니?"

헤스터는 마음을 진정시킬 수 없었다. 심장이 가슴 속에서 세차게 방망이질하는 것 같았다. 하지만 더 이상 윌머에게 무슨 말을 할 수는 없는 노릇이었다. 윌머가 전화를 받으려고 건넌방으로 가는 순간 헤스터는 마치 상처 난 짐승의 꼴이 되어 살그머니 그 아파트를 빠져나왔다.

다시 길거리에 나선 그녀는 주님의 재림으로 빚어진 비참한 광경이 도처에 널려 있는 것을 보았다.

(지상에 남겨진 이 공포들을 어찌할 것인가!)

그녀는 신음하고 있었다.

제 8 장

이 고통 무엇에 비기랴

휴거 직후 짐의 생활은 참으로 고통스러웠다. 낮도 길었지만 밤은 더 길었다. 그가 당한 재난은 예전에는 거의 상상할 수 없었던 것이며, 끔찍스러운 일이었다. 때때로 그는 자신이 그 악몽에서 깨어나서 '참 무서운 꿈을 꾸었구나! 하고 말을 할 수 있기를 바라기도 했지만 현실에서 벌어지고 있는 모든 일이 엄연한 사실이라는 것을 잘 알고 있었다.

자신의 뉘우침을 그 무엇으로 표현할 수 있을까마는 후회하기에는 때가 너무 늦었다는 것도 잘 알고 있었다. 이제 와서 후회가 무슨 소용이 있단 말인가. 인자한 어머님의 숱한 경고를 귀담아 듣지 않았던 것이 큰 잘못이었다. 어머님은 하나님의 말씀을 읽는 가운데 이 날을 내다보시고 피할 준비를 갖추고 계셨던 것이다. 만약에 이 모든 것이 자기 생전에 일어날 것으로 알았더라면 짐 역시 준비를 갖추었을 것이다. 왜 성경에 기록된 사실들을 믿지 못했던가? 피할 길이 있었지만 이제는 길이 막히고 말았다. 그는 대환난 기간에 접어들게 된 것이다. 짐은 가끔 어머니가 살고 계시는 조그마한 집을 찾아가 이 방 저 방을 왔다 갔다 하면서 어머님이 아직도 그 곳에 살아계신 것으로 착각하곤 했다. 은발 머리를 숙여 그 위대한 책을 읽으면서 기도하시던 모습이 눈에 선하게 떠올랐다. 그런가 하면 부엌에서는 자기가 어렸을 적에 늘 들어왔던 것처럼 젊은 사람 못지않게 열정적으로 즐겨 부르시던 찬송가의 음성이 들려오는 듯했다.

그러다가 갑자기 그는 이것이 되돌아올 수 없는 추억이라는 걸 깨달곤 했다. 이미 떠나고 지금은 계시지 않는 어머님, 다시는 아들을 위해 기도하실 수 없는 어머님이 아닌가! 기도! 이제 자신을 위해 골방에서, 교회에서 기도해 주실 어머님이 안 계시는 세상을 어떻게 살아간단 말인가? 그는 흐느끼면서 집을 뛰어나왔다. 다시는 더 이상 기억할 필요가 없는 망각의 웅덩이 속으로 뛰어들 ◁ 만 있다면 좋으련만. 그러나 짐은 주어진 삶을 살아갈 수밖에 없었다.

집에 돌아와서도 마찬가지였다. 애기 슈가 사라진 뒤로 아내 루실은 하루도 편하게 지낸 적이 없다. 시간마다 그녀는 "우리 아기를 찾아 주세요. 여보, 제발 좀 부탁이에요. 어디 가서 찾아보셨나요? 난 이대로 살 수가 없어요!" 시간마다 아내는 울며 호소하고 있었다.

여러 달이 지나는 동안에 급변하는 세상을 지켜보며 짐의 걱정과 실망은 더해 갔다. 그럴 때마다 어머니가 갖고 계셨던 성경이 커다란 위로가 되었다. 짐은 그것을 집으로 가져와 다니엘서와 요한 계시록을 반복해서 읽었던 것이다. 과거에는 그렇게 이해할 수 없고 터무니없이 보이던 것이 지금은 모두가 분명해졌다. 평화와 번영을 누리는 나라에 사는 사람들은 이 두 책에서 일어날 것으로 이야기하는 모든 것을 쉽게 이해할 수 없을 것이다.

사태의 변화는 놀라왔다. 적그리스도가 지상에 평화를 가져온 것이다. 전쟁의 구름이 낮게 깔려 있거나 실제로 전쟁에 참전하고 있는 나라들은 모두들 이 능력 있고 심오한 지식을 가진 사람과 동맹하기 위해 고심하고 있었다. 사람들의 눈에는 이 사람이야말로 온 세계가 오랫동안 갈구하던 바로 그 사람으로 비쳤다. 짐은 그들이 외치는 평화라는 것이 일시적이며 가짜 평화라는 것을 잘 알고 있었다. 그는 그 적그리스도가 주장하는 평화로 인해 멸망 받는 사람이 많을 것이라는 것을 다니엘서를 탐독하여 잘 알고 있었다.

세계 민족들이 안고 있던 숱한 고민거리들이 쉽게 풀려졌다. 위대한 정치가들이 오랜 동안 해결하지 못했던 난제들을 얼마 가지 않아 자칭 하나님의 아들이라는 위대한 슈퍼맨이 척척 해결해냈다. 그가 구세주라는 증거를 당장이라도 보여 줄 수 있다는 걸 의심하는 사람은 아무도 없었다. 유대인들은 그를 위해 생명을 바칠 각오가 되어 있었다. 그들은 수천 년 동안 대망하던 구세주가 이제 나타났다고 믿었다.

아무도 감히 길거리에서 그를 비난하지 못했다. 사실 그렇게 했다가는 무슨 화를 입을지 몰랐다. 어떻게 이 자가 하나님의 아들일 수가 있느냐고 사람들에게 입을 벌렸다간 쥐도 새도 모르게 그 사람의 집이 불타 버리거나 말을 꺼낸 장본인은 지상에 존재하지 못했다.

유대인들처럼 지상에서 최상의 행복을 누리는 사람도 없었다. 그들의 옛 성전이 재건되었고, 구약시대처럼 성전에도 예배나 제사가 집례 되었다. 그 영광이 극치에 달했다. 어떤 민족보다도 지상의 최고 권력자에게 선택받은 백성으로서 총애를 받고 있었다. 그는 자기 자신을 위해서 살지 않았고 모든 이익들을 그 백성들에게 공평하게 분배해 주었다. 그가 하나님의 아들인데 무슨 부족함이 있으리오.

불과 몇 달 사이에 휴거의 사실을 까맣게 잊어버린 사람들이 엄청나게 늘어났다. 그러나 짐은 뇌리 속에서 그것을 지울 수가 없었다. 갈보리의 십자가를 배척한 어리석음 때문에 뼈를 깎는 아픔을 맛보아야만 했다.

어느 날 아침 늦게 자리에서 일어난 루실이 말했다. "여보, 의사 선생님 좀 불러 주세요. 또 발작인가 봐요. 의사가 곁에 없으면 당장 죽을 것만 같아요."

짐은 깊은 한숨을 지으면서 전화기 쪽으로 다가갔다. 루실만은 놓칠 수가 없었다. 루실은 자신에게 남겨진 유일한 사람이기 때문이었다. 그녀 없는 삶을 더 이상 살아서 무슨 가치가 있으랴!

떨리는 손으로 그가 수화기를 들고 의사 윌슨 박사에게로 다이얼을 돌렸다. 신호가 길게 여섯 번 울렸다. 대답이 없었다. 짐이 실망한 나머지 포기하려는 순간 저 쪽에서 "여보세요." 라고 퉁명스런 목소리가 들려왔다.

"윌슨 박사 진료실인가요?" 짐은 사무적으로 물었다.

"그런데요?"

거친 목소리가 들려왔다. 잠시 짐은 당황했다. 그러나 곧 정신을 가다듬고 재치 있게 이야기했다.

"박사님, 감기가 심하신 것 같습니다. 목소리가 예전과 달라 보이는군요. 박사님, 많이 편찮으십니까?"

"천만에, 내 일생 중 이처럼 편하게 지낸 때는 또 없다네. 그날이 시작된 이후 나에게는 지상 최대의 날이 계속되고 있어. 이것은 절대로 과장이 아니지." 그의 목소리는 사뭇 거칠었다.

"선생님, 저의 집으로 왕진을 부탁합니다. 아내가 또 시작했지 뭡니까? 좀 서둘러 주시기 바랍니다."

의사는 짐의 말에는 아랑곳없이 "여보게 짐, 그 표 받았나?" 하고 물었다. 그 순간 짐은 수화기를 떨어뜨릴 뻔했다. 젠장, 또 그놈의 이야기군! 그 짐승의 표! 울화통이 터져 말이 나오지 않았다.

약간의 침묵이 흐른 뒤 의사는 말을 꺼냈다. "여보게 짐, 듣고 있나?"

"예, 이야기해 보세요." 짐은 다 죽은 목소리로 말을 더듬거렸다.

"자, 어서 이야기 좀 해보게. 그 안전의 표를 가지고 있는지."

"선생님, 설사 그 짐승의 표 이야긴 아니겠죠?" 짐은 조마조마해 하며 물었다.

시간이 정지하는 것만 같았다. 벽난로 위에서 째깍거리는 시계 소리

이외에는 온 주위가 쥐 죽은 듯이 조용했다. 저 시계소리 때문에 의사의 소리가 들리지 않는 건 아니겠지?

"그래, 그렇게 부르는 사람도 있지."

"그건 안돼요, 윌슨 선생님." 하고 짐은 소리쳤다. "그 표를 받으면 안돼요. 그건 운명의 표니까. 그 표를 받는 날엔 하나님과 영영 헤어지는 거예요. 지옥에서 온 마귀가 되는 거예요."

"아니 짐, 무슨 이야기를 그렇게 하지?" 하고 의사는 근엄하게 말을 막았다. "지금 세상이 어떤 세상인데 함부로 그런 이야길 하는가, 그건 모독적인 발언이에요. 다른 사람이 그런 이야길 했더라면 난 참지 못했을 거야. 말을 가려서 하게. 물론 자네가 몸서리쳐 하는 그 표를 역시 가지고 있네."

그는 자랑스레 말했다.

"그래, 자넨 신문도 안 읽고, 라디오 뉴스도 듣지 못했나? 어젯밤 열두시 이후로 모든 게 동결이야. 그 표가 없인 아무 것도 사고 팔 수가 없어졌어. 병원에서도 먼저 그 표를 보이고서야 치료를 할 수 있게 되어 있다네. 간호사도 먼저 그걸 받지 않고서는 환자를 돌볼 수 없지. 어리석게 굴지 말게. 자넨 자각이 있는 사람으로서 믿어 왔어. 우린 평생을 알고 지내는 사이잖아. 엄마 뱃속에서 나올 때도 곁에 있으면서도 도와 준 내가 아닌가. 언제 내가 몹쓸 걸 권한 적이 있던가? 그리고 그건 신경질환에 더 없이 훌륭한 특효약이야. 아침 이맘 때 쯤이면 날 괴롭혀 오던 두통도 이젠 말끔히 사라지고 말았지 뭔가. 지금은 전시(戰時)나 다름없어요. 그 때는 식량배급 통장이었지만, 이젠 그 짐승의 표일세. 지금이 훨씬 더 간편한 거지. 걱정할 필요가 없어요. 물론 당분간은 이 문제를 두고 법석을 떠는 사람도 있겠지만 곧 조용하게 될 것이네. 이 표가 없인 은행에서 돈을 찾을 수도, 식료품 가게에서 물건을 살 수가 없어요. 언제까지 고집을 부릴 수만도 없는 문제지. 이건 오늘날의 유행일세. 자네도 거기에 뒤지고 싶진 않겠지. 한 마디로, 그 표가 없으면 사람 축에도 끼지 못하고 마는 게야. 시내 곳곳에 파출사무소가 설치되고 있는 모양이야. 아침에 오다 보니 자네 집에서 두 구간 떨어진 곳에도 하나 있더군. 그 표만 받으면 내 기꺼이 진해 주겠어. 만약에 그 표가 없는데도 자넬 찾아갔다간 면허증은 고사하고 내 목숨까지 위태로운 판일세. 그 표가 없는 사람은 아무도 돌보지 말라는 엄격한 지시가 내려왔으니까. 이게 지금의 상황일세. 제발 어리석게 굴지 말아요. 내외가 그 표를 받거든 연락하게. 당장 달려감세. 아내를 사랑한다면 이런 간단한 것쯤이야 빨리 처리하고서 치료를 받아야 할 것이 아닌가."

쌀쌀한 인사를 던지며 의사는 거칠게 수화기를 내려놓았다. 짐은 얼이 빠진 사람처럼 전화기 앞에 서 있었다. 믿어지지가 않았다. 정말 그 의사가 그런 표독스런 이야기를 한 건가? 주먹을 불끈 쥐었다 폈다 하면서 그는 깊은 숨을 들이마셨다. 마귀의 행패가 무섭게 번지고 있었다. 이제 어떻게 할 것인가? 표를 받지 않고는 아내 루실을 치료할 방법이 정말 없단 말인가? 어떤 방법을 강구해야만 했다. 그가 찾으려고 한다면 그 길은 분명히 있을 것임에 틀림없다.

의사와의 전화 통화로 그는 넋이 나가고 말았다. 괴로워하고 있는 아내의 방으로 가 보아야 한다는 것도 잊었다. 너무나 통탄스러웠다. 늦기 전에 주님과 바른 관계를 가졌더라면 이런 비참한 지경에 빠지지는 않았을 것을. 이 때 갑자기 루실의 방에서 외마디 신음소리가 들리자 그는 정신이 돌아왔다. 그는 사경을 헤매는 아내의 방으로 달려갔다. 차가운 땀방울이 맺혀 방울져 흘러내리고, 입술은 자줏빛으로 변해갔다. 그녀는 아픔을 물리치려 발버둥 쳤지만 고통은 여전했다. 짐은 당장 손을 쓰지 않으면 안 되겠다는 생각이 들었다. 그러나 도무지 무슨 묘안이 떠오르질 않았다.

"하나님, 이 모야 이 꼴을 그냥 보고만 계시겠습니까?"

그는 말을 잇지 못했다.

그는 울먹이면서 기도하려 했지만 기도가 나오질 않았다. 하나님의 사람들이 데려감을 받은 뒤로 몇 번이고 기도를 해 보았지만 공연한 짓으로 끝난 것이 그 몇 번이었던가.

흑암의 마귀 세력이 온 주위를 둘러싸고 있으면서 기도하려는 그를 비웃고 있었다.

이제 이 세상은 마귀의 손에 넘어가고 말았다. 이런 때가 오고야 말 것이라는 이야기를 수없이 들었지만 그는 다른 많은 사람들과 마찬가지로 그걸 진지하게 받아들이지 않았다.

"여보, 의사 불렀죠?" 루실이 가냘픈 목소리로 말했다.

짐의 가슴의 고통은 더욱 빨라졌다. 어떻게 아내에게 사실을 이야기할 수 있으며 그녀는 또 이 충격을 어떻게 받아들일 것인가? 오, 불쌍한 아내! 짐은 울음을 참지 못했다.

"아니오, 못 온대요."

"안 온다고요? 의사가 없던가요?"

"아 … 아니오. 사 …사람은 있었어. 하지만 여보, 하룻밤 새에 세상이 뒤집히고 말았어요. 치료를 받으려면 돈 말고 또 다른 것이 있어야 한다오."

루실은 남편의 이야기를 이해하지 못했다. 짐도 그걸 알아차리고 있었다.

"전시에는 통조림 식품, 고기, 설탕, 타이어, 자동차, 건축 자재 등 등 모든 것이 동결됐었지. 그런데, 여보, 그 때처럼 배급통장 같은 건 필요 없지만 짐승의 표라는 걸 받아야 한다는 것이오."

짐은 무엇에 얻어맞기라도 한 듯이 몸을 움츠리며 말했지만 루실은 아무런 동요도 보이지 않았다. 그녀의 고통으로 가득 찬 눈은 마치 오갈 데 없는 불쌍한 아이의 눈길처럼 애절하기만 했다.

"그만한 돈도 없단 말이오, 짐? 이런 때를 위해서 저축해 둔 게 있잖아요. 이보다 더 긴급한 때가 어디 있어요?"

눈물방울이 창백한 그녀의 뺨을 굴러 하얀 침대시트 위로 떨어졌다.

"빨리 의사 좀 불러 오세요." 그녀는 매달리듯 소리쳤다.

짐은 그대로 서서 깊은 생각에 잠겼다. 믿을 수 없는 노릇이었다. 예수 믿는 어머니를 두었으며 주님께로 가는 길에 대해서 배워 알고 있는 짐에게 이게 무슨 꼴이란 말인가. 목사님들마다 이때가 얼마나 소름끼치는 날인가 하는 점을 설명하긴 했어도 아무도 이 지긋지긋한 상황을 자세하게 이야기해 주지 못했다.

"아니오, 여보. 돈이 드는 건 아니오." 그는 머뭇거리면서 말했다. "'공짜야, 공짜라고!' 의사는 그렇게 말했소. 그러나 우리의 영혼을 팔아서 그것을 사야 되는 일인데, 그것이 어떻게 공짜라고 할 수 있소." 짐은 그녀에게 다가서면서 말했다. "이봐요, 그 표를 사려면 영혼을 팔아야 하는 거예요. 그렇게 되면 우린 우리 아기나 어머님을 영영 보지 못하는 거야. 그러면 하나님을 찾거나 이 증오와 혼란의 세계에서 구원받는 기회를 영원히 상실하고 마는 거예요."

이 정도 이야기하면 그 표를 받는 일이 얼마나 무섭다는 걸 이해할 줄 알았지만 아내는 막무가내였다. 그녀의 몸은 불덩어리였으며 단말마의 고통을 이겨내지 못해 발버둥치고 있었다.

"여보, 당신을 치료할 수만 있다면 지금까지 저축한 걸 얼마든지 털어놓을 수 있어요. 하지만 영혼을 팔아 버리고 지옥에서 온 마귀 신세가 되는 것만은 생각해 볼 문제가 아니겠소? 여보, 지금까지 많은 고난을 겪었는데 그 표를 받고 이제 모두가 허사가 되고 말아요. 다시는 행복해질 수 없어요. 애기 슈와 어머님이 없이 그 동안 얼마나 쓸쓸했소. 그 표의 대가는 너무 커요. 도무지 감당할 수 없는 것이오. 조금 기다리면서 생각을 가다듬다 보면 틀림없이 무슨 방법이 있을 거요."

"짐, 지금까지 내가 당신과 애기에게 아내와 어머니 노릇을 못했단 말이오? 여보, 만약에 내가 당신 입장에 있다면 아무 것도 아깝게 여기지 않겠소. 안 그래요, 여보?"

그녀의 애걸은 너무나 가냘팠다. 그녀는 팔에 몸을 의지하면서 일어나 앉았다. 그녀의 까만 머리가 희미한 불빛을 받아 반짝거렸다. 한 가닥의 머리칼이 그녀의 한쪽 눈을 덮고 있었으며, 몹시 허약해 보였다. 어떻게 그녀의 청을 거절할 수 있겠는가? 아내에 대한 짐의 사랑은 지극했다. 그녀는 자상한 아내였다. 그녀는 예수 믿는 아내는 아니었지만 자기 역시 예수 믿는 남편도 아니었다. 자신이 데려감을 받지 못한 것은 그녀 탓이 아니었다. 그녀를 인도하지 못한 건 자신의 잘못이었다. 만약에 그가 너무 늦기 전에 주님과 올바른 관계를 가지고 크리스찬의 삶을 영위했더라면 아내의 이런 고통을 막을 수도 있었을 것이다. 그는 기로에 서 있었다. 그에게는 그 표를 받는 것 이외에 달리 길이 없어 보였다.

"알았소." 하고 부드럽고 떨리는 목소리로 말했다. "곧 돌아오겠소. 가능한 한 견뎌 봐요. 금방 치료받게 될 거요."

짐은 허리를 구부려 아내의 이마에 입을 맞추었다. 눈물방울 하나가 그의 뺨을 굴러 그녀의 얼굴에 떨어졌다.

짐은 자기 어머니의 성경을 들고 뒤적였다. 여기저기 재림 대목에 줄이 그어져 있었으며, 눈물자국이 널려 있었다. 자상한 어머니께서는 이 약속을 읽고 자식이 너무 늦기 전에 주님 맞을 준비를 갖추기를 바라는 마음으로 간절하게 기도하면서 흘린 눈물이었다.

시간이 흘러 어머님의 말씀대로 휴거가 일어났으며 홀로 뒤에 남은 자신은 이제 영혼을 팔아넘길 판국에 직면해 있었다.

"하나님!" 하고 그는 기도했다. "절 구원해 주세요, 절도와 주십시오."

그는 자기 어머님의 성경을 껴안으면서 부드러운 가죽으로 된 겉장에 마지막으로 입을 맞추었다. 어머님께서 계셨더라면 일을 잘 처리할 수 있었을 텐데. 그녀는 어려운 일이 있을 때마다 그 처방을 알고 계셨었다.

마침내 그는 성경에 얽힌 어제의 기억을 뒤로 하고 모자를 집어 들고 현관문을 나섰다. 그는 마음의 결정을 내렸다. 그 표를 받기로 한 것이다. 팔이나 다리, 눈이 아니라 영혼을 팔러 가는 모습을 상상해 보라. 그 얼마나 끔찍스런 광경인가! 두 다리, 두 눈, 두 손을 파는 건 몰라도 영혼을 파는 것만은 참으로 견딜 수 없는 노릇이었다. 짐은 일생에 걸쳐서 어느 날엔가 천국에 가겠다는 계획을 세우고 있었다. 그러나 지금은 자신의 운명을 영원히 결정하고 말 순간에 직면해 있었다. 거리를 따라 내려가면서 그는 자신의 어머님께서 항상 그러셨듯이 기도하고 계시는 것 같은 착각에 빠지기도 했다. 분통이 터질 노릇이었지만 지금 이 시각에 당할 운명에 대한 준비의 기회는 이미 훨씬 이전에 숱하게 지나가고 말았다.

자기 쪽으로 오는 한 사람이 있었는데, 짐은 유심히 그를 살펴보았다. 가까이서 본 그의 모습은 지금까지 그가 인간들에게서 본 그런 모습이 아니었다. 그의 눈은 마치 불화살 같았는데, 그런 눈을 하고서 그는 짐을 똑바로 쳐다보았다. 이상한 표가 그의 이마에 뚜렷하게 찍혀 있었다. 그것이 바로 짐승의 표였다. 그가 곁으로 지나가자 짐은 마치 마구의 곁을 지나는 것처럼 느껴졌다. 자기도 저 모양을 하러 가고 있다는 생각을 하니 저절로 한숨이 나왔다. 한번 쳐다보아서 그 사람이 주님과 올바로 될 수 없다는 걸 알아차릴 정도라면 이 얼마나 끔찍스런 노릇인가. 짐은 치를 떨면서 돌아서서 사라져 가는 사람을 바라보았다.

그는 페어뷰 교회를 지나면서 다시 한 번 들어가고 싶은 충동을 느꼈다. 채색된 유리창의 건물이 눈길을 끌었는데, 그걸 보니 만세 반석 되시는 예수님 생각이 떠올랐다. 그는 공손하게 문을 젖히고 예배실로 들어섰다. 서서히 그는 의자 사이를 걸어 나갔다. 수백 번 오간 곳이었지만, 오늘 아침 따라 전에 없이 그의 마음을 사로잡았다.

몇 분 동안 사랑하는 어머님께서 즐겨 앉으시던 자리에 앉아 있노라니 눈물이 비 오듯 쏟아졌다. 그 얼마나 그 자리에 앉아 예배하는 하나님의 백성이 부러웠는지 모른다.

수백 수천의 사람들이 그 제단을 통해서 승리의 길로 나섰지만 끝까지 견디면서 데려감을 받은 자는 몇 명이었던가? 그는 그 제단 앞에 엎드려 보았다. 도무지 기도하고픈 마음이 생기질 않았다. 어두운 마귀의 세력이 그를 너무 거세게 누르고 있었기 때문에 기도의 말조차 나오지 않았다.

그는 지금 하려는 일에 대한 우울한 감정 때문에 도저히 자신을 가늠할 수 없었다. 그는 교회 현관에 서서 마지막으로 머뭇거리면서 작별을 고했다. 눈물이 앞을 가렸다. 갑자기 돌아서서 교회 층계를 달려 내려가 영혼 파는 사무소로 달음질했다. 제이크 주유소 관리인인 닉이 버트 밀의 가스탱크에 가스를 채우고 있었다. 짐은 닉의 이마에 있는 그 짐승의 표를 보고서 깜짝 놀랐다. 〈버트에게는 그 표가 없겠지.〉하고 그는 생각했다. 〈그런데 의사 말대로 모든 것이 동결되었다면 어떻게 버트가 가스를 받을 수 있지?〉바로 이 때 버트는 가스 값을 내면서 손을 펴 보였다. 오른 손바닥에 그 짐승의 표가 찍혀 있었다. 자기 어머님과 교회에 대한 가슴 아픈 기억들이 마음을 내리누르는 걸 참으면서 그는 사무소를 향해 걸어갔다. 한참 가다 보니 큰 검정 글씨로 된 ‘여기서 표를 받으시오' 라는 큰 간판이 문 위에 걸려 있었다. 그 건물은 조그만 조립식이었다.

짐은 2,3분 동안 머리끝부터 발끝까지 굳어진 채 문 밖에 서있었다. 되돌아갈 수는 없을까? 꼭 그러고만 싶었다. 하나님의 영이 그의 마음을 지도하고 있었지만, 루실을 위해서 꼭 그걸 받지 않으면 안 된단 말인가? 하늘은 여전히 푸르렀으며, 새들은 나뭇가지를 오가면서 지저귀고 있었다. 하지만 이 따스한 햇살과 행복은 짐의 마음과 무관했다.

그는 부들부들 떨면서 용기를 내어 그 조그만 사무실 문을 들어섰다. 그 방에는 크나큰 검정색 책상과 위에 놓인 번쩍이는 그 기구뿐이었다. 험상궂은 사나이가 삐걱거리는 의자에 앉아 있었다. 그의 눈은 불꽃 화살과 같았으며, 생김새는 꼭 그 짐승과 다름없었다. 마귀의 역사가 얼마나 세던지 짐은 자기도 모르게 딱딱한 바닥에 무릎을 꿇었다. 뭔가 눈에 보이지 않는 힘이 그에게 손을 뻗히고 있었다. 몸을 홱 돌려 달아나려 해 보았지만 바로 그때 "여보, 내가 당신이라면 뭐든 아끼지 않겠어요." 하던 아내의 음성이 들려오는 것만 같았다. 그는 아내를 낙심시키지 않기 위해 치료를 받게 해 주마고 약속했었다. 이제 와서 어떻게 그 약속을 깨뜨리고 그 표를 받지 않기로 했으니 의사도 오지 않을 것이라는 이야기를 할 수 있단 말인가?

"안 돼, 그럴 순 없어. 그건 어차피 내가 치러야 할 대가야. 달리 방도가 없어." 그는 중얼거렸다.

책상 뒤에 앉은 사람이 빈정댔다. "두려워할 거 없어요. 나도 마찬가지였지만 이젠 조금도 두려운 게 없어요. 당신의 소심증에 이보다 더 훌륭한 특효약도 없을 거요. 당신, 그 성경이라는 케케묵은 책 때문에 두려워서 그러죠? 그건 온통 썩어빠진 미신 덩어릴 뿐이오. 이 표를 받고 나면 내 말이 생각날 거요. 더 이상 그 책 같은 건 존경하고픈 생각이 싹

가시고 만다니까요. 사실 당신은 일생 동안 당신을 괴롭히고 재미를 보지 못하게 한 그 불안을 두고두고 저주하게 될 거요."

짐은 소리쳤다.

"작작해 두시오. 그렇게 날 괴롭히지 말고 빨리 그거나 해치워주세요."

짐이 그 조그만 사무소에서 짐승의 표를 받으려고 서 있는 순간 죽음의 천사는 루실의 침실로 날아들었다.

"난 죽지 않을 거야!" 그녀는 몸부림치면서 소리쳤다. "제발 하나님! 절 이대로 죽지 말게 해 주세요! 전 악하게 살아왔습니다. 당신이 살아 계신 걸 불신한 걸로 말해 왔지만 사실은 내내 당신의 존재를 알고 있었습니다. 오, 하나님, 전 이대로 죽을 수는 없어요."

그녀는 미친 듯이 온 방안을 휘 둘러보았다.

"어머님, 제발, 빨리 여기 오셔서 기도 좀 해 주세요. 저 죽어요. 이제 몇 분만 있으면 영원히 하나님 없는 세상으로 가고 말거예요. 당신이 말하는 구원을 믿지 않노라고 말했지만 성경이 그걸 가르치고 있기 때문에 그게 옳다는 걸 알고 있었습니다. 그저 철학적인 냄새를 피우려 했을 뿐이에요. 그래서 그처럼 뻔뻔스럽게 굴었을 뿐이랍니다. 제발, 어머님, 절 용서하세요. 어서 오셔서 내 영혼이 하나님을 찾게 해 주세요."

자신의 소리만 온 방안을 꽉 채우고 있을 뿐이었다. 그게 가능한 일이었다면 콜린스도 기꺼이 왔을 것이다. 루실은 너무 때 늦게 도움을 청했던 것이다. 콜린스는 영원히 주님 곁으로 가고 없는 몸이었다. 다시 루실은 소리쳤다.

"사람 살려요! 지옥의 마귀들이 날 그놈의 지옥으로 데려가려고 이 방에 와 있어요! 이걸 어쩌면 좋담! 아, 지옥의 불길 ...... 그 속으로 빠져드는구나!" 그녀는 다시 소리 지르려 했다. 그녀의 영혼이 눈을 떴을 때는 벌써 지옥이었다. 영원한 고통을 당해야 하는 지옥이었다.

방 안에서 움직이는 것은 커튼을 흔들어 주는 미풍뿐이었다. 루실의 육신은 더 이상 움직이지 않았다.

바로 그 순간 짐은 그 마귀처럼 흉측한 얼굴을 하고서 그 번쩍거리는 기구를 손에 들고 있는 사람 앞에 서 있었다. 만약에 짐이 루실의 죽음을 알았더라면 그는 그 방을 뛰어나갔을 것이다. 그러나 때는 늦었다.

그는 오른손을 내밀며 "자, 여기다 찍어 주세요." 하고 말했다.

짐을 똑바로 쳐다보면서 사무소 직원이 말했다. "아니, 왜 이마에다 맞지 그래요? 그럼 잘 보일 텐데. 그래야 다른 사람들도 그걸 보고 맞으려 할 텐데."

짐은 이를 부득부득 갈며 대답했다. "잔소리 말고 어서 해치우기나 하세요! 이마는 안돼요! 그게 무슨 자랑거리라고! 내가 이걸 받고 싶어서 받는 거예요?" 그는 흐느끼면서 말했다. "내게도 누구보다 훌륭한 어머님이 계셨어요." 부들부들 떨리는 입술을 하고서 그는 말을 이었다. "그 어머님께서 이때에 대해서 말씀하시면서 주님 맞을 준비를 하라고 경고하셨지요. 내 말이 곧이 듣기지 않겠지만, 사실입니다. 난 흑암 속에 있는 사람이 아닙니다. 난 주님께서 오셨으며, 하나님의 백성이 위로 데려감을 받을 것을 잘 알고 있어요. 날 얼빠진 사람으로 쳐다보지 마시오. 사실을 이야기하고 있으니까요. 자! 어서 그 표를 찍어요. 빨리 아내를 치료해야 하니까요!"

두 줄기의 커다란 눈물방울이 감긴 눈썹에서부터 창백한 뺨으로 흘러내렸다. 자신의 영혼을 팔아넘기는 순간이었다. 어머니 콜린스의 그 모든 기도가 응답받지 못한 기도가 되었으며, 주님의 죽음이 그에게는 허사였다.

사무소 직원이 그 번쩍이는 도구를 들어 올렸다가 짐의 손바닥을 향해 내려찍고 있었다. 그 도구는 점점 짐의 손바닥으로 다가왔다. 그것은 얼음보다 더 차가왔다. 그 무엇인가가 짐의 팔 안을 치솟아 심장으로 내달았다. 그 순간 놀랍게도 그의 모습이 변해 버렸다. 마술에 걸린 것처럼 그는 다름 모습으로 변해 버렸다. 그의 눈은 번쩍였고 그의 입은 비웃는 모습으로 비뚤어졌다. 짐은 욕 같은 거라곤 전혀 할 줄 몰랐었는데 이제는 그의 입에서 욕설이 급류처럼 흘러나오고 있었다. 얼마나 큰 변화가 그에게 온 것인가!

짐은 누군가를 노스메인가(街) 305번지로 보내어 자기 아내에게 표를 찍도록 부탁하고, 마치 미친 사람처럼 햇빛이 쏟아지는 거리로 뛰어 나왔다. 그는 하늘을 쳐다보면서, 정말 하나님이 존재한다면 내려와 보라고 거침없이 대들었다. 그리고 자신이 생각할 수 있는 갖은 욕설과 추악한 말로 하나님을 저주했다. 자신을 완전히 마귀에게 팔아넘긴 그였기에 얼마든지 욕을 할 수 있었다. 짐은 마귀가 지옥의 사자처럼 마음대로 사용하기 위해 자기 손에 쥐고 있는 하나의 도구에 불과했다. 그의 마음은 성경과 하나님의 백성들에 대한 미움으로 가득 차 있었다.

"우리 어머니는 아주 구닥다리 같은 노파였어." 그는 거리를 걸으면서 중얼거렸다. "나에게 그런 소름끼치는 허튼 소리나 해댈게 뭐람! 내 죄를 위해 죽은 사람이 있다고? 내 영혼을 구해줄 사람이 있다는 걸 믿으라고? 그거야말로 정말 터무니없는 말씀이었지. 이젠 다른 사람들과 함께 어느 구석에 숨어 있으면서 세상 사람들이 자기들을 자기들의 주라는 자가 와서 데리고 같다고 믿게 하려고 하신단 말씀이야. 세상에 어떻게 그런 일이 일어날 수 있단 말인가! 엉터리야. 정말 거짓말투성이야. 어머님은 나를 미신덩어리 속에서 키우셨어. 하지만 이젠 난 자유야, 자유!" 하고 그는 소리쳤다.

그는 고개를 뒤로 젖히고 소름끼치는 웃음을 터뜨렸다.

"드디어 자유를 찾았다. 아! 통쾌한 자유를! 그 지긋지긋한 책이 이젠 조금도 두렵지 않거든. 참 바보 같이 그 따위 책을 두려워하다니."

짐의 마음속에는 그 적그리스도에 대한 사랑이 크게 싹텄다. 전에는 그처럼 철저하게 미워했었지만 지금은 그를 사랑하고 숭배하게 되었다. 의사는 그 표를 특효약이라고 말했고, 사무소 직원도 그렇게 말했었다.

"정말이야. 그들의 말이 옳았어." 짐은 소리쳤다. "내 마음이 근래에 오늘처럼 평온해 본 일이 없었거든. 이 표만 있으면 루실의 병은 거뜬히 나을 거야."

그는 그의 손에 있는 표를 마냥 쳐다보며 대견해 했다.

"이 표를 이마에다 받을 것을 그랬지? 그래야 모두들 볼 수 있을 텐데." 그는 거리를 거슬러 올라가면서 큰소리로 말했다.

짐의 눈에서는 인간에 대한 소망과 사랑의 빛이 사라져갔다. 짐은 표를 받기 위해 가고 있는 많은 사람들을 지나쳐 가노라니 그 표를 받기로 결심한 사람들을 하나하나 가려낼 수 있었다. 마음속으로 짐승과 그 표에 대해 반역하는 사람을 지나칠 때면 짐의 마음은 증오로 끓어올랐으며, 죽이고 싶은 심정이 되었다. 그는 참되고 유일한 신인 살아 있는 그의 주님, 곧 그 짐승을 마음에 받아들이지 않는 자는 살아 있을 자격이 없다고 생각했다. 마침내 짐은 모든 하나님의 백성과 주를 섬기는 모든 사람들에 대한 미움으로 가득 찬 마음이 되어 집에 도착했다. 그가 현관문을 거칠게 발로 차 열고 거실로 들어가자 제일 먼저 그의 어머니의 성경이 눈에 띄었다. 그의 입에서 다시 욕설이 터져 나왔다. 그는 성경을 노려보다가 증오로 부들부들 떨면서 성경을 벽난로 속으로 던져 넣었다.

입술에 징글맞게 만족한 미소를 띠면서 그는 루실의 침실로 서둘러 갔다. 온 사방이 조용했다. 잠시 주춤하다가 그는 거친 목소리로 "여보." 하고 나직이 불렀다.

아내가 죽은 것을 미처 깨닫지 못한 그는 아내를 가볍게 흔들었다.

"여보, 당신은 곧 나을 거요. 당신이 나보고 그 표를 받아오라고 고집하길 잘 했어요. 내 생애 중에서 이처럼 놀라운 경험은 처음이오. 난 새 사람이 된 기분이오. 당신 걱정도 곧 끝내게 될 거요." 그는 사랑스럽게 말했다. "당신이 이 표를 받은 다음에는 윌슨 의사가 올 필요가 없을 것이오. 아마 이 표가 가장 좋은 특효약이 될 거요."

순간 그는 아내 몸이 무척 차다는 걸 느끼고 조금 더 가까이 그녀에게로 몸을 굽혔다.

"루실!" 그는 소리쳤다. "루실!" 그러나 아무 응답이 없었다. "당신을 낫게 할 처방을 가져왔는데, 날 두고 떠나면 어떻게 한단 말이오."

절망과 슬픔에 쌓여 그는 아내를 거칠게 흔들었으나 아무 반응이 없었다.

"당신이 죽다니." 그는 정상적인 사람이라면 누구나 소름이 끼칠 그런 괴로운 목소리로 외쳤다.

천정을 쳐다보면서, 마치 하나님의 얼굴을 보며 말하는 것처럼 주먹을 휘두르며 거친 욕설로 그는 말했다. "당신이 이렇게 한 거요. 당신은 소위 하나님이라지만, 이 우주의 하나님은 아니오. 신은 오로지 한 분뿐이오. 난 그가 누군 줄 알아요. 그가 당신을 굴복시킬 거요." 그는 단호하게 말했다. "당신은 인간들에게 고통을 가져 왔을 뿐이오. 당신은 많은 사람들을 기만해서 자신을 섬기게 했고. 하지만 그 참된 신이 나타나셔서 세상에 당신의 정체를 드러내셨소. 당신의 모든 존귀와 영광은 다 벗겨질 거요. 알아듣겠소!" 그는 고래고래 소리 질렀다.

의자에 털썩 주저앉아서 그가 계속 하나님을 저주하고 있을 때 초인종이 울렸다. 그는 서둘러 현관문으로 걸어갔다. 거기에는 이마에 표를 한 샘 퍼거스가 손에 빛나는 기구를 움켜잡고 루실에게 표를 찍어 주려고 서 있었다.

"너무 늦었어요. 이미 죽었으니까요." 짐이 투덜대며 말했다. 그 사람은 퉁명스럽게, "시체는 어디 있소?" 하고 물었다.

짐은 침실 쪽을 가리켜 보이면서 장의사에 연락하여 시체를 가져가도록 부탁하려고 전화기 쪽으로 다가섰다. 맙소사, 장의사 관리인은 그 시체에 표가 찍혀 있느냐고 묻지 않겠는가.

"아니, 아닌데요." 라고 짐이 대답했다. "아내에게 그 표를 찍으려고 퍼거슨 씨가 도착했지만 너무 늦게 도착한 겁니다. 영광스러운 그 표를 받지 못한 아내가 안타깝기만 하군요."

"시체에 표가 없으면 나는 그걸 정중하게 처리할 수 없답니다. 지시가 내려왔어요. 그 표가 없는 시체는 트럭에 실어다가 개처럼 묻어 버리라는 지시 말입니다. 사실 말해서 우리 주님의 표를 받기 싫어하는 자들은 그래도 싸죠. 뭐 그런데 댁이 남편이라고요? 아내가 꼭 그 표를 받고 싶어 했던가요?"

"그렇습니다." 짐은 무뚝뚝하게 대답했다. 짐은 상대방이 너무 꼬치꼬치 캐묻는 것이 아니꼽고 싫었다.

"그렇다면 우리 주님의 표를 그 시체에 받아 보세요. 그럼 내 속히 가리다." 바로 이 때 샘 퍼거스가 짐의 눈과 마찬가지로 마귀의 힘을 번쩍이면서 루실의 시체가 놓여 있는 방으로 통하는 문에 들어서고 있었다.

"그렇군." 하고 그는 무뚝뚝하게 말했다. "죽었구먼." 그는 자기가 도착하기도 전에 하늘의 하나님이 그녀의 목숨을 앗아간 걸 저주하면서 방문을 나서려 했다. 이 때 짐이 그를 붙잡았다.

"기왕에 오셨으니 어서 가서 시체에라도 그 표를 찍어 주시죠. 장의사에 연락해 봤더니 그게 없으면 치워 주지 않겠다는군요."

샘은 좌우간 도장을 찍을 수 있어서 반갑다는 표정으로 다시 방으로 들어섰다. 표가 이마 위에 찍혔지만 그것이 루실에게 아무 의미가 없었던 것이다. 그녀의 영혼은 이미 하나님 없는 영원 속에 빠져 있었기 때문이다.

샘 퍼거스가 떠나자 짐은 벽난로 앞에 앉아서 표를 맞고 들어서면서 내던진 어머니의 성경을 다시 집어 들었다. 마귀의 힘을 얻어 흥이 난 그는 성경책을 한 장 한 장 찢어내기 시작했다. 한참 찢어낸 다음에 그는 거기에 성냥불을 그어댔다. 삽시간에 불길이 번져 재가 되어갔다. 그러는 동안 짐의 얼굴은 마귀의 즐거움으로 넘치고 있었다.

"이 빌어먹을 책 같으니라고. 다시는 누구도 속일 수 없을 걸."

그러나 짐은 성경을 찢어 불사를 수는 있었지만 사랑하는 어머님이 그의 마음에 심어 놓은 말씀은 제거할 수 없다는 걸 깨닫지 못하고 있었다. 그 말씀은 하나님의 말씀이요, 생명이 있는 말씀이었다. 사람의 말은 2, 3분도 안 되어 사라지고 말지만 하나님의 말씀은 수명은 영원하다.

짐은 지금까지 들어 본 일이 없는 욕지거리를 마구 퍼부으면서 어머니의 성경을 갈기갈기 찢어댔다. 어머니가 하늘 가시는데 사용한 지도를, 어머니에게 생의 숱한 문제를 해결하게 하고 이 몸서리치는 대환난 기간을 피할 수 있게 해 준 바로 그 귀한 책을, 짐이 하나님 말씀의 마지막 장을 찢어버리는 순간 저 아랫길에서 무서운 소리가 들려왔다. 그 시끄러운 소리에 많은 사람들의 비명소리가 섞여 있었던 만큼 짐의 가슴은 더욱 두근거렸다. 재빨리 유리창으로 달려가 커튼을 열어젖히면서 무엇 때문에 그렇게 떠드는가를 살펴보았다. 갑자기 더 없이 아름다운 자주색 말이 눈에 들어왔다. 그 말에 탄 사람은 검정 옷을 입고 있었으며, 오른손에 번쩍거리는 긴 칼을 들고서 미친 듯이 휘젓고 있었다. 그는 미친 듯이 왔다가 또 미친 듯이 사라졌다.

짐은 가슴을 조이며 다음엔 또 무슨 광경이 벌어질 것인가를 기다리고 있었다. 이어서 그는 창문 쪽에서 현관 쪽으로 움직였다. 저 멀리 길 끝까지 늘어선 사람들이 모두 엉켜서 싸우고 있었다. 그 붉은 말 탄 사람이 가는 데마다 전쟁이 벌어졌다. 참으로 끔찍한 광경이었다.

날이 지나감에 따라 짐은 그 붉은 말과 거기에 탄 사람이 무엇인가를 제대로 알아차렸다. 전쟁이 벌어진 것이었다.

표를 가진 사람들의 마음에 무서운 증오심이 생긴 나머지 누구든 그 표를 받지 않으면 죽이려 덤비게 되었다. 짐승의 표를 받지 않고 그 짐승에게 절하지 않으려는 사람들에 대한 대핍박이 시작된 것이다. 이곳 저곳에 현수막이 걸려 있어서 그 짐승의 정권에 종사하는 자들에게 반역자들을 제거하고 영원한 평화의 정부를 세울 것을 지지하고 있었다. 짐은 그 포스터를 읽고서 등록하기 위해 재빨리 칼빈 언덕으로 달려갔다. 도착해 보니 이미 그 짐승의 표를 받은 많은 사람들이 도착해 있었다. 이들은 큰 방으로 안내되어 이곳저곳의 탁자 주위로 앉았다. 사회자 론설로트 브라우님은 거무잡잡하고 흉측하게 생긴 사람으로서 그의 오른쪽 뺨에는 두 개의 흉터가 깊숙하게 나 있었으며, 눈은 마귀의 세력으로 번쩍거리고 있었다.

그의 말은 거침새가 없었으며 그의 소름끼치는 목소리는 온 방안을 뒤흔들어 놓고 있었다.

"여러분, 여기에 여러분을 모신 것은 다름이 아니라 현수막을 통해서 이미 알고 계신대로 이 세상에서 반역자와 배반자들을 제거하기 위해서입니다. 우리의 목표는 온 세상이 한 정권 아래 하나로 뭉치는 데 있습니다. 그리스도인이라는 자들이나 짐승 이외의 다른 하나님께 기도하는 자들은 모조리 이 본부로 붙잡아다 취조하도록 해야겠습니다. 우리가 많은 사람을 굴복시켜 우리 사람으로 만들수록 우리는 그만큼 더

강해지는 것입니다. 우리는 저들의 어리석은 짓거리를 조금도 용납해서는 안 되겠습니다. 다들 알아들었죠?"

그는 고래고래 소리쳤다.

"사람들에게 마음을 고쳐먹게 하는 방법은 갖가지입니다. 이 정권에서는 그 어떠한 고문도 너무 가혹한 것으로 여기지 않을 것입니다. 잔인하면 잔인할수록 훌륭한 것입니다. 여러분이 이단자들을 잡아 고문해서 그들의 입에서 재빨리 살려달라는 소리를 나오게 한다면 그만큼 여러분들은 훌륭한 공로를 세우는 겁니다. 여러분들의 노력에 대해서는 큰 상이 내려질 것입니다. 한 치의 동정도 있을 수 없습니다. 여러분 중에 친구건 사랑하는 사람이건 표를 받게 하는 데 실패하는 사람이 있다면 당장 처형당하고 말 것입니다. 사적인 감정을 내세워 이 짐승께서 원하는 사업을 그르칠 수는 없는 노릇입니다. 그러므로 여러분의 친구들 가운데 우리에게 거추장스러운 사람이 있을 경우 조금도 사랑이나 동정을 발휘하는 일이 없도록 해야 하겠습니다. 자, 여러분, 다음 방에 가시면 여러분의 정복이 마련되어 있습니다. 당장에 시작하십시오. 나가서 표가 없는 놈은 모조리 붙잡아 들여오는 것입니다. 지금까지 의사가 있었다면 얼마든지 스스로 받았을 것입니다. 이젠 무력을 사용할 수밖에 없습니다. 여러분은 정규 봉급 이외에 잡아오는 숫자만큼의 특별수당을 받게 될 것입니다. 이상이오. 자, 어서 정복으로 갈아입도록 합시다."
이윽고 론설로트는 성큼성큼 방을 나갔다.

짐은 다른 사람들을 따라 정복을 받으려고 다음 방으로 건너갔다. 그 옷에는 황금단추가 달려 있었으며, 모자와 두 소매에는 짐승의 표가 찍혀 있었다. 그는 이것을 대견스런 마음으로 주워 입고 있었다. 그의 웃옷 왼편 가슴에는 큰 은배지가 달려 있었는데, 그것은 이 짐승 정권의 권리를 위임받았다는 상징이었다.

모두들 옷을 입고 나서 처음 지시받은 방으로 돌아가 짐승의 정권에 서약하기 위해 줄을 서라는 통고가 있었다.

　모두 그 방에 들어가 줄을 서고 있자니 론설로트 브라우닝이 차렷 자세를 하고서 맨 앞에 서서 똑바로 앞을 보고 소리쳤다.

　"일동 차렷! 우리의 신(神), 주님의 초상화에 주목하고 오른손을 들고 복창할 것!"

　사람들은 지시받은 대로 엄숙하고 정숙하고 조용하게 따라 했다. 그가 능글맞은 웃음을 띠고 시작하자 모두 그대로 따라 했다.

　"선서, 나는 있는 힘을 다해 이 세계에서 배반자들과 반역자들을 제거할 것을 짐승 각하 앞에 맹세한다. 짐승 각하 이외의 다른 신에게 기도하거나 예배하는 자를 만나면 내 피라도 쏟아서 그를 개종시킬 것이요, 그를 따르지 않을 때는 죽여 버리겠다. 어떤 이유를 인정함이 없이 나에게 주어진 권한에 따라서 사람들을 감옥으로 몰아 쳐 넣고 복종하거나 죽을 때까지 고문하겠다. 이제 손을 내릴 것." 하고 그가 엄하게 말했다. "이제 마지막 순서가 남았소." 그는 옆 탁자에 있는 황금술병을 들어 빨간 술을 다이아몬드, 사파이어, 자스퍼 같은 보석이 박힌 황금 잔에 따랐다. "이건 이제 잡아 죽인 한 그리스도인의 피요. 하나님을 포기하지 않고 짐승님께 예배하지 않겠다는 자의 피 말입니다." 그는 당당하게 이야기했다. "이 잔이 돌아갈 때 각자 한 모금씩 마셔요. 그리고 여러분 모두가 모든 그리스도인들과 그 추종자들의 피에 대해 갈증을 느끼게 되길 짐승님의 이름으로 기도합니다."

　그리고 한쪽 옆구리에는 권총을, 다른 쪽 옆구리에는 번쩍거리는 칼을, 그리고 앞가슴에는 황금 줄에 붙은 호루라기를 마지막으로 그들의 무장이 끝났다. 이제 그들은 짐승의 존귀와 영광을 피로서 외치는 준비 작업을 완료한 셈이다.

그들은 짐승에게 충성을 다하기 위해 재빨리 그 방에서 나와 이 집 저 집을 열심히 뒤지며 그 표가 없거나 그걸 받으려 하지 않는 자들을 모조리 색출하기 시작했다. 짐승이 봐 주기로 정해 놓은 마감날짜는 이미 끝난 것이다.

무수한 사람들이 감옥으로 끌려와 회개하고 표를 받을 기회를 얻었다. 그래도 듣지 않을 경우에는 고문이 시작되었다. 그 표가 없이 다른 건물의 후미진 곳에서 이 광경을 지켜보고 있던 자들은 이 끔찍한 모습을 보고 망연자실했다. 휴거가 일어났을 때 미지근한 상태에 있던 많은 사람들은 하나님 앞에 엎드려 자신들의 잘못을 고백하고 용서를 빌었다. 믿기는 믿되 뒷전에서 어정쩡하게 지내던 자들도 하나님께 매달리며 하나님의 아들의 피가 자신의 영혼을 감쌀 때까지 기도했다. 하나님의 아들의 재림으로 감동을 받은 죄인들은 용서를 받았다. 그러나 이 모든 사람들은 자신들의 피로 그 증거를 입증하지 않으면 안 되었다.

오만불손한 사람들이 불쌍한 남녀들을 죽이는 모습은 처절하기 짝이 없었다. 이단자를 불태우기 위해 쇠기둥과 쇠줄이 설치되었다. 어떤 하나님의 성도는 피투성이 얼굴로 그 형틀에 끌려가면서, "아냐! 난 그 짐승이나 동상에게 절하지 않아! 하늘에 계신 하나님, 그분만을 나는 섬기겠어!" 라고 절규하는 모습을 지켜본 사람들은 그 애틋한 모습을 좀처럼 잊을 수 없었다.

그를 사형 틀에 매달고 장작더미를 갖다 놓은 다음에 다시 물었다. "표를 받겠나?" "아니오!" 그의 대답은 거침이 없었다. 이어서 휘발유를 장작더미에 흥건히 부은 다음에 "하나님에 대한 신앙을 포기할 것인가?" 하고 다시 물었다. "어림없는 소리 그만 작작하시오!" 라는 자신만만한 대답이 나왔다.

노발대발하는 소리와 함께 불이 지펴지고, 시뻘건 불길이 그 희생자를 게걸스레 핥기 시작했다. 당당한 성도는 소리치지 않으려고 이를 악물었지만 단말마적인 고통의 비명이 그의 타는 입술을 통해 흘러나오는 것은 어쩔 수 없는 노릇이었다.

마귀로 가득 찬 사람들이 모여 짐승에게 영광과 존귀를 돌리고 있을 때 천사들은 불타는 자들의 영혼을 하나님께 설계해서 지어놓은 천상의 도시로 안내해 갔다.

쥴리아나 케트너라는 17세 소녀의 차례였다. 그녀에게 엎드려서 짐승의 동상 앞에 절하고 목숨을 건지라는 이야기를 하자, "아니오. 할 수 없어요. 난 싫어요." 하면서 울먹였다.

그녀는 마치 통돼지구이를 만들 멧돼지마냥 무거운 밧줄로 쇠기둥에 휘휘 감겨졌다. 이어서 불이 지펴지고 불길이 높이 치솟아 재가 되기까지 고스란히 태워졌다. 그녀는 풀려나려고 발버둥 쳤지만 쓸 데 없는 일이었다. 그녀의 비명은 온 사방으로 메아리 쳐 울리고 또 울렸다. 멀리서 숨어서 그 모습을 지켜보던 자들은 당장 달려가서 그녀를 구하고 싶었지만 거기에 경비대가 있다는 걸 깨닫고는 포기할 수밖에 없었다.

사형집행관은 소녀를 화형 기둥에 매달았다. 불길이 치솟자 그들의 환호성이 충천하고 역겨운 냄새가 짙은 공간을 물들이고 있었다.

사형집행을 줄 서서 기다리는 성도들은 그 광경에 눈을 감았다. 눈앞에 보는 그들의 잔악함에도 성도들은 신앙을 굳게 지킬 것을 다짐했다. 저들의 영혼 속에 물결치는 환희는 주님을 만나는 일 뿐이었던 것이다.

크리스찬을 처형하는 짐승 정권의 방법은 실로 다양했다. 짐승의 표를 받지 않겠다는 거절은 곧 사형언도 전의 최후진술이었다. 어떤 이는 불에 태워 죽임을 당했고 어떤 이는 사자 굴에 던져졌고, 어떤 이는 뱀구덩이 속에 쳐 넣어짐을 당했다.

붉은 말이 등장했다. 붉은 말은 곧 전쟁의 상징이었다. 나라와 나라끼리 민족과 민족끼리 일어난 전쟁으로 곳곳에 기근이 발생하여 굶어 죽어가는 사람이 길거리에 즐비했다.

콜린스는 아들에게 이런 참상들의 역사 이야기를 들려 준 적이 없었다. 사마리아 성이 수리아 군대에 포위되었을 때 성안에 거주하는 사람들은 식량을 조달할 수가 없어서 굶어 죽어가는 사람이 부지기수였다.

어머니는 자녀를 잡아먹지 않으면 안 되었다. '오늘은 너의 아이를, 내일은 너의 아들을 먹자구나' 라는 성경의 대화는 아비규환의 참상을 잘 표현해 준 것이다. 성경 이야기 가운데 더욱 관심을 끄는 것은 아들을 잡아먹어 굶주림을 면하고자 먼저 제의했던 여인이 상대 여자의 아이를 삶아 먹고는 자기 아이는 감추었다는 것이다. 상대편 여인은 너무나 억울하여 왕에게 재판해 줄 것을 아뢰었다. 그러나 어떤 해답도 얻지 못했다. 그들에게 남겨진 것은 통곡 바로 그것이었다. 콜린스는 이 이야기를 들려주며 휴거 후에 일어날 비극들에 대한 언급을 잊지 않았다.

휴거 이후 가장 극심한 어려움은 식량난이었다. 사람들은 먹을 것을 구하여, 인간 이하의 비참한 지경에 이르러 먹고 삼킬 것이란 모조리 식량으로 대치하였다.

짐승 정권에 대한 원망은 저들의 마음속에서 그치고 말았다. 입 밖에 불평을 내놓는다는 것은 죽음을 의미했다. 신자들도 견디어 낼 수 없었다. 아사를 면할 수 있는 길은 짐승의 표를 받는 일뿐, 그렇지 않으면 굶어 죽거나 형장으로 끌려가는 길뿐이었다.

제 9 장

밀어닥친 환난기

대환난기가 개시된 불과 몇 달, 헤스터는 엄청난 일들을 겪었다. 곳곳에서 벌어지는 사건은 두렵고 떨리는 일들뿐이었다. 휴거가 있은 직후 얼마 동안 그 두렵고 엄청난 고통들은 그녀의 가냘픈 가슴으로 수용하기에는 벅찬 것들이었다.

절친하던 친구 낸시도 휴거가 되었고 평소 경건한 믿음의 생화로 표본을 보였던 콜린스 아주머니도, 그 밖에 친밀한 교제를 가졌던 모든 사람들이 모두 휴거되고 혼자만이 떨어진 외로움은 견딜 수가 없었다. 그것은 모든 사실들을 직시하고 있으면서도 차지할 것을 다 차지하지 못한 안타까움 같은 정도가 아니었다. 평소에 주님 맞을 준비만 해 두었다면 오늘의 고통을 맛보지 않아도 되었을 것이며, 영원한 행복의 삶을 천국에서 누릴 수 있었던 것이다.

매일의 삶이 지루하고 아무런 삶의 가치도 찾을 수 없었다. 땅거미가 짙어오는 주위의 적막함과 어두움도 그에게 견딜 수 없는 외로움이었지만 그보다 더 고통스러운 것은 밤마다 꿈속에서 당해야 하는 악몽이었다. 때문에 휴식을 취할 수도 없었고 언제나 눈은 피곤으로 충혈 되었다.

앨라베스터 신문에 적그리스도의 사진이 커다랗게 나왔다. 날카로운 눈매는 사진이 아니라 실물 같았으며, 보는 이로 하여금 전율을 느끼게 했다. 사진을 보는 것만으로도 그의 위력에 압도되고 있었다.

조만간 그는 적그리스도의 본성을 드러낼 것이라고 헤스터는 믿고 있었다. 그렇게 되면 헤스터 역시 모진 고문을 당하며 짐승의 표를 받도록 강요받을 것임에 틀림없었다.

구원의 기회는 아직 한 번은 더 있음을 헤스터는 굳게 믿었다. 짐승의 표를 받으면 영원히 멸망 받는 영혼의 죽음이 오며, 표를 거부하고 지상에서 벌어지는 환난을 견디어 내면 천상의 축복을 받는 육체의 죽음이 온다. 곧 두 길이 있는 것이다.

헤스터가 선택해야 할 길은 두 가지 중의 하나였다. 순간적인 고통을 견디느냐, 영원한 고통의 길을 갈 것이냐.

가냘픈 처녀가 죽음의 순간을 체념하며 준비하기에는 그녀의 신앙은 아직 여렸다. 그러나 짐승의 표를 수락함으로써 영원한 죽음을 택하고 싶지는 않았다.

그녀는 페어뷰 교회로 발걸음을 옮겼다. 기도하지 않고는 이 순간들을 견딜 수가 없었던 것이다. 예배당 안으로 들어서자 눈물이 쏟아졌다. 예배실을 빙 둘러보았다. 누군가 기도하고 있는 사람이 있을 것이라는 기대를 갖고 있었기 때문이다. 그리고 그 중에는 누군가 자기를 위해서 간구해 주는 사람이 있을지도 모른다는 작은 바람을 갖고 있었다.

하지만 예배실 안은 공허했다. 적막함이 무겁게 깔려 있었다.

(내가 그리스도를 구세주로 영접하도록 많은 성도님들께서 얼마나 열심히 권면해 주었던가? 내가 진실한 마음을 가지고 회개했던들 이런 비참한 지경에 이르지는 않았을 텐데. 내가 왜? 왜 주님을 받아들이지 못했던가? 마귀에게 속았어.)

그녀의 눈물은 끝이 없었고 한숨과 절망으로 그녀의 양 어깨는 들먹이고 있었다.

그녀는 회중석 통로를 지나 제단 앞에 섰다. 이 제단에서 선포 되어지는 메시지를 '아멘' 으로 받아들이고 주님과 함께 하늘에 있는 성도들 하나하나가 머리에 떠올랐다.

그들은 한결같이 하나님의 놀라우신 경고를 듣고 준비했던 때문이 아 닌가? 눈물이 앞을 가렸지만 그녀는 제단 앞에 펼쳐진 커다란 봉독용 성경을 읽기 시작했다.

한 구절 한 구절이 그의 가슴 속에 와 닿을 때마다 처절한 통곡으로 변했다. 말씀의 능력을 받아들이지 못한 참회하는 마음으로 그녀는 휴 거 전날 예배 때 성가대가 불렀던 찬송가 가사를 애써 생각해내고 있었다.

그녀는 겸손히 무릎을 꿇었다. 제단 아래의 고요함은 더욱 그를 하나 님과 교제의 순간으로 이어주고 있었다.

"하나님, 저는 당신께 죄를 범한 죄인입니다. 당신을 맞아들일 준비 를 못했던 사실이 얼마나 큰 형벌로 이어지는지 깨닫습니다. 당신께서 가르치신 말씀 속에서 당신은 자비로우신 분임을 압니다. 저를 불쌍히 여겨 주소서! 저를 구원하소서."

헤스터의 간구는 곧 호소였으며, 죽음 직전에 발버둥치는 애원 그것 이었다.

헤스터의 영혼을 속여 온 마귀는 다시 속삭였다. 주님은 다시는 너를 돌보지 않으며 주님은 구원을 줄 수 없다고.

헤스터는 주님을 만나고 싶었다. "주님, 주님!" 외치지 않고서는 한 순간이라도 살 수 없는 절박한 상태에 있었다.

헤스터의 기도는 뜨거웠다. 무겁고 어둡게 헤스터의 육체와 영혼을 짓눌렀던 한 덩어리가 서서히 풀리는 것을 의식했다. 한 줄기의 가느다 란 서광이 그녀의 영혼 속에 비치기 시작했다. 그녀는 감사했다. 용솟음 치는 기쁨이 세차게 퍼져 나왔다. 사랑하는 주님의 임재함을 뿌듯이 느 낄 수 있었다. 모든 죄를 용서받았다는 환희와 확신감이 그녀의 영혼을 사로잡고 있었다.

마침내 헤스터는 주님을 발견했으며, 자신의 구세주로서 영접했다.

미천한 죄인을 버리시지 않고 사랑하심으로 구속해 주신 은혜, 그 엄청난 은혜에 감격한 헤스터는 가슴 가득히 기쁨을 안고 예배당 문을 나섰다. 가는 곳마다, 곳곳마다 끔찍한 사건들이 널려져 있었지만 그녀의 중심에는 구원의 확신으로 충만했다. 때문에 주님께서 주시는 화평으로 두려움을 이겨낼 수 있었다.

헤스터의 부모, 곧 프랭크와 수잔은 그리스도를 믿었던 사람들이 휴거되었다고 안 그날부터 어둡고 침침한 나날을 보냈다. 프랭크는 엄청난 고통들을 견디어낼 수 없어 거의 매일 친구들의 모임에 나갔다. 언제나 돌아오면 조용한 골방에 들어가 문을 단단히 걸어 잠그고 성경을 읽었다. 그는 요한 계시록의 말씀을 읽을 때는 지상의 심판을 상상하면서 전율 속에 떨었으며, 그 두려움은 그로 하여금 겸손의 하나님 앞에 무릎을 꿇게 하고 구원을 찾는 데 갈망하도록 했다. 무서운 최후의 심판이 다가오기 전에 주님을 찾고 싶었다. 아니, 결코 그는 찾아야만 했다.

성도들이 주님의 손에 들림을 당하여 휴거된 이후 수잔은 여전히 친구들과의 모임을 계속했다. 주일 오후면 그들은 한데 모여 브리지 게임을 즐겼으나 예전의 유쾌함을 발견할 수는 없었다. 휴거 따위는 안중에 없는 것처럼 단순한 실종 사건이라는 듯 떠들어대지만 실제 마음속에는 두려움을 은근히 품고 있었다. 사실상 불안과 공포 속에서 헤어나지 못하고 있다는 표현이 옳을 것이다.

수잔의 모임은 얼마쯤 지나다가 딱 끊어지고 말았다. 이들이 모이면 으레 휴거 이야기가 화제에 오르고 있었는데 저마다 의견들을 내놓고 입씨름했던 것이 화근이었던 것이다.

프랭크와 수잔이 어떤 회합에 참석했다가 밤늦게 귀가했던 어느 날 밤, 헤스터는 거실에서 부모님의 구원을 위하여 눈물의 기도에 열중하고 있었다. 헤스터의 간절한 기도를 방해하지 않기 위하여 살며시 거실 문을 들어선 그들은 곧 성령의 인도하심으로 헤스터의 기도에 합심했다. 방 안은 성령이 임하는 고요함이 깃들어 있었고 세 사람의 통성기도에 뜨거운 불이 붙여지고 있었다.

온 식구들이 마귀의 세력에 굴하지 않고 마침내 승리를 얻었다. 의심의 구름이 걷혀지고 구원의 뜨거움으로 충만했다.

신문에는 '짐승'에 대한 기사가 빠지는 날이 없었다. 짐승은 이적(異蹟)과 기사(奇事)를 해하여 날마다 그 추종자가 늘어나고 세력이 증강되고 있었다. 그는 자칭 하나님의 아들이라고 떠들어댔다. 그 사실을 믿지 않았던 사람들까지도 그가 행한 기사를 보고 그를 믿게 되어갔다. 헤스터네 식구들은 짐승에 대한 행적들을 완강히 거부했다. 말세가 되면 적그리스도 또한 예수님처럼 이적을 행한다는 성경 말씀을 익히 알고 있었기 때문이었다.

신문에 표제기사로 짐승 정권과 유대인들의 평화보장 조약이 깨뜨려졌다는 사실이 보도되었다.

헤스터는 물론 사람들은 놀라며 사실을 주목했다. 짐승은 그가 행한 기적을 통하여 신(神)적인 존재로 군림했었으나 그는 정체를 드러내어 유대인뿐만 아니라 지상의 신임을 들고 나섰다.

사실상 짐승은 유대인들을 위해서 많은 업적을 남겼다. 그는 유대인의 인정을 받기 위하여 항상 유대인편에 섰으며, 예루살렘에 놀라운 성전을 짓고 옛날처럼 예루살렘에서 예배를 드릴 수 있게 하는 등 적극적인 활동을 벌였다. 그러나 유대인들은 그 짐승의 속을 들여다보고 만 것이다. 유대인들은 짐승, 곧 적그리스도를 배척하기 시작했다.

한 신문의 기자는 짐승 정권에 동조하는 사설을 통해서 논평하기를,

유대인들은 그들의 소원대로 되지 않는 정책에 불만을 품고 있으며 짐승 정권을 통치하는 그가 신(神)임에 틀림없는데 그를 추종하지 않는다고 신랄한 비판을 가했다.

사실상 유대인들이 그 짐승을 메시아로 생각한 것은 큰 오산이었다. 그는 하나님의 아들이 아니었다. 멸망의 자녀였다. 마침내 유대인들은 그들의 오류를 깨닫고 참 진리에 눈을 뜨기 시작했다.

유대인들에 대한 박해가 노골적으로 본격화되기 시작했다. 그들의 깨달음은 너무 늦은 것이었다. 저들이 고대하고 기대하던 메시아는 오늘 저들을 박해하고 있는 짐승이 아니라 조상들이 배척하여 빌라도에게 넘겨주어 십자가에 못을 박았던 그리스도가 곧 메시아였음을 깨달은 것이다. 영광의 구세주로 오신 예수를 알아보지 못하고 강도처럼 못 박아 죽인 그분을 바로 영접만 했더라면 오늘의 가공할 핍박은 피할 수 있었으리라.

헤스터는 유대인 박해에 대한 기사를 신문에서 읽었다. 그리고 대환난기에 구원받을 14만 4천의 유대인들을 생각했다.

그들이 곧 요한 계시록 12장에 나타나 있는 남자 아이라는 것을 헤스터는 알았다. 이 말씀 속에 있는 여자는 곧 이스라엘이며 이스라엘의 12지파에서 1,200명씩 택하여 14만 4천명을 대환난기에 구속시킬 상징적인 의미를 갖고 있음도 알았다.

요한 계시록 14장에서 새 노래를 배우는 14만 4천이 곧 누구인가를 헤스터는 잘 알고 있었다. 그들은 여자로 더불어 더럽혀지지 않았다. 정절이 있는 자이며, 양이 어디로 이동하든지 따라가는 자이며 사람들 가운데서 구속받아 처음 익은 열매로 하나님과 어린 양에게 속한 자들이었다.

그들은 곧 짐승의 우상에게 절하지 않는 자들이었고 복음을 전하고 사수하다가 7년 환난이 시작된 후 죽음을 맛보지 않고 구원 얻은 자들이라는 것을 헤스터는 잘 알고 있었다.

"이 무서운 환난기에 죽지 않고 하나님께 올라가는 것은 얼마나 큰 축복인가? 내 생명을 주님께 충심으로 바치고 있으면 환난기가 끝날 때가 오고야 말 걸."

헤스터는 혼자 중얼거렸다.

짐승의 표라는 것이 실시됨과 동시에 앨라베스터 시에도 짐승의 형상이 세워졌다. 이 형상은 동상처럼 세워져 있는 것만이 아니라 말을 하는 동상이었다. 헤스터는 놀라서 사지가 뻣뻣해졌다. 사람들이 형상에게 와서 절하고 경배했다. 짐승의 형상은 사람들을 압도하고 있어서 그 앞에 선 자들은 감히 경배하지 않을 수 없었다. 헤스터가 그 앞에 섰을 때, 엄청난 유혹에 사로잡히기 시작했다. 절하고 경배해야 한다는 압박감이 그녀를 내리눌렀던 것이다. 정신을 차릴 수가 없었다.

얼마 쯤 지난 후에 그녀의 가슴 속에 그리스도의 보혈이 되살아났다. 영원히 멸망할 죄지음을 벗겨 주신 그리스도만이 경배되실 분이었다.

헤스터는 자신의 약함을 깨닫고 다시 한 번 놀랐다. 구속의 확신으로 충만했던 기쁨에도 불구하고 직면한 환난을 과감히 이겨 내지 못하는 약함으로 불안을 떨쳐 버릴 수 없었던 것이다.

사람이 모이는 곳마다 짐승의 표에 대한 이야기는 끝이 없었다. 물건을 구하려 해도, 식량을 구하려 해도 짐승의 표는 필요했다. 굶어 죽는 한이 있어도 짐승의 표 따위는 받을 수 없다고 완강히 거부하는 사람들, 이대로 굶어 죽을 수 없다고 필요불가결을 애기하는 사람들로 가득했다.

헤스터는 슈퍼마켓으로 발길을 옮겼다. 계산대를 지나는 사람들은 모두 짐승의 표를 내보이고 있었다.

그 때 한 중년부인이 물건을 바구니에 담고 계산대 앞에 서 있는 것을 보았다. 그 부인은 챙 없는 모자를 쓰고 있었는데 햇빛에 반짝이는 은빛 머리카락이 덧보였다. 그녀의 얼굴에는 약간의 주름살이 있었으나 눈은 초롱초롱 빛나고 있었다.

부인은 계산대 앞에 물건을 놓고 서 있었으나 다른 사람들처럼 짐승의 표를 내보이지 않고 있었다.

카운터 아가씨의 이마에는 짐승의 표가 찍혀 있었다. 카운터 아가씨의 눈초리는 날카로웠으며 심상찮은 안색이었다.

"짐승의 표를 내보이세요. 나는 아줌마 한 사람만 언제까지나 상대할 수 없단 말 이예요."

부인의 눈은 애원의 표정이 역력했다. 부인의 뒤를 이은 행렬이 계속 잇달았다. 사람들은 초조하게 기다리고 있었다.

"짐승의 표가 있어요, 없어요? 없으면 이 물건 놓고 가세요. 얼른 비키세요."

카운터 아가씨의 매서운 고함소리에 사람들이 몰려왔다. 부인의 얼굴은 굶주림으로 허옇게 떠 있었다.

"표가 없어요. 하지만 요번만은 그대로 넘겨주세요."

부인의 애원은 통하지 않았다.

"당신은 눈이 있어요, 없어요? 슈퍼마켓 입구에 붙여둔 공고문도 못 보았어요? 짐승의 표가 없는 사람은 여기에 들어올 자격도, 물건을 살 자격도 없다는 것을 모르셨다는 말씀이에요? 어서 비키세요. 당장 나가요, 경찰을 부르기 전에."

매서운 고함에 질린 부인은 맥이 탁 풀리는 것 같았다. 그녀는 눈물을 닦아내며 다시 한 번 사정했다.

"제발 부탁입니다, 아가씨. 어린 것들이 사흘씩이나 아무 것도 먹지 못했어요."

"좋아요, 아주머니 지금 여기 물건을 놓아두고 빨리 가서 짐승의 표를 받아 오세요."

카운터 아가씨는 식료품 바구니를 한쪽에 치워 두었다. 그러나 부인은 그 자리를 떠나지 않았다. 카운터 아가씨는 부인을 쏘아보며 경멸하는 어조로 내뱉었다.

"도대체 당신 같은 무식한 여자는 처음 보겠어요. 읽을 줄도, 알아듣지도 못하는 당신 같은 사람들 때문에 골치 아파 죽겠어요."

그 때 짐승 정권의 한 간부인 듯 한 남자가 슈퍼마켓 안으로 들어왔다. 눈은 이글이글 타올랐으며 견장에도 소매 끝에도 짐승의 마크가 부착되어 있었다. 그는 그 부인의 소매를 세차게 잡아당겨 밖으로 끌어냈다. 겁에 질린 부인은 하나님께 도와달라고 부르짖고 있었다.

그녀는 하나님의 자녀였던 것이다. 헤스터는 흐르는 눈물을 닦으며 도망치듯 빠져 나왔다. 헤스터는 그 부인의 마음을 이해하고 동정할 수 있었다. 주님 맞을 준비를 미리 해 두었던들 이런 비극은 맛보지 않았을 것을 …….

헤스터가 은행 앞을 지나칠 때였다. 사람들이 모여서 웅성대고 있었다. 경찰 순찰차에 어떤 남자를 억지로 태우고 있는 광경이었다. 그 남자는 얻어맞아 옷은 찢겨지고, 피투성이가 되어 있었다.

"내가 예금한 돈을 내가 찾는데 왜 죄가 되나요?"

그 사람은 악에 복받쳐 소리 질렀다.

"짐승의 표를 받지 않는 한 그건 네 돈이 아니야!"

그 중 한 사내가 차 안으로 떠밀며 말했다.

그 사내가 고개를 돌렸을 때 헤스터는 너무나 놀란 나머지 그만 정신을 잃을 뻔했다. 그 사내는 짐이었다.

콜린스 아주머니의 아들 짐이 틀림없었다.

"그럴 리가 ……. 아냐, 아닐 거야. 기도하시던 콜린스 아줌마의 아들이 저토록 변할 리가 없어."

다시 한 번 똑바로 쳐다보았다. 그러나 분명 짐이었다.

"짐, 짐."

헤스터는 반가운 듯 짐을 불렀다. 사내는 뒤돌아보며 매섭게 쏘아보았다. 눈초리가 악마의 세력으로 번뜩이며 입가엔 음흉한 미소를 띤 모습은 악마의 모습 그대로였다.

"당신은 또 뭐야?"

사뭇 명령조였다. 헤스터는 겁에 질려 간신히 입을 열었다.

"저예요. 헤스터 … 벨 … 윌슨 이예요."

괜히 짐을 불렀다는 후회가 스쳤다.

"당신의 어머니께서 생전에 다니시던 교회에 나도 나간 사람 이예요. 콜린스 아줌마는 나를 퍽 귀여워 해 주셨죠."

말을 하다말고 헤스터는 울먹이기 시작했다. 짐은 자기 어머니 말이 나오자 분노로 이를 갈았다.

"뭐라고? 그 지긋지긋한 여자를 네가 안다고? 이미 그 여자 따윈 내 기억에서 지워 버린 지 오래."

그의 저주스런 폭설은 어처구니없었다. 자기 어머니 같은 사람의 뱃속에서 태어난 것이 억울하다는 투였다.

"난 너무 억울하단 말이야. 그 여자가 가르친 미신에 속고 산 것이 억울해서 견딜 수가 없어. 뭐 하나님의 천국으로 끌어 올려가셨다고? 어림없는 수작이야. 연극은 그만 하라지. 그런 어리석고 무식한 짓들에 더 이상 속아 넘어갈 내가 아니란 말씀이야!"

"짐, 그만 해요. 너무 하시는군요. 어떻게 어머님께 그런 경솔한 말을 함부로 할 수 있어요."

짐은 순찰차에서 뛰어 내려 헤스터를 걷어차며 "꺼져! 보기 싫은 계집애." 하고 소리쳤다.

헤스터는 정말 어처구니없이 당했다. 옆에 있던 또 한 사내가 다가오더니 헤스터를 발길로 차기 시작했다. 그녀는 쓰러지며 정신을 잃었다.

"자, 돌아갑시다. 미친 여자는 그만 상대합시다. 우리 일도 바빠요."

짐은 동료들과 함께 사라졌다.

얼마쯤 지나자 헤스터의 정신은 희미하게 되살아났다. 주위를 둘러보았을 때 자신이 공원에 버려진 것을 알 수 있었다. 왜 이런 곳에서 정신을 잃고 있는지 기억해 낼 수가 없었다. 낮잠을 자고 있었다고 생각했다. 그러나 팔다리가 쑤셔오기 시작했을 때 왜 아픈 몸으로 이곳까지 와서 잠을 잔 것인지 의구심을 가지면서 자리에서 일어났다.

정신이 말끔히 돌아왔을 때 이 사실이 꿈이 아니라 현실임을 깨달았다. 무섭고 끔찍한 현실이었다.

짐은 이미 마귀의 종이 되었다는 것을 알았다. 자신의 영혼을 팔아 짐승의 표를 사서 기도의 삶을 사시던 자기 어머니를 그토록 저주한 그의 발길에 채인 분함을 생각했다. 콜린스는 이후로 결단코 아들을 볼 수 없을 것이다. 그는 영원히 멸망의 자식이 되고 만 것이다. 예전의 짐이 아니었다. 그는 마귀의 앞잡이가 된 것이다.

이런 일을 당한 헤스터이지만 그의 믿음은 조금도 약해지지 않았다. 그녀는 지옥에 떨어져 영원히 고통당하는 짐의 모습을 상상해 보았다. 죽는 한이 있더라도 절대로 짐승의 표는 받지 않으리. 라는 결심을 더욱 굳혔다.

생존 그 자체는 점점 어려워졌다. 하루를 무사히 보내는 데에도 그들은 커다란 위험이 따랐다. 언제 어디서 불심검문에 걸릴지 모르는 위험을 안고 있었다. 짐승의 표! 하나님을 저버리는 배신행위야말로 짐승의 표를 받는 것이었다.

짐승의 표를 받지 않았다는 죄목으로 사람들의 생명은 하나 둘씩 이슬처럼 사라졌다.

헤스터의 가족도 이런 위경(危境)의 예외는 아니었다. 헤스터는 식구들의 생명이 오래 가지 못한다는 것을 누구보다도 잘 알고 있었다.

짐승 정권의 경찰들은 가택수색을 시작했다. 짐승의 표를 받지 않는 자는 가차 없이 끌고 가 감옥으로 보냈다. 그러나 그들의 살길이 없는 것은 아니었다. 짐승의 표를 받겠다는 한 마디로 그들은 석방될 수 있었다.

짐승의 표를 끝까지 거부한 사람들은 견디지 못할 고문을 당했다.

거리에는 짐승의 표를 받지 않아 식량을 살 수 없어 굶어 죽은 사람들의 시체가 쌓여갔다.

처참한 참상을 보는 헤스터는 두려움을 잊고 승리의 찬송을 불렀다. 짐승 정권은 육신을 죽일 수는 있어도 영혼은 죽일 수 없는 것이었다.

헤스터는 죽음의 두려움을 잃은 지 오래였다. 빨리 죽음이 왔으면 하는 염원이 더욱 간절했던 것이다.

헤스터가 혼자서 집을 지키고 있던 어느 날 대문 두드리는 소리가 요란하게 들려왔다. 마침내 올 것이 왔구나 하는 생각을 했으나 더욱 침착성을 잃지 않으려 했다. 우선 사태를 어떻게 대처해야 할까를 생각했다. 부모님 모두가 식량을 구하기 위해 출타하셨다. 이런 때일수록 지혜스런 방법이 더욱 필요했다.

문 두드리는 소리가 더욱 세게 들리면서 "짐승님의 명령이다. 문을 열어라." 고함소리가 들렸다. 헤스터의 등으로 식은땀이 흘러내리고 있었다. 그녀는 어찌할 바를 몰라 안절부절 못하고 있었다. 숨을 곳도, 피할 곳도 없었다. 어찌해야 좋단 말인가.

"문 열어! 문을 부셔 버릴 테다."

문을 박차고 들어올 기세였다. 헤스터는 재빨리 성경책을 침대 밑에 감추고 "하나님, 강하고 담대한 믿음을 주세요." 하고 기도했다. 그녀는 문을 열어 주었다. 사내가 눈을 부라리며 "왜 이렇게 꾸물거려!" 하고 소리쳤다. 헤스터는 침착해야 한다고 속으로 다짐하면서 상냥하고 부드럽게 맞아들였다.

세 사내가 실내로 들어섰다. 그녀는 겉으로는 태연해 하는 척했지만 겁을 먹고 있는 것만은 사실이었다. 이들이 집을 나가기 전에 부모님들이 들어온다면 어떻게 될까. 짐승의 표를 당장 내놓으라고 하면 어쩌나! 그녀는 질문에 대답할 준비를 하고 있었다.

"이 집엔 혼자 살고 있소?"

사내 중에 약간 키가 큰 사람이 날카롭게 쏘아보며 물었다.

"아버지, 어머니와 함께 살고 있어요."

"당신들은 짐승의 표를 받았소?"

"나는 받지 않았습니다."

헤스터는 이미 죽을 각오를 하고 있었다. 그러나 부모님만은 이때에 희생시키고 싶지 않았다. 그녀는 속으로 '하나님, 저의 부모님이 짐승의 표를 받았는지에 대한 질문을 하지 않도록 도와주세요.' 라고 기도했다.

"아가씨는 왜 표를 안 받았소?"

사내가 한 걸음 앞으로 나와 다그쳤다. 그녀는 사내의 눈을 똑바로 주시하며 분명하게 대답했다.

"나는 그것을 받아서는 안 될 사람이니까요."

"그게 무슨 소리야?"

사내의 음성은 살기가 있었다.

"나는 기독교인입니다."

그녀의 음성은 담담했다. 얼굴은 주님의 사랑으로 빛나 보였다. 그녀는 이 일이 마땅히 견디어야 할 시험이라는 것을 알고 있었다. 그녀의 마음속에는 한 치의 두려움도 없었다. 두려움이 없는 공허 속에서 용기가 샘솟듯 일어났다.

"저는 이미 팔린 몸인데요."

"도대체 무슨 이야기야? 쉬운 말로 하란 말이야!"

"저는 하나님의 아들이 흘리신 귀한 보혈의 값으로 팔렸다는 말씀이예요."

하나님의 아들이라는 말이 떨어지기가 무섭게 그들에게서 한 치의 동정마저 사라지고 말았다. 조금 전까지만 해도 그들의 대화가 조금이나마 부드러웠던 것은 헤스터가 아름다운 처녀였기 때문이었다. 그러나 헤스터가 하나님을 믿는 신앙을 들고 나오자 그들은 본성이 발동한 것이었다.

그들은 하나님을 저주하는 욕설을 퍼부어대고, 자기들은 신인 짐승에게 충성하는 맹세를 외쳤다. 그들은 집안을 뒤지기 시작했다. 닥치는 대로 물건을 집어 던졌다. 서랍 속도, 침실의 옷장 속의 물건도 모조리 꺼냈다.

"당신들은 성경책을 찾으려는 것이죠?"

2층으로 올라가는 그들을 말리며 이야기했다. 그들은 놀라움으로 잠시 멈추어 섰다.

"그렇다. 그게 어디 있어? 빨리 말해! 모조리 찢어 없애 버리겠어."

"그 곳에는 성경책이 없어요. 응접실의 소파 밑에 두었어요."

그들은 믿어지지 않는다는 듯 서로를 쳐다보고 있었다. 한 번도 헤스터만큼 침착한 처녀를 본 적이 없었다. 이런 처녀의 마음만 돌려놓을 수 있다면 짐승 정권의 훌륭한 간부를 얻을 수 있다고 그들은 생각한 것이다.

헤스터처럼 겁이 없는 사람, 위험에도 침착하게 대처할 수 있는 사람
— 이런 사람이야말로 짐승 정권에서 반드시 필요로 하는 인물이었던
것이다.

성경책이라는 말에도 증오를 하는 그들이었지만 정작 소파 밑에서 꺼
낸 성경을 찢지는 않았다. 헤스터는 그들의 행동을 이해 할 수가 없었
다.

한 사내가 헤스터 앞으로 다가와 손을 내밀라는 시늉을 했다. 헤스터
의 손목은 수갑으로 채워졌다. 그러나 그녀는 아무런 동요의 빛도 나타
내지 않았다.

"우리와 함께 가 주어야겠어."

그 중에 조장인 듯 한 사내가 능글맞게 웃음을 지으며 말했다.

헤스터는 이미 각오를 하고 있었기 때문에 태연자약할 수 있었다. 다
시는 돌아올 수 없음을 잘 알고 있었다. 그녀는 정들었던 집을 휘 둘러
보았다. 그녀의 영혼의 눈은 하나님과 영원히 거할 하늘의 처소를 바라
보고 있었다.

세 사내 중 한 사내가 앞장을 서서 그 뒤를 따르는 헤스터의 양쪽에
두 사내가 감시하며 데리고 갔다.

두려움도 부끄러움도 그리스도의 십자가를 생각함으로서 사라졌다. 〈
주님은 날 위해 갈보리 언덕을 오르는 수치를 당했는데 나 어찌 그런 고
난을 거부하리요.〉 주님 위해 죽을 수 있음은 그녀에게 큰 영광임에 틀
림없었다.

연행당하는 사람도 연행하는 자들도 말이 없었다. 헤스터가 말문을
열어 침묵을 깨뜨렸다.

"성경책은 제가 가지고 가겠어요."

그녀는 상냥하게 말을 걸었다. 그들이 찢거나 버리지 않고 성경책을

들고 가는 것이 이상스러웠기 때문이었다.

"안 돼! 걸음이나 빨리 걸어."

한 사내가 헤스터를 밀어 젖히며 소리쳤다. 성경을 들고 가는 사내가 헤스터를 그들의 간부로 만들려는 욕심을 가지고 있었다. 헤스터가 고집을 부리지 않는 한 죽일 이유가 없는 것이다. 더구나 헤스터는 나이가 어리기 때문에 충분히 설득시킬 수 있는 여지가 있다고 스스로 확신하고 있었다.

"여보게, 이 따위 물건이야 누가 가지고 가도 상관이 없지 않을까. 아가씨에게 가지고 가게 하지. 난 이런 책을 보면 구역질이 나서 견딜 수가 없다 말이야, 어떤가? 자네들이 들고 가든지?"

나머지 두 사내 역시 성경책을 들고 간다는 것은 썩 기분 좋은 일은 못 되었다. 성경책을 바라보는 것만으로도 그들의 기분은 불쾌해지고 속이 뒤흔들려 안정되지 않는다는 것을 잘 알고 있었다.

결국 성경책은 헤스터에게 돌아왔다. 소중한 말씀을 가슴에 품고 갈 수 있는 것은 커다란 행운이었다. 성경책의 부드러운 촉감이 와 닿자 새로운 힘이 솟는 것 같았다. 하나님은 배척하지 않는 한 언제든지 보호해 주신다는 것을 확신하고 있었다.

그들은 붉은 벽돌 건물에 이르렀다. 건물의 뜰 여기저기에는 형틀이 널려 있었다. 이들이 건물의 뜰에 들어섰을 때는 화형장의 불꽃이 치솟고 있었다. 인체가 타는 냄새가 코를 찔러 견딜 수가 없었다. 헤스터는 무서움에 질려 가까스로 화형(火刑)기둥을 쳐다보았을 때 불타고 있는 사람의 영혼은 이미 떠난 것을 알 수 있었다.

짐승 정권의 간부들은 커다란 사무실로 헤스터를 연행했다. 책상 뒤 의자에는 험상궂은 사내가 딱 버티고 앉아 있었다.

"아가씨는 짐승의 표를 받았소?"

헤스터를 힐끔 쳐다보며 물었다.

"대답이 없는 걸 보니 아직 받지 않은 모양인데. 하지만 늦지 않았소. 지금이라도 수락만 하면 고생할 필요가 없소. 표를 받는 것은 조금도 어렵지 않소. 매우 간단해요. 이처럼 젊은 아가씨가 일찍 죽어야 할 이유가 있겠소?"

매우 상냥한 말씨였지만 그 속에는 헤스터의 영혼을 지옥에 사로잡으려는 마귀의 계교가 깃들어 있었다.

그리고선 헤스터의 부드러운 손을 살며시 붙잡았다. 징그러운 뱀이 지나가는 듯 한 소름이 끼쳤다.

"이봐, 아가씨. 겁낼 것 없어. 우리는 아가씨처럼 젊고 발랄하고 이지적인 여류 지도자가 필요해. 말만 잘 들으면 호강하고 살 수 있어. 그러나 말을 안 들으면, 봤지? 짐승 정권에 반대하는 자들은 모조리 처형시킨단 말씀이야. 어때, 아가씨. 죽음을 택하겠어, 짐승의 표를 받겠어?"

"저는 표를 받지 않겠어요."

헤스터는 단호하게 말했다.

떡 버티고 있던 사내가 벌떡 일어났다. 얼굴빛이 달라졌다.

"뭐라고? 그렇다면 맛을 톡톡히 보여 주지! 이 계집년을 끌고 나가."

그는 헤스터를 설득하려 했지만 실패하고 말았다. 헤스터를 끌고 나가는 간수에게 무엇인가 메모된 쪽지를 주었다.

헤스터는 뒷문으로 끌려 감방 복도로 나왔다.

"너 같은 독한 여자에게는 안락한 감방에 넣으라는 분부야!"

간수는 의미 있는 웃음을 지으며 말했다.

그는 감방 복도 중간쯤에 와서 감방 문을 열고 헤스터를 넣고는 자물쇠를 채웠다. 헤스터는 어두운 방안을 눈을 가느다랗게 뜨고 살펴보았다. 구석에는 낡은 상자 하나, 때 묻고 더러운 침대와 걸레가 다 된 담요가 널려 있었다. 그리고 벽 한쪽에는 쇠창살이 위쪽으로 나 있었는데, 헤스터의 키보다 더 낮은 높이였다. 이 창살을 통하여 감옥 뜰을 환히 내다볼 수 있었는데, 짐승에게 절하지 않아 체포된 사람들이 고문당하는 광경이 처참히 벌어지고 있었다.

화형기둥에는 나이 든 부인이 매달려 있고 시뻘건 화염이 맹렬히 혀를 날름거리고 있었다. 헤스터는 신음하며 견딜 수 없는 압박감을 느꼈다. 그것은 주님을 위해 생명을 제단에 바친 순교 제물이었다. 살이 타는 악취가 바람을 타고 창살 쪽으로 물씬 풍겼다. 헤스터는 눈을 감았다.

"주님, 이 비참한 광경들을 보았어도 약하지 않고 담대하게 해주소서. 저 부인처럼 저도 승리의 순교를 하게 하옵소서."

주위에서 가느다란 신음소리가 들리는 것을 의식했다. 이 감옥 속에는 그녀처럼 그리스도의 신앙을 고수하다 개처럼 끌려온 많은 신자들이 있었던 것이다. 감방의 벽은 두꺼워서 소리의 방향을 알 수 없기 때문에 누가 다른 감방에 들어 있는지 알 길이 없었다. 귀를 쫑긋 세워 보았다. 많은 사람들의 고통에 견디지 못하는 신음소리와 주님을 부르는 절규들이 어렴풋이 어두운 공간을 통해 울리고 있었다.

헤스터는 가슴에 성경책을 껴안고 있었다. 그녀를 연행했던 사내들은 헤스터가 가진 성경책 문제는 까맣게 잊고 있었던 것이 분명했다. 놀라운 기적이었다.

그녀는 재빨리 침대 밑으로 성경을 숨겼다. 그녀는 그리스도를 구세주로 확신한 이후부터는 성경책의 소중함을 그 어느 때보다도 절실히 느끼고 있었다. 어둠침침한 마귀의 소굴 같은 곳에서 하나님과 연결하는 사닥다리로써 말씀을 통하여 주와 교통하는 것은 커다란 위로였던 것이다.

주위 감방에서 들려오는 신음소리와 함께 바깥 형장에서 들려오는 종소리는 헤스터를 더욱 긴장하게 만들었다. 그 소리야말로 가장 의미심장한 것이었다. 감방에 갇힌 사람들은 이 소리에 질리고 있었으며 무거운 불안이 감도는 것이었다.

종이 울리고 난 후 그들이 볼 수 있었던 광경은 눈 뜨고는 볼 수 없는 참상이었다. 순교의 제물이 불타는 순간인 것이다.

종소리가 울릴 때마다 사람들은 자기 차례일 것이라고 체념을 하는 것 같았다.

또 한 번의 종소리가 울렸다. 감방 안에 갇힌 사람들은 숨을 죽이고 긴장하고 있었다. 긴 복도를 울리는 발자국소리가 들리는 듯싶더니 헤스터의 감방 앞에서 그쳤다. 이윽고 자물쇠소리가 들려오고 헤스터의 감방 문이 확 열려졌다.

이미 각오는 굳게 하고 있었던 터라 놀라려 하지 않았지만 설마 이처럼 속히 다가올 줄은 몰랐다. 간수 한 사람이 날카로운 칼을 들고 그녀를 노려보았다. 헤스터는 몸을 움직일 수 없었다. 심장이 멎어버릴 것 같았다.

간수는 위엄을 갖추고 소리쳤다.

"창문 쪽으로 다가 서!"

헤스터는 떨리는 발을 질질 끌며 겨우 창문 앞에 섰다. "그 자리에 움직이지 말고 서서 밖에서 벌어지는 일을 잘 구경 해! 아주 흥미 있을 테니까."

간수가 밖으로 나가고 자물쇠는 다시 채워졌다. 헤스터는 안간힘을 다해 창문에 기대섰다. 다리도 떨리고 가슴의 고동도 멈추려 하지 않았다. 옆방에서 외마디 비명소리가 들려왔다. 이 가공할 광경을 관찰케 하는 일은 헤스터에게만 강요된 것이 아니었다.

뜰에 제복을 입은 사람들이 짐승의 우상을 향하여 무엇인가 한 목소리로 외치고 잠시 침묵이 흘렀다. 곧 복도 쪽에서 울리는 불규칙한 발자국소리가 요란하더니 잠시 후에 형장 뜰로 나 있는 문이 열렸다.

동시에 소장이 "차렷!" 하고 외쳤다. 간수들은 철판 좌우에 차렷 자세로 줄을 섰다. 아마도 새로운 스타일의 고문방법을 만든 것 같았다.

헤스터는 긴장했다. 쇠창살을 잡은 손에 더욱 힘이 주어졌다.

아름다운 젊은 여성이 험상궂은 간수에게 끌려 나왔다. 그녀의 눈은 환희로 빛나 보였으며, 금발이 햇빛에 반짝이고 있었다. 가냘픈 여성 본연의 두려움으로 입술이 파르르 떨리고 있었다. 사람들은 그녀의 미모에 정신을 잃고 있었다. 형장에 늘어 서 있는 간수들은 저희들끼리 떠들고 환호를 지르고 있었다. 어떤 방법으로 처형하는 것이 가장 잔인하고 유쾌한가를 그들은 잘 알고 있는 것 같았다. 극심한 두려움에 견디지 못하여 결국 그녀가 신앙을 버릴 것인가는 아직 미지수였다. 헤스터는 무서운 처형을 상상하며 잡다한 의구심이 일어났다. 새까만 눈썹이 내리깔려지고 심령 속에서 솟아오르는 간구가 시작되었다.

"전능하신 아버지, 저 불쌍한 영혼에게 자비를 베푸소서. 끝까지 시험을 견디고 영원한 생명의 축복을 받게 하소서."

두 간수가 철판을 열었다. 철판 아래는 시커먼 구덩이가 파져 있었고, 그 속에는 뱀들이 우글거리고 있었다. 감방 창살에서도 수많은 독사들이 서로 뒤엉켜 움직이는 모습이 훤히 들여다보였다. 헤스터는 그 뱀들이 자신의 몸을 휘감는 듯 한 오싹한 느낌이 들었다. 눈을 뜨고는 그녀의 질린 모습을 차마 볼 수가 없었다.

"오, 주여!" 헤스터는 눈을 감았다.

간수는 강제로 그녀의 고개를 비틀어 뱀구덩이 속을 들여다보게 했다. 그녀의 비명소리가 고막을 찢는 듯했다.

헤스터는 쇠창살을 붙들고 있을 만한 힘마저 빠지고 말았다. 그 자리에 그대로 풀썩 쓰러지고 말았다.

간수가 뛰어왔다. 일어서서 계속 주시하라고 고함을 질렀다. 헤스터는 벽에 손바닥을 대고 안간힘으로 일어섰다. 간신히 쇠창살을 휘어잡았다.

이 때 간수의 쩌렁쩌렁한 목소리가 들려왔다.

"너의 신앙을 버리고 짐승의 표를 받겠는가?"

헤스터는 불안해하고 있었다. 그러나 그녀의 눈빛은 전혀 동요가 없었다. 찬물을 끼얹은 듯 적막함이 흘렀다. 모두가 그녀의 입술만을 주시하고 있었다. 그녀의 입술이 천천히 열려지고 있었다.

"나는 짐승의 표를 받을 수 없어요. 나를 구원하신 하나님을 부인할 수 없어요. 당신들의 신이라는 짐승은 구세주가 아니라 적그리스도예요. 하나님만이 우주에 한 분 계시는 유일하신 신입니다."

그녀의 음성은 담담했다. 오히려 힘이 샘솟는 듯 한 용기가 깃들여 있는 것이었다. 간수는 그녀를 쏘아보았다. 간수는 뱀구덩이로 그녀를 밀어내기 직전 그녀의 의중을 다시 한 번 떠 보았다. 대답이 없었다. 간수는 짐승의 형상에게 경배를 드리고 나서 무자비하게 그녀를 구덩이 속으로 쳐 넣고 말았다. 외마디 비명을 들은 감방에 갇힌 사람들은 두려움으로 정신을 잃을 것 같았다.

순식간에 뱀들은 그녀의 목을 졸랐다. 비명소리가 띄엄띄엄 들리는가 싶더니 그녀의 영혼은 떠났다. 무거운 철판이 닫혀졌다. 간수들은 다시 일제히 정렬하여 짐승의 형상에게 절하며 모든 일들의 영광을 짐승에게 돌렸다.

시간이 약간 흘렀다. 헤스터는 방바닥에 쓰러져 있었다. 희미한 의식들이 되살아나고 있었다. 하지만 아직도 정신이 몽롱한 채 자신이 왜 이곳에 쓰러져 있는가? 기억하려고 애쓰고 있었다. 이곳이 뱀구덩이가 아닌가! 살펴보기로 했다.

팔다리가 쑤셔오기 시작했다. 그녀는 더 살아야 할 이유를 상실해 가고 있었다. 해가 지기 시작하면서 창살 사이로 긴 그림자가 드리워지고 있었다. 땅거미가 짙어오기 시작했다.

헤스터는 복도 쪽에서 들려오는 발소리를 들었다. 조금 전에 들어왔던 간수가 음식을 가져왔다. 말라빠진 빵 한 조각과 물 한 컵이었다.

"오늘부터 식사배급은 줄어들었다."

그는 간단한 한 마디를 남겨두고 사라졌다. 간수가 사라진 듯싶더니 다시 철문을 열고 고개를 내밀었다.

"오늘 오후에 우리가 거행했던 훌륭한 예식 재미있었지?" 그녀를 노려보는 그의 눈은 악마의 힘으로 번쩍였다.

그러고 나서 그는 빈정대는 말투로 "더 큰일을 당하기 전에 맘을 고쳐먹는 게 나을 걸." 하고는 문을 채웠다.

음식이라는 것이 도무지 삼킬 수 없는 것이었지만, 그래도 뭘 먹어 두어야 몸이 견딜 것으로 생각되어 그거라도 들지 않을 수 없었다.

그 날 밤 삐걱거리는 낡은 침대 위에서 걸레 같은 담요를 덮고 자리에 누운 그녀의 마음은 착잡했다. 헤스터는 부모님을 생각하자 눈물방울이 뺨 위로 굴러 떨어졌다. 부모님들은 어떻게 될 것인가? 딸이 갇혀 있는 곳을 알고 있을까? 아버지는 딸이 여기 있는 걸 안다면 목숨을 내걸고 구하려 할 것이라는 걸 그녀는 잘 알고 있었다.

그녀는 아버지가 너무 과격하게 나오는 일이 없도록 하나님께서 보살펴 주실 것을 기도했다.

캄캄한 어둠을 통해서 뱀구덩이로 떠 밀쳐지던 여인의 창백한 얼굴과 휘둥그랬던 눈이 떠올랐다. 그 비명이 계속 자신의 마음속에 울려 퍼졌다. 그녀는 엄습해 오는 공포를 물리치려고 얼마나 발버둥 쳤는지 모른다.

마침내 엎치락뒤치락하다가 잠이 들었지만 무수한 뱀들이 자기 몸을 휘감자 피를 토하는 무서운 꿈과 함께 잠에서 깨어났다. 밤이 지나고 또 낮이 되니 한결 마음이 편해졌다. 또 무슨 일이 일어날지는 알 수 없었지만, 최소한 흉측한 악몽의 캄캄한 밤이 사라진 것만으로 안심되었다.

제 10 장

짐승들의 작란

프랭크와 수잔은 헤스터가 집을 나간 뒤 얼마 안 있어서 돌아왔다. 온 집안이 뒤집혀져 있고 헤스터가 없는 것을 보자 그들은 깜짝 놀랐다. 드디어 올 것이 온 것이다. 어떻게 해야 옳단 말인가? 헤스터는 어리기 때문에 놈들은 그녀를 설득하거나 속임수를 써서 그 표를 받게 할지도 모른다. 두 부부는 불안해 죽을 지경이었다. 딸이 짐승 정권에 체포되었다는 건 의심할 필요가 없었다. 이를 어떻게 해야 좋단 말인가? 그들은 우선 해질 때까지 기다렸다가 그 다음에 찾아보기로 했다.

그들이 먹다 남은 차디찬 음식을 들려고 자리에 앉았을 때 가볍게 뒷문을 두드리는 소리가 들렸다. 수잔의 가슴은 뛰었다.

남편을 바라보면서 떨리는 입술로 나지막하게 "누구일까요?" 하고 물었다.

"알 수 없지."

프랭크는 목쉰 소리로 대답하면서 점점 세게 두드리는 문 쪽을 바라보고 있었다.

수잔은 겁에 질린 눈으로 남편이 살며시 문을 조금 열고 어둠속을 살펴보는 걸 지켜보았다.

"프랭크!"

이름을 부르는 사람은 잭 랜드였다. 이어서 문이 크게 열렸다. 수잔은 한숨을 크게 들이쉬면서 의자에 다시 앉았다. 잭 랜드는 그들이 바로 전날 주님을 믿도록 도와 준 친한 친구였다.

숨 돌릴 새도 없이 그는 그 날 오후 짐승 정권의 세 경찰이 와서 헤스터를 데려간 이야기를 했다. 수잔은 자기 딸이 당당하게 성경을 팔에 안고 걸어가더라는 이야기를 듣고 소리쳐 울었다.

프랭크는 속으로 부드득 이를 갈았다. 그는 당장이라도 권총을 들고 나가 그 표를 가진 놈들을 모조리 쏘아 죽여 버리고 싶었다. 수잔은 이 무서운 표정을 눈치 챘다. 프랭크가 이성을 잃고 과격하게 나온다면 큰 문제였다. 그들은 성령의 지도를 받아 올바른 일을 찾아 실천해야 했다.

"프랭크씨, 우리 무릎 꿇고 하늘의 아버님께 기도드립시다. 분명히 주님은 길을 가르쳐 주실 것입니다."

세 사람은 부엌 바닥에 꿇어앉아 전심을 다하여 전능하신 하나님의 뜻을 행할 수 있는 힘을 주시도록 기도했다.

그들은 새로운 희망과 용기를 갖게 되었다. 그 친절한 방문객은 헤스터가 구출을 받든지 못 받든 지간에 끝까지 하나님 앞에 바로 서기를 위해 기도하겠노라는 약속을 남기고 떠났다. 밤이 되었다. 사방에 어둠이 깔리게 되었을 때 프랭크 윌슨은 감옥 뜰 앞 정문에 서서 경비원 몰래 빠져 들어갈 기회를 노리고 있었다. 그는 목숨을 내걸고라도 들어가야 했다. 놈들이 이미 헤스터를 죽이지 않았다면 이 감옥 어딘가에 들어 있음에 틀림없었다. 헤스터가 잔인한 놈들에게 무참하게 죽을 것이라는 생각이 들자 그는 더 큰 모험을 치루지 않을 수 없었다. 자녀에 대한 사랑 때문에 자신의 목숨에 대한 두려움이 사라지고 만 것이다.

한 시간쯤 지나자 기회가 보이는 듯했다. 정문을 지키던 두 경비원이 말다툼을 하더니 갑자기 주먹질이 오갔다. 나중에는 흉기를 빼들고 격렬한 싸움이 되었다. 그들의 싸움은 포악했다. 경비의 임무를 이미 망각한 것이었다. 이때를 놓치지 않고 프랭크는 정문을 들어섰다.

뜰에 누가 있을지, 또 감옥 쪽에서 누가 걸어올지도 몰라 어두운 담벼

락 쪽을 따라 기다시피 걸었다. 마침내 본관 건물과 창살이 눈에 들어왔다. 주위를 빙 둘러보았으나 아무도 보이지 않았다. 단숨에 감방들이 있는 곳으로 내달렸다. 이미 건물 쪽에 도착했을 때는 숨이 차서 헐떡이고 있었다. 잠시 건물의 그림자 속에 웅크리며 지체해 보았지만 아무 기척이 없었다. 단지 건너편 창살너머에서 들려오는 신음소리뿐이었다.

몸을 도사리는 한 마리의 여우처럼 담을 껴안고 첫 번째 창문에 도착했다. 눈썹 위를 손으로 가리며 그 감방 안을 들여다보았다. 많은 사람들이 갇혀 있었다. 허리를 구부리고 있는 사람, 앉아 있는 사람, 서 있는 사람으로 가지각색이었다.

다시 한 번 주위를 돌아본 뒤에 그는 나지막하게 불렀다.

"헤스터야, 여기 있니?"

대답이 들리기를 기다리는 그의 온몸은 굳어졌다. 사람들이 몰려들어 밖을 내다보았다.

"헤스터야, 어디 있느냐?"

그는 더욱 초조해졌다.

유리창 쪽에 있던 한 여자가 상냥한 목소리로 "이 방에 헤스터라는 사람이 있어요? 누가 밖에서 부르는데요." 라고 말했다.

모두들 고개를 흔들자 그 여자는 돌아서서 없다고 대답했다.

침통한 마음을 가누지 못하면서 그는 다음 방으로 옮겨 갔다. 그러나 아무리 훑어봐도 그 방에는 여자가 없었다. 무거운 발걸음으로 그는 다른 방으로 옮겨 갔다. 신음소리가 들렸다. 가슴이 뛰었다. 헤스터였다! 창살을 통해 좁은 방을 들여다보았다. 음침한 복도에서 들어온 희미한 빛이 더러운 담요를 덮고 있는 헤스터의 천사 같은 얼굴을 비쳐 주었다. 너무 반가와 딸의 이름을 부르려는 순간 발자국소리가 들렸다. 조용히 귀를 기울였다. 자신의 생명은 아랑곳 하지 않고 다만 딸의 생명을 위하여 성벽을 따라 숨어 들어온 그의 거친 숨소리가 이처럼 적막함 속에서는 가까운 거리에까지 들릴 수 있을지도 모른다. 만일 그가 발각이 되면 헤스터의 생명은 어찌될 것인가.

발자국소리가 더 커졌다. 야간 경비원이 똑바로 오고 있는 것이다. 경비원 한 사람이 모퉁이를 돌면서 이리저리 전등불을 비쳤다. 프랭크의 웅크린 모습이 불에 비쳐졌다. 경비원의 불빛이 얼굴에 와 닿자 그는 어찌할 바를 몰랐다. 거친 목소리가 들려왔다.

"어서 내려와. 가루로 만들어 버리기 전에."

한 손으로 총을, 다른 한 손에는 전등불을 들고 서 있는 경비원 앞으로 나온 프랭크는 완전히 정신과 육체가 아울러 마비되어 있었다.

"그래, 표를 받으러 오셨군?" 한 경비원이 빈정댔다. "거 참 멋있는 생각이군. 쓸 데 없는 실랑이를 벌일 필요 없이 제 발로 들어오시다니."

그는 프랭크를 발로 걷어차면서 권총으로 등을 밀고 갔다. 문 앞에 이르자 그는 프랭크에게 문을 열도록 명령했다. 갑자기 문을 여니 불빛이 너무 밝아서 잠시 동안 앞을 볼 수 없었다.

"원 참, 뒤뜰로 굴러들어 온 떡을 보게나."

경비원이 킬킬댔다.

"애인이라도 되는 모양이군. 데이트 하러 왔나? 이 꼴이 되었으니 안됐어."

테이블 뒤에 앉아 있는 사내가 프랭크를 노려보았다.

"그 감방 유리창에서 뭘 하고 있었어?" 그의 질문은 칼날 같았다. "여긴 연인들의 밀회장소가 아냐."

프랭크의 피가 들끓었다. "내 딸을 만나러 왔다!" 그 사내는 움찔 놀랐다. 사내는 프랭크를 잡아온 경비원을 돌아보며 말했다. "참 재미있는 이야기군. 그래, 아빠가 딸에게 표를 받으라고 권하러 왔다 이 말씀이군."

"내 딸을 권해서 마귀에게 영혼을 팔라고 할 내가 아니다. 하나님께서는 그 애가 너희들의 극악무도한 고문을 이겨내고 참된 신앙을 고수하면서 승리의 죽음을 거두도록 힘을 주실 거다."

프랭크의 어조는 단호하고 강경했다. 테이블 뒤에 앉아 있던 사내가 히스테릭하게 소리쳤다.

"이 멍텅구리 녀석, 그만 해둬! 어디서 함부로 혀를 내둘러! 어디 한 번만 더 뇌까려 봐라. 당장 죽여 버리고 말 테다. 그래, 그 애가 네 딸이라면 마누라는 어디 있지!"

사내의 두 눈이 이글거렸다.

"모른다." 프랭크는 아내의 행방을 알리지 않으려고 딱 잡아뗐다.

"누굴 뭐로 보고 하는 수작이야?"

사내의 표정이 험악해졌다.

"그래, 아내는 어디 있는지 모르시겠다 이 말씀이시군. 하지만 지금 당장 털어놓는 게 신상에 좋을 걸. 3단계까지 갈 필요가 없이 말이야. 네놈처럼 영리한 사람들의 주둥이를 여는 방법이 따로 있지. 짐승께서 이 우주의 참 하나님이시니 복종하고 말 걸. 알아듣겠나?"

사뭇 조소조의 이야기였다.

"난 하나님께만 복종할 것이다."

지체 없이 프랭크가 대답했다.

그는 고문실로 끌려갔다. 고문이 시작되었다. 그들은 여러 가지 수단을 썼지만 프랭크 아내의 위치를 알아낼 순 없었다. 마침내 그들은 프랭크의 집을 찾아냈다. 프랭크는 그들이 그걸 어떻게 알아냈는지 도무지 알 수 없었다.

여러 시간 동안 고문을 한 다음에 그들은 수잔을 데려왔다. 남편을 본 그녀는 깜짝 놀라 비명을 질렀다.

"어떻게 했기에 ......" 그녀는 흐느끼면서 그의 곁으로 다가섰다.

눈과 얼굴은 온통 시퍼렇게 멍들어 있었으며, 셔츠는 갈기갈기 찢겨져 있었다. 놈들은 싫증이 날 때까지 실컷 두들겨 팬 것이다.

"아, 그저 미용 마사지를 해드렸을 뿐인뎁쇼."

한 사내가 농담을 지껄이며 웃어댔다.

이어서 그는 험악한 인상으로 수잔을 노려보면서 말했다. "저 친구 계속 대갈통이 안돌아. 명령을 싫어한다면서 더 혼찌검이 날거요. 댁도 그런 꼴이 되는 것이 싫거든 시키는 대로 잘 따르시오. 남편의 불행을 답습해서야 되겠소."

이들은 먼지투성이 감방으로 끌려갔다. 감방 자물쇠를 잠그면서 그 사내는 지껄였다. "이 방에 있던 여자는 통째로 숯불구이 신세가 되어 바삭바삭 타 버렸으니, 이제 더 이상 이 방은 필요 없을 거야."

두 부부가 겁에 질리는 걸 보며 흉측하게 웃음을 지어 보였다.

다음 날 아침 헤스터가 눈을 떠 보니 감방 유리창으로 햇살이 환하게 비치고 있었다. 그 무시무시한 악몽의 밤이 끝난 것이 기뻤다. 그 때 자물쇠가 덜그렁거렸다. 그녀는 재빨리 성경을 얇은 매트리스 밑에 쑤셔 넣었다.

간수가 방에 들어섰을 때는 헤스터는 등을 돌려대고 바깥쪽을 쳐다보고 있었다. 간수가 빈정대는 말투를 섞어가며 친절하게 말을 걸어오자 그녀는 그 때서야 인기척을 알아차렸다는 듯이 돌아섰다. 그는 아침식사를 바닥에 놓으면서 제법 다정하게 간밤에 잘 지냈느냐는 등의 질문을 해왔다. 그러나 헤스터는 말하고 싶지 않아서 건성으로 몇 마디 대답했다.

아침식사는 따뜻하고 아주 구미를 돋우는 것이었다. 왜 이들의 태도가 돌변했을까? 자비를 베풀거나 동정을 하고 있는 것이 분명했다. 배를 주리고 있는 터라 그녀는 거지처럼 음식을 먹었다. 간수는 자리를 뜨지 않고 주시하고 있었지만 헤스터는 아침식사를 맛있게 먹었다.

식사를 거의 끝낼 즈음에 발자국소리가 들렸다. 간수장이 감방으로 들어섰다. 아침식사를 가져왔던 간수가 부동자세로 간수장에게 경례를 했다.

"짐승님, 만세!"

"우리 예쁜 아가씨, 오늘은 좀 어떻소?"

간수장은 헤스터 쪽으로 다가서면서 친절하게 물었다.

"좋습니다."

헤스터의 대답은 가늘었다.

"이처럼 불쾌한 곳에서 당장 내보내고 싶은 마음 간절합니다. 이렇게 귀여운 아가씨가 이런 곳에 갇혀 있을 필요가 없어. 그저 단 한 가지 말만 들어 준다면 당장이라도 풀어 줄 수 있어. 아주 간단한 거요."

헤스터는 그의 추켜세우는 말에 신경을 쓰지 않고 그의 얼굴을 빤히 쳐다보았다. 간수장의 이마가 일그러졌다. 자기 계획대로 일이 진행되지 않는 것이다. 이 정도라면 이런 굴속에서 빠져나가고 싶어 안달을 했어야 하고, 그런 제안을 덥석 받아들였어야 했다.

"자, 이 풋내기 아가씨야, 그저 그 표만 받으면 되는 걸 가지고 뭘 그래. 조금도 아프지 않아요. 금방 끝나는 일인데, 뭐."

"나는 그 표를 받을 수 없습니다. 맘대로 하세요. 성경에는 육체를 죽이는 자보다는 육체와 영혼을 다 죽이는 자를 두려워하라는 말씀이 분명히 적혀 있습니다. 당신의 제안에는 흥미가 없습니다. 지금뿐 아니라 앞으로도 말 이예요. 대답은 똑같은 〈노, 노!〉 뿐입니다." 침착하게 대답하는 그녀의 얼굴에서 강한 분노가 엿보였다.

잠시 동안 간수장은 믿을 수 없다는 듯이 물끄러미 바라보았다. 잘못 들은 건 아닐까? 이 형편없는 소녀가 한 마디로 자기 제안을 묵살하다니. 조금만 친절과 동정을 베풀면 이런 계집애의 마음쯤은 바꿀 것으로 생각했는데. 진수성찬으로 아침식사까지 제공했는데 매정한 원수 취급을 받다니. 옆에 서 있는 놈들이 얼마나 나를 비웃을까. 차마 보는 앞에서야 감히 소리 내어 웃지 못하겠지만 등을 돌려대는 순간 서로를 눈짓을 하면서 저런 애송이 계집애 하나 꺾지 못한 자기를 실컷 비웃을 것임에 틀림없었다.

　간수장은 더 이상 참을 수가 없었다. 저 하얗고 보드라운 목을 당장 비틀어 버리고 싶었다.

　화가 머리끝까지 치밀어 오른 그는 안절부절 못하며 그 비좁은 방을 왔다 갔다 하면서 묘안을 궁리했다. 다시 자신만만한 착상이 떠올랐다.

　"네 엄마 아빠가 어젯밤에 붙잡혀 왔단 이야길 해 주면 미쳐 날뛰겠지."

　헤스터의 눈이 휘둥그레지면서 차가운 입술이 파르르 떨렸다.

　"그래, 그럴 줄 알았다." 그는 회심의 미소를 지었다.

　간수들이 그를 뒤따라갔다. 홀로 무섭고 찬 감방에 앉아 있는 헤스터는 마치 동물원의 짐승의 신세가 되어 창살을 붙잡고 쓸쓸히 창밖을 내다보았다. (엄마 아빠가 붙잡혀 오시다니. 그들의 운명이 어떻게 될까? 자신이 그들을 구출하는데 무슨 도움이 될 수는 없을까?) 나야 상관없었지만 부모님이 저 잔인한 놈들의 손에 시달린다는 생각을 하니 헤스터는 머리가 어지러웠다.

　(나 대문에 부모님들의 마음이 변한다면 ......)

　"하나님, 저의 부모님을 담대하게 해 주세요."

　간절히 기도하는 그녀의 사과색깔 뺨 위로 눈물이 주르륵 흘러내렸다.

　몇 시간 동안 헤스터는 엄마 아빠에 대한 궁금증으로 견딜 수 없는 고통을 겪었다. 오전 동안 수천 가지의 불길한 생각이 그녀의 머리를 스쳐 지나갔다. 발소리가 들릴 때마다 귀를 기울였지만 그때마다 그대로 사라지고 말았다. 그 방으로 오는 사람은 아무도 없었다.

정오쯤 해서 쿵쿵거리는 발걸음 소리가 들리더니 그녀의 감방 앞에 와서 멎었다. 아침에 왔던 그 간수가 들어섰다. "너의 아버지가 이걸 전해 달라는 거야." 하고 친절하게 대하며 쪽지를 건네주었다.

"고마워요." 그녀는 재빨리 그 쪽지를 받아들었다. 떨리는 손으로 펴보았다.

애야,

엄마와 아빠 걱정 때문에 얼마나 불안했었니?

너무 걱정 말아라. 우린 잘 있다.

일생에 이처럼 행복해 본 적은 없을 거야. 우리는 짐승님의 표를 받았단다.

그 동안 속고 살았지만 이젠 참 빛을 본 것 같다. 엄마 아빠는 너도 표를 받았다는 소식을 듣고 싶다. 제발 우릴 실망시키지 말아라. 그 길이 우리가 서로 만날 수 있는 길이란다.

사랑하는 엄마 아빠로부터

(엄마 아빠가 표를 받고서 이제 자기에게 그걸 권하다니!)

"아냐, 아냐! 이건 사실이 아냐!"

그녀는 간수를 바라보면서 어린애처럼 애걸했다. "이건 거짓말이죠. 우리 아빠가 이걸 쓰지 않았죠?"

간수는 안됐다는 듯이 멋쩍은 표정을 지었다. "사실이야. 너의 아버지가 내게 직접 전해 주었다. 아버지 글씨를 못 알아보겠니?"

그렇다. 그건 분명히 아버지 윌슨의 필체였다.

(어떻게 아빠가 이럴 수가? 그처럼 승리하게 해달라고 기도했는데.)

헤스터의 흐느낌이 감방 안을 가득 메웠다. 간수가 아직 감방 안에 그대로 서 있었지만 헤스터는 상관할 바 아니었다. (아, 아버지, 어머니께서 믿음이 약해져서 마귀에게 영혼을 팔다니.)

정말 미칠 것만 같았다. 마냥 소리 지르고 싶었다.

(아버지까지 나에게 표를 받으라는 부탁을 하다니.)

헤스터는 몸소리쳤다. (표를 받으라고? 안 돼! 죽어도 그럴 순 없어. 아무리 부모님 말씀이라도 이것만은 안 돼!)

"하나님! 아버지, 어머님께서 하늘나라를 부인하셨으니 이제 우린 다시 화목한 가정을 이룰 수가 없게 되었어요."

헤스터의 부르짖음은 거침없는 폭포수 같은 눈물로 변했다.

이 너무나도 엄청난 시련에 헤스터는 상처 입은 짐승과 같은 비통한 소리를 지르며 정신을 잃었다. 간수는 그녀를 들어 올려 의무실로 데리고 갔다. 헤스터가 정신을 차렸을 때 간수장이 그녀를 굽어보고 있었다.

"자, 이젠 모든 것이 순조롭게 되어갈 거야."

그녀의 귀에 달콤하게 속삭였다.

헤스터는 일어서려고 했다. 그러나 몸이 움직여지지 않았다. 가까스로 일어서자 바다의 거센 파도처럼 자신에게 엄습해 오는 잔인한 현실을 감당키 어려워 두 손을 절망적으로 내흔들었다.

"자, 이젠 그 표를 받을 준비가 되었겠지. 그래야 엄마, 아빠를 기쁘게 해드리는 딸이 될 수 있지. 표만 받아요. 그럼 아가씨는 자유로운 몸이 될 테니까. 유쾌하지 못한 냄새나는 감방으로 또다시 갈 필요가 없어지지."

그는 헤스터의 어깨에 손을 얹으며 부드럽게 말했다.

헤스터는 징그러운 듯 뒤로 물러서며 반항했다.

"안돼요. 절대로 난 그 표를 받을 수 없어요. 우리 아버지, 어머니께서 표를 받으셨다니 정말 슬퍼요. 하지만 부모님이 표를 받았다고 해서 나까지 하나님을 실망시킬 수는 없어요." 그녀는 숨을 몰아쉬며 외쳤다. 그녀는 하나님의 영광으로 반짝이는 눈으로 간수장의 눈을 똑바로 쳐다보며 말을 계속했다.

"당신이 내게 어떤 고문을 가한다 해도 나는 표를 받을 수 없어요."

"좋아, 네가 원하는 대로 해 주지. 넌 아직 고문이 무엇인지 조차 모르는 모양인데, 어디 네 입이 그래도 살아있는가 두고 보자. 네 부모들을 생각해서라도 네가 마음을 돌릴 줄 알았는데, 부모님을 네 눈물만큼도 사랑하지 않는구나. 넌 인가도 아니야."

그의 욕설은 거칠었다.

그가 두 간수에게 손짓으로 신호를 하자 그들은 간수장의 사무실에서 나갔다. 헤스터는 그들이 어떤 태도로 나올까 겁에 질려 숨을 죽이고 기다렸다. 그 때 두 간수가 나갔던 문이 다시 열리고 그 곳에 헤스터의 부모님이 서 있었다.

"엄마! 아빠!" 그녀는 간수를 뿌리치고 부모에게로 달려가며 소리쳤다. "왜 표를 받으셨어요?" 그녀는 원망스럽게 물었다.

"얘야, 우리는 표를 받지 않았단다. 대관절 무슨 소리를 하는 거냐?"

헤스터의 부모는 깜짝 놀라며 대답했다.

"아빠가, 엄마 아빠는 다 표를 받았으니 저 보고도 표를 받으라는 편지를 쓰시지 않으셨어요?"

그녀는 아버지의 얼굴을 쳐다보며 물었다.

"아니다, 얘야, 난 네게 편지 같은 것 쓴 일이 없어. 네게 표를 받게 하려고 놈들이 장난을 한 거야."

헤스터의 부모는 많은 매를 맞아 퉁퉁 부운 입술로 대답했다.

더 말할 여유도 주지 않고 그들은 헤스터를 부모로부터 떼어놓았다. 그들은 목숨을 잃는 위험에 직면해 있었지만 헤스터의 마음은 깃털처럼 가벼웠다. 어머니 아버지가 표를 받지 않았다는 사실을 산꼭대기에 올라가서 큰소리로 외치고 싶은 기분이었다.

"주님, 감사합니다."

그녀는 거듭 부르짖었다.

간수장이 그들을 앞뜰로 끌고 가라고 했다. 헤스터는 이제 그들의 간증을 자신들의 피로 간증해야 할 때가 닥친 것을 알았다. 그들은 석자 정도 되는 높이의 커다란 단이 있는 곳으로 끌려갔는데 그 단 옆에는 번쩍이는 칼을 든 사나이가 서 있었고, 오른쪽에는 펄펄 끓는 기름이 가득 담긴 큰 가마솥이 놓여 있었다. 단 가까이에 손을 움켜잡고 서 있는 세 식구, 아버지, 어머니, 딸의 모습은 보는 사람들의 가슴을 뭉클하게 했다. 어떤 방법으로 처형될지는 모르지만, 그 방법이 얼마나 잔인하던 지 간에 모든 것은 끝나고 승리를 얻게 될 그들이었다.

프랭크는 앞으로 나와 단두대에 두 손을 올려놓으라는 명령을 받자 아내와 딸에게 작별 키스를 했다. 수잔도 남편 앞에 똑같은 자세로 서라는 명령을 받았다. 어머니는 딸을 놓치지 못하겠다는 듯이 딸을 꼭 껴안았다. 간수는 입에 못 담을 욕설을 퍼부었지만 두 모녀는 서로 떨어질 줄 몰랐다. 마침내 간수는 두 모녀의 눈물겨운 정을 강제로 갈라놓았다.

"헤스터야, 꼭 승리해야 한다. 주님의 십자가를 잊어서는 안 돼. 우린 하늘나라에서 다시 만나게 될 거야."

어머니는 목멘 소리로 가련한 딸에게 최후의 부탁을 했다.

헤스터가 정신발작을 일으킬까 봐 그들은 형틀에 두 손을 묶어 두었다. 헤스터는 움직이지도 못한 채 눈앞에서 일어나는 처참한 광경을 낱낱이 보지 않으면 안 되었다.

수잔과 프랭크는 하얗게 질렸지만 죽음을 조용하게 기다리고 있었다. 표를 가진 사람들이 몰려들어 그들의 처형광경을 지켜보고 있었다. 온통 짐승 각하를 찬양하는 만세소리로 들끓었다. 호루라기 소리가 들렸을 때 형장은 물을 끼얹은 듯 잠잠해졌다. 간수장은 뱀눈을 이글거리고 음흉한 미소를 입가에 띠며 옆에 서 있었고, 칼을 든 형집행관이 맞은편에 서 있었다.

"프랭크 윌슨, 당신은 당신의 하나님에 대한 신앙을 포기하고 참 신(神), 짐승님을 섬기겠는가?"

"싫소!" 하고 그는 거침없이 대답했다.

"그렇다면 짐승님의 이름으로 그대의 두 손을 자를 것을 명령한다."

집행관이 시퍼런 칼을 치켜들어 내리치는 순간 그는 눈을 감았다. 순식간에 그의 두 손은 동강이 나 곧장 부글부글 끓는 가마솥으로 내던져졌다. 헤스터와 수잔은 비명을 질렀다. 그의 손이 지글지글 튀겨지는 소리가 들렸다. 수잔의 차례가 왔다. 신앙을 포기하고 표를 받겠느냐는 질문을 해왔다. 그녀의 음성은 떨리기 시작했다.

"아니오, 그럴 순 없어요."

수잔의 두 손도 잘렸다. 날카로운 비명이 자지러졌다. 간수는 잘려진 두 손을 펄펄 끓는 가마솥에 던졌다.

다시 한 번 신앙을 포기하고 표를 받겠느냐는 질문이 있었다. 대답은 마찬가지였다. "싫소!" 라는 소리와 함께 두 귀가 잘려지고 가마솥으로 던져졌다.

헤스터의 정신은 희미해지기 시작했다. "오, 하나님, 왜 저희들이 휴거의 기회를 놓쳤던가요? 왜 그렇게 저희들은 어리석었습니까? 이때가 올 것이라는 말씀을 왜 듣지 못했을까요? 하나님, 강하고 담대한 힘을 주세요. 당신의 도움이 없이는 견딜 수 없나이다."

그녀는 간구했다. 헤스터의 부모가 짐승에게 참배하는 것을 거절했을 때 이번에는 혀가 잘렸다.

헤스터는 히스테릭하게 비명을 질렀다. 비명을 멈추려 했으나 자신의 힘으로는 멈출 수가 없었다. 간수는 조용히 하라고 소리쳤다. 다른 간수가 달려들어 헤스터의 입을 틀어막았다. 이젠 끙끙대는 신음소리뿐이었다. 이 잔인무도한 짐승 정권의 이리들은 하나님의 자녀들에게 못할 짓이 없었다.

처참하고 끔찍한 형을 가하는 동안 프랭크와 수잔의 뺨은 계속 눈물로 얼룩졌다. 마침내 그들의 두 눈도 뽑히고 말았다. 두 개의 동공자리에서 피가 흐르는 모습을 헤스터는 지켜보고 있었다. 이미 잘려진 상처들 주위엔 유혈로 덮여지고 있었다. 헤스터는 어머니가 의식을 잃고 고개를 떨어뜨렸을 때 감사의 기도를 드렸다.

놈들은 헤스터의 어머니 수잔의 다리를 잘라 가마솥에 집어 던지고 나서, 계속해서 최후로 남은 몸통을 기름 가마에 던져 넣었다.

헤스터는 그것이 지글지글 튀겨지는 것을 보지 않을 수 없었다. 역겨운 냄새 때문에 토할 것만 같았지만 가까스로 참아내고 있었다. 눈을 감고 싶었지만 그럴 때마다 옆에 있는 간수가 칼끝으로 쿡쿡 찔러댔다.

부모의 고문을 계속하는 동안 헤스터는 두 번이나 기절했다. 그 때마다 포악한 간수장은 그녀가 깨어날 때까지 고문을 중단시켰다. 이 고문은 오로지 헤스터의 변심을 노리고 한 짓이었다. 그는 그녀의 정신을 박살내고 싶었다. 〈내가 이기나 네가 이기나, 어디까지 버티나 어디 두고 보자〉는 심산이었다. 프랭크는 땅에 눕혀졌다. 따갑게 쑤시는 고통을 참지 못해 가냘픈 신음소리가 흘러 나왔다. 팔, 다리, 목 등 차례로 잘

려져 가마솥으로 들어갔다. 주위는 짐승님을 찬양하는 만세소리가 계속 터져 나왔다. 마침내 헤스터는 안도의 숨을 내쉬고 있었다. 부모님의 고통이 끝났기 때문이다.

재갈을 물렸던 헝겊조각이 제거되었다. 헤스터의 얼굴은 하나님의 영광으로 빛나고 있었다. 그녀는 큰소리로 부르짖었다.

"하나님, 감사합니다. 승리케 해 주시니 감사합니다. 주님의 품에 저의 부모님들이 편히 쉬게 해 주세요."

형장에 몰린 군중들은 저마다 놀라고 있었다.

헤스터의 기도소리는 너무도 뜻밖이었다. 이런 가냘픈 소녀의 몸에서 어떻게 이런 용기가 나올 수 있을까. 하나님의 성령의 인도를 받고 있음에 틀림없는 소녀였다. 순간적으로 표를 가진 사람들 중에 동요되는 사람들이 있었다. 간수는 다시 그녀의 입을 틀어막았다. 이어서 헤스터의 수갑이 풀려졌다. 보드라운 살결위로 빨간 동그라미 자국이 나타났다.

부모님이 순교하심으로 승리하신 장소를 지켜보는 헤스터는 자신의 승리도 멀지 않았다는 생각이 들었다. 간수장은 험상궂은 눈초리로 그녀를 쏘아보았지만 그녀는 태연했다. 호흡과 맥박이 정상을 되찾으면서 죽음 따위를 두려워하지 않았다. 헤스터의 예쁘고 까만 눈이 빛나며 간수장의 눈과 마주칠 때마다 불꽃을 튕기고 있었다. 간수장은 두려운 기색이 엿보이지 않는 헤스터를 증오의 눈초리로 바라보았다.

"당장 죽여주세요. 뭘 그렇게 기다리시죠?"

헤스터는 순교할 각오가 되어 있었다. 헤스터의 앙칼진 재촉에 그들은 놀라고 있었다. 조장의 입에서 갖은 욕설이 터져 나왔다.

"데려가! 아직 죽이기엔 일러. 짐승님의 이름으로 그의 영혼을 박살낼 테다."

간수장은 온 얼굴의 근육을 씰룩거렸다. 간수는 칼로 헤스터의 등을 밀면서 감방 쪽으로 데려갔다. 실망한 그녀는 말없이 따라갔다. 당장 죽고 싶었는데 뜻대로 되지 않았다. 살 이유라고는 전혀 없었던 것이다. 간수는 다시 예의 그 감방에 헤스터를 가두어 두었다.

발걸음소리가 사라지자마자 그녀는 재빨리 감춰 둔 성경을 꺼냈다. 샘솟듯 흐르는 눈물이 앞을 가렸다. 하나님의 말씀이 생명수처럼 가슴에 와 닿고 있었다. (놈들은 왜 날 죽이지 않았을까? 영문을 모르겠다니까? 하나님은 또 다른 뜻을 가지고 계실지도 몰라. 지금은 몰라도 후에는 꼭 알게 되겠지.) 헤스터의 정신은 더욱 맑아지고 마음도 훨씬 편했다.

저녁이 되었을 때 간수는 깨끗한 몸차림의 여자를 헤스터의 감방으로 떠밀어 넣었다. 30세쯤 되어 보였다. 그 여자는 부들부들 떨고 있었고 숨도 제대로 쉬지 못했다.

"저의 이름은 헤스터 벨 윌슨이에요. 그냥 헤스터라고들 불러요."

헤스터는 상냥한 음성으로 자기를 소개했다.

"내 이름...은 ...실비아...매튜스예요. 그 사람들은 ...당신도 ...죽일 건가요? 댁도 ....신자인가요?"

그 여자는 더듬거리며 나지막한 소리로 말했다.

"네, 그래요." 헤스터는 자랑스레 대답했다.

그 여자가 헤스터에게 가까이 다가섰다. 헤스터에 대한 두려움이 사라진 모양이었다.

"저에게 주님을 찾도록 도와주세요. 그 동안 얼마나 애썼는지 몰라요. 저의 가문은 이 도시의 사교계에서 알려져 있어요. 저만 빼놓고 다들 표를 받았답니다. 저의 유모 오펠리아가 아니었더라면 저도 그 표를 받고 말았을 거예요. 유모는 훌륭한 하나님의 자녀였어요. 그 유모에게서 이때가 올 것이라는 말을 듣고 있었답니다. 재미있는 이야기도 다 있구나 하는 식으로 귀담아 듣진 못했어도 그저 요정 동화처럼 흥밋거리로 여겼지요. 그 날, 휴거가 있던 날 아침 오펠리아가 들려 올라가 주님 곁으로 가 버리자 나는 그녀가 평생에 걸쳐 한 이야기가 꾸며낸 것이 아 니란 걸 처음으로 깨달았어요."

그녀는 나지막한 소리로 계속했다.

"우리 어머니 아버지는 교회 나가는 것이나 성경말씀을 대수롭지 않 게 여겼어요. 더 이상 즐겁게 놀던 친구들과 어울릴 수가 없었던 거죠. 다들 표를 받았으니까요. 그걸 안 받겠다고 버티면서 오펠리아와 성경 이야기만 해대니 다들 미쳤다는 거예요. 저를 가문의 치욕거리로 단정 하고 이 짐승 정권에 넘겨버린 거예요. 내일 아침 해가 뜨면 처형당한다 는군요. 무서워요."

그녀는 눈물을 흘리며 말을 잇지 못했다.

"그러시겠죠."

헤스터가 동정하면서 말했다. "저희 부모님들도 오늘 순교하셨어요. 나도 뒤따라 갈 거예요. 어서 속히 그 날이 왔으면 좋겠어요."

그 여자는 이상한 눈초리로 헤스터를 물끄러미 바라보았다.

(죽는 걸 무서워하지 않다니. 무슨 여자가 이럴 수 있을까?)

"죽는 것이 무섭지 않으세요?"

놀란 눈으로 그녀는 물었다.

"그래요, 육신으로 생각하면 고통 받고 죽는 것이 두렵지 않을 턱이 있어요? 그러나 오늘 기적적으로 하나님의 영이 같이 하고 계신 걸 체 험했어요. 어서 빨리 죽어 우리 주님 곁으로 가고 싶은 심정 뿐이에요."

"그렇다면 잘 됐어요. 헤스터 아가씨, 제가 굳은 신앙을 갖도록 도와 줄 수 있겠군요. 어때요, 헤스터양의 생각에. 날 주님께서 구원해 주실 것 같아요?"

그녀의 질문은 진지했다.

"그렇고말고요. 무슨 일이 있어도 주님께서 구원해 주실 거예요."

헤스터는 실비아의 눈을 똑바로 쳐다보면서 대답했다.

헤스터는 다시 성경을 꺼냈다. 실비아는 놀랐다. 그건 바로 오펠리아가 자주 읽어 주면서 많은 이야기를 해 주던 바로 그런 성경이었다. 헤스터가 말씀을 읽고 있는 동안 실비아는 성경말씀 한마디 한마디 그대로 받아들이고 있었다.

헤스터가 하나님의 거룩한 말씀을 읽고 나서 물었다.

"지금 읽어 드린 말씀을 믿으시겠어요?"

"그럼요."

실비아는 주저하지 않고 고개를 끄덕이며 대답했다.

"우리 기도해요. 하나님께서는 예수 그리스도의 귀하신 보혈을 생각하시고 당신을 구원해 주시 거예요."

하나님의 자녀를 핍박하는 무리들이 보이지 않는 어두운 감방에서 둘은 무릎을 꿇었다. 실비아는 승리의 길로 들어 서 있었다. 고개를 든 그녀의 얼굴은 광채로 빛나고 있었으며 전에 없는 기쁜 감정을 느끼고 있었다. 자신도 깜짝 놀랄 일이었다. 내일 죽는다는 것은 조금도 두렵지 않았다. 주님을 찾은 것이었다.

아침이 밝았다. 간수는 실비아를 데리러 왔다. 새 친구가 된 두 사람은 손을 붙잡고 저 아름다운 천국의 강변에서 만나기로 다짐했다.

"안녕! 주님을 찾게 해 주어서 정말 고마워요." 실비아의 마지막 인사였다. 형장으로 가는 승리의 행진이었다.

실비아가 당당하게 사자굴로 끌려가는 모습을 지켜보는 헤스터의 눈에 눈물이 가득히 고였다. 실비아는 이미 두려움을 잊었다. 믿음을 포기하지 않겠느냐는 질문을 받고 고개를 설레설레 흔드는 모습이 보였다. 그녀가 오른손을 하늘 높이 들어 올렸다. 살아 계신 하나님께 영광과 찬송을 돌리면서 마지막 사자굴속으로 뛰어드는 그녀의 얼굴은 하나님의 영광으로 빛나고 있었다. 하늘나라의 황금으로 포장된 거리에서 천사들이 짐승 정권에게 패배를 안겨 주고 개선해 오는 영혼들을 영접하며 하나님께 영광을 돌렸다.

헤스터의 마음은 아팠지만 실비아가 믿음으로 승리하는 것을 하나님께 감사했다. 헤스터가 아니었던들 그녀는 그처럼 영광스런 죽음을 맞이하지 못했을 것이다. 마침내 헤스터는 왜 놈들이 자기를 부모님들과 함께 죽이지 않았는가 하는 하나님의 오묘한 섭리를 깨달았다.

제 11 장

거듭나는 체험

짐은 천둥 같은 소리를 들었다. 진동소리가 요란하여 땅이 흔들렸다. 공터에 선 짐은 두려움이 가득하여 하늘을 올려다보았다. 무슨 소리일까? 이처럼 놀라운 소리를 들어본 적이 없었다. 만약 짐이 낮게 깔려 있는 구름 저편을 바라볼 수 있었다면 나팔을 입에 대고 있는 천사를 보았을 것이다. 짐은 무슨 일이 일어나는 것일까를 초조하게 기다렸다.

(이 만큼 큰 고통을 겪었으면 되잖았는가?)

짐은 두려움으로 숨이 막혔다. 그는 하늘을 올려다보며 하나님의 이름을 저주했다.

갑자기 하늘에서 피 섞인 우박과 불이 쏟아져 내리기 시작했다. 짐은 이처럼 무서운 사건을 본 적이 없었다. 짐은 가까운 큰 건물 안으로 뛰어 들어갔다. 사람들이 하늘에서 폭포수처럼 퍼붓고 있는 재해를 피하려고 방향을 잃고 날뛰면서 비명을 지르며 파도처럼 밀리고 있었다.

짐은 창가에서 이런 참상들을 지켜보고 있었다. 초목들이 3분의 1이 불에 타고 있었다. 미처 몸을 피하지 못한 사람들의 시체가 길거리에 널려 있었다. 도대체 무슨 징조일까? 의문에 의문이 꼬리를 물었다. 미친 듯이 문제의 해답을 찾아내려고 애썼다.

그때 어머니께서 소중히 여기시던 까만 성경책에 있는 계시록 8장의 말씀이 떠올랐다.

"아니야, 이래서는 안 되지. 그럴 수 없어. 내가 태워버린 그 놈의 책 내용이 또다시 떠오를 게 뭐야? 나는 그 책을 지독히 증오한다고. 그 말에 귀를 기울일 수 없어!" 그는 당황하며 외쳤다.

그러나 짐은 마음에서 그 성경 말씀을 떨쳐 버릴 수가 없었다. 그 말씀은 짐의 마음속에서 계속 괴롭히고 있었다.

그 광풍이 끝나자 돌연 살인마적인 폭풍이 휘몰아쳤다. 두 번째 천사의 나팔소리가 하늘에서 들리자 커다란 산 같은 불덩어리가 바다로 떨어지는 것이 보였다. 그러자 즉시 피바다가 되었다. 해양의 이변(異變)을 구경하기 위해서 사람들이 해변 쪽으로 달려갔다. 짐의 심장은 맹렬히 방망이질을 했다. 바다가 피로 변한다는 것도 있을 수 없는 일이었지만 그들의 시야에 들어온 바닷물은 피 바로 그것이었다. 짐의 눈에도 분명히 그것은 피였다. 바다에 살고 있는 생물 3분의 1이 떼죽음을 당했고, 선박들의 3분의 1이 침몰 당했다. 죽은 생물들로 바다를 메우고 생물의 사체들이 해변에 즐비했다. 바다는 죽고 말았다. 생명이 없는 바다를 사람들은 넋을 잃은 채 바라보고 있었다. 그것은 죄로 가득한 인간에게 쏟아진 하나님의 진노였지만 사람들은 회개하지 못하고 여전히 하나님을 저주했다.

'셋째 천사가 나팔을 부니 횃불같이 타는 큰 별이 하늘에서 떨어져 강들의 3분의 1과 여러 샘물에 떨어지니 이 별 이름은 쑥이다. 물들의 3분의 1이 쑥이 되매 그 물들이 쓰게 됨으로 인하여 많은 사람들이 죽더라.' (계시록 8장 10, 11절)

요 며칠 동안 앨라베스터 시에는 식수(食水)가 없었다. 물이 있어 마시러 가면 그것은 피로 변해 있어 마실 수가 없었다. 많은 사람들이 목이 타서 견딜 수가 없었다. 많은 사람들이 목이 타서 죽어가고 있었다. 물을 달라는 아우성 소리가 가득했다. 다른 액체를 마셔보았지만 시원한 물만큼 그들의 갈증을 해소시켜 줄 수 없었다.

어떤 사람이 "저기 물이 있다!" 하고 소리쳤다. 사람들은 물이 있다는 장소로 미친 듯이 달려갔다.

짐의 바싹 말라 갈라진 입술은 시원한 물을 애타게 기다리고 있었다. 샘물이 나온다는 곳으로 달려가는 짐은 누구라도 죽일 듯이 험상궂은 표정을 짓고 있었다. 물까지 갈 수 없을 정도로 허약한 사람들은 길옆에 드러누워서 바쁘게 달려가는 사람들에게 물을 좀 갖다 달라고 애원하고 있었다. 그러나 짐은 이런 사람들에게 욕설을 퍼부으며 그의 길을 막는 사람들을 발길로 걷어찼다. 그 사람들이 짐의 눈에 들어올 리 만무했다. 그가 생각하고 있는 사람은 오로지 자신뿐이었다.

짐이 물웅덩이에 도착해 보니 사람들이 서둘러 무릎을 꿇고 엎드려서 물을 들이켜고 있었다. 짐 앞에 다른 사람이 있었다. 짐은 자기 앞 사람이 빨리 물을 다 마시고 일어나기를 초조하게 기다리고 서 있었다. 그러나 그 사람은 움직이지 않았다.

잠시 기다리던 짐은 버럭 소리를 질렀다.

"빨리 일어 서, 이 멍청아! 너 말고도 물 마시려고 기다리는 사람이 안 보여?"

그래도 그 사람은 꼼짝도 않았다. 짐은 그를 발로 사납게 걷어차서 그의 몸을 돌려놓았다. 그는 죽어 있었다. '많은 사람이 그 물이 쓰게 됨으로 죽더라.' 는 성경 말씀이 떠올랐다.

(그놈의 성경책! 내가 그 썩어빠진 책을 태워버렸는데 왜 그 말들이 다시 떠오르는 걸까? 내가 내 손으로 그걸 태워버리지 않았는가. 그런데 왜 이런 일이 일어날까!) 그는 분노로 으르렁거렸다.

짐은 하나님의 말씀이 적힌 책을 불태워 버렸으나 마음속에 숨겨진 그의 말씀들은 지워 버리지 못했다. 인간의 말은 지상에서 사라지나 하나님이 하신 말씀은 영원히 살아남는 것이다. 그 말씀은 생명의 말씀이며 죽음이 없는 말씀인 것이다.

미칠 듯이 화가 난 짐은 쓴 물을 마시고 죽은 시체들로 둘러싸인 물웅덩이를 재빨리 떠났다. 그의 입에서는 사람들에게 이런 재앙을 내린 하나님을 저주하는 욕설이 성난 급류처럼 쏟아져 나왔다. 아무 잘못도 없는 사람들에게 왜 이런 벌을 내린단 말인가? 하나님의 우주를 지배하려는 잔인한 존재에 불과하지만 이제 머지않아 참된 신인 짐승님께서 하나님을 굴복시키고 영원히 추방시킬 것을 믿고 있었다.

또 한 번 굉음이 공기를 흔들어 놓자 짐은 순식간에 여러 생각들이 깨지고 말았다.

'넷째 천사가 나팔을 부니 해 3분의 1과 달 3분의 1이 침을 받아 그 3분의 1이 어두워지니 낮 3분의 1은 비침이 없고 밤도 그리하더라.'
(계시록 8장 12절)

기이한 방법으로 힘을 발휘하는 자연을 보는 사람들의 마음속에는 형언키 어려운 두려움이 자리 잡게 되었다.

밤낮 없이 사람들은 이 땅에 쏟아지고 있는 하나님의 진노를 겪게 되었다.

갑자기 날이 어두워지기 시작했다. 짐은 시계를 들여다보고 믿을 수 없다는 듯이 주위를 둘러보았다.

"이렇게 어두워질 리가 없어. 지금은 낮 두 시가 분명한데, 내 눈이 잘못된 걸 거야." 어두움이 점점 짙어오는 주위를 살피며 혼자 중얼거렸다.

완전히 어두움이 내리깔리기 직전에 짐은 다시 커다란 소리를 들었다. 그러나 그는 끝없이 깊은 지옥의 열쇠를 가진 천사가 하늘에서 떨어져 무저갱의 문을 여는 것은 보지 못했다. 천사가 무저갱을 열자 마치 커다란 용광로가 열린 것 같았고 바로 그곳에서부터 어두움이 퍼져 나오고 있었다.

지상이 완전히 암흑으로 뒤덮였다고 짐이 단정 지을 무렵, 서서히 연기가 걷히기 시작했다. 짐은 일찍이 보지 못했던 처참한 광경을 보았다. 그는 동맥의 피가 차갑게 식는 것 같았고, 온몸이 얼어붙는 것 같았다. 소리를 지르고 싶었으나 그의 입은 마비되어 있었고 그의 혀는 굳어져 있었다. 한참 동안 그는 두려움으로 부들부들 떨고 있었다.

'또 황충이 연기 가운데로부터 땅 위에 나오매 저희가 땅에 있는 전갈의 권세와 같은 권세를 받았더라.'

'저희에게 이르시되 땅의 풀이나 푸른 것이나 각종 수목을 해하지 말고 오직 이마에 하나님의 인 맞지 아니한 사람들만 해하라 하시더라.'

'그러나 그들을 죽이지는 못하게 하시고 다섯 달 동안 괴롭게만 하게 하시는데 그 괴롭게 함은 전갈이 사람을 쏠 때에 괴롭게 함과 같더라.'

'그날에는 사람들이 죽기를 구하여도 얻지 못하고 죽고 싶으나 죽음이 저희를 피하는구나.'

'황충들의 모양은 전쟁을 위하여 예민한 말들 같고 그 머리에 금같은 면류관 비슷한 것을 썼으며 그 얼굴은 사람의 얼굴 같고.'

'또 여자의 머리털 같은 머리털이 있고 그 이는 사자의 이 같으며.'

'또 철흉갑 같은 흉갑이 있고 그 날개들의 소리는 병거와 많은 말들이 전장으로 달려 들어가는 소리 같으며.'

'전갈과 같은 꼬리와 쏘는 살이 있어 그 꼬리에는 다섯 달 동안 사람들을 해하는 권세가 있더라.' (계시록 9장 3~ 10절)

사람들은 쿵쿵거리며 잔인하게 괴롭히는 심판의 생물들을 피하느라고 서로 부딪치며 우왕좌왕했다. 메뚜기들에게 습격을 당한 사람들은 처참하게 소리 지르며 도움을 청했지만 아무도 도울 수 없었다. 메뚜기들은 짐승의 표를 받은 사람들에게 덤벼들었는데 그들을 피한다는 건 불가능했다.

돌처럼 굳어 있던 짐은 몸이 좀 풀려 움직일 수 있게 되자 있는 힘을 다해 좁은 길로 접어들었다. 그가 생각할 수 있는 거라곤 그 무서운 생물들이 뒤따라오지 못하게 하는 것뿐이었다. 뒤에 남겨진 사람들의 고함소리를 들으며 그는 걸음을 더욱 빨리했다.

메뚜기들이 따라 오지 못하도록 이 길 저 길을 피해 돌아다니다가 잠시 걸음을 멈추고 귀를 기울였다. 사람들의 고함소리는 거의 들리지 않았다. 그래서 그는 이젠 좀 쉬어도 될 만큼 멀리 도망 나왔다고 생각했다. 숨이 차고 놀란 가슴이 아파왔다. 그는 어떤 벽돌 집 계단에 앉아 그런 무서운 재앙을 내리는 하나님의 이름에 저주를 퍼부어댔다.

그 곳에 잠깐 앉아 있노라니 신경이 곤두선 그의 귀에 무슨 소리가 가냘프게 들렸다. 그는 주의 깊게 귀를 기울였다. 소리는 점점 커졌다. 그 소리가 무슨 소리일까 하는 두려움을 안고 기다리는 동안 그의 맥박은 흥분하여 빨리 뛰기 시작했다. 갑자기 한 구간 앞 모퉁이에서 메뚜기들이 굉장한 속도로 달려 나왔다. 메뚜기들을 보는 순간 짐은 정신을 잃을 뻔했다. 이 지구 표면에서 그런 짐승을 본 사람은 아무도 없었다. 그들의 얼굴은 사람의 얼굴 같았고 머리털은 여자의 머리털 같았으며, 이빨은 사자의 이빨 같았고 날개는 미친 듯이 펄럭거렸고, 머리에 쓴 관은 금처럼 번쩍였다.

짐은 벌떡 일어섰다. 두려움으로 온몸에 힘이 빠졌으나 이 끈질긴 짐승들에게 공격받는다는 생각 때문에 그를 무서운 속도로 달려가게 했다. 메뚜기들의 소리가 가까워져 오는 것을 들을 수 있었다. 오! 좀 더 빨리 달릴 수만 있다면. 그들은 날아왔다. 바로 목 뒤에서 그들의 숨소리가 들리는 것 같았다. 이마에는 식은땀이 맺혔다. 고개를 돌려 보았다. 황충들은 불과 몇 자 간격을 두고 맹렬히 뒤좇아 오고 있었다. 곧 그들은 짐을 덮칠 것이며 피할 길은 전혀 없었다.

짐은 돌에 걸려 비명을 지르며 넘어졌다. 잔인한 메뚜기들은 먹이를 덮치는 사자처럼 짐에게 덤벼들었다. 짐은 끔찍한 모습을 보지 않으려고 눈을 감았다. 미친 듯이 짐은 짐승님에게 도와달라고 기도했다. 그러나 그의 외침은 아무런 응답도 들을 수 없었다. 황충들은 꼬리에 달린 무서운 침으로 그를 찌르기 시작했으며 찔릴 때마다 무서운 고통이 그의 몸에서 퍼져 나갔다. 짐의 몸속은 불이 붙는 것 같았다. 생전에 그런 고통은 처음 겪어 보는 것이다. 그것처럼 아픈 것이 세상에 또 없는 것 같았다. 어두움이 그를 사로잡았으며, 그는 죽어가고 있는 것 같았다. 차라리 죽는 것이 나을 것 같았다. 죽어서 그 끔찍한 짐승들을 피할 수 있다면 다행일 것이다. 짐이 기억할 수 있었던 마지막은 자신의 있는 힘을 다해 메뚜기들을 할퀴며 하나님의 이름을 욕했던 것이었다. 몇 시간이 지나자 짐은 정신이 들었다. 그리고 그런 끔찍한 시련을 겪고도 살아난 자신을 보고 놀랐다.

따끔따끔하고 고통스러운 아픔이 그의 온몸을 괴롭혔다. 온몸이 따끔거리고 뻣뻣했다. 몸을 움직일 때마다 지독한 고통으로 그는 신음했다. 한 동안 그는 꼼짝 못하고 누워 있었다. 끔찍한 고통이었다.

극심한 고통의 날들이 계속되었다. 짐승의 표를 가진 사람들은 메뚜기의 침에 찔린 상처가 아물어 갈 때쯤이면 그들은 다시 습격을 당했고 고통은 또다시 시작되었다. 짐은 거의 다섯 달 동안 밤낮으로 고통을 당했다. 무서운 메뚜기들에게서 받은 상처가 다 나아간다고 생각할 즈음이면 메뚜기들은 다시 짐에게 덤벼들었다.

사람들은 스스로 목숨을 끊고 싶었지만 그것이 불가능했던 것은 성경에서 말하는 대환난 기간의 다섯 달을 겪어야 했기 때문이었다.

'그 날에는 사람들이 죽기를 구하여도 얻지 못하고 죽고 싶으나 죽음이 저희를 피하리로다.' (계시록 9장 6절)

어떤 사람들은 높은 건물의 꼭대기로 기어 올라가서 자살하기 위해 뛰어 내리려고 했으나 정작 꼭대기에 올라가서 자살하기 위해 뛰어 내릴 힘조차 없다는 것을 알게 되었다. 고통을 받는 사람들은 다양한 방법으로 (총, 검, 칼 또는 그 밖의 무기들로) 죽으려고 했지만 죽음은 그들을 패해 달아났다.

"이렇게 매일 고통을 받으며 살아 있을 필요가 있을까? 다 끝장내 버리고 말 거야."

짐은 맹세하며 소리쳤다. 그는 주머니에 든 총을 만져 보았으나 차라리 강 위 다리에서 뛰어 내리는 편이 더 쉽겠다고 생각했다. 물에 빠져 죽는 것이야말로 가장 편한 자살방법이라는 것을 듣고 있었다. 그는 강을 향해 걷기 시작했다. 지상에 무서운 재앙을 내린 하나님에 대한 증오가 끓어올랐으나 언젠가는 짐승에게 그 하나님이 패배할 것이라고 생각했다.

다리에 도착한 그는 시퍼런 강물이 흐르는 것을 바라보며 이제 모든 것이 끝장이라고 생각했다. 마침내 다리 가장 자리에서 물속으로 뛰어 들려고 했으나 마음대로 뛰어 내릴 수가 없었다. 또 다시 뛰어 내리려고 시도했지만 번번이 실패했다. 갑자기 성경에 쓰인 말씀이 떠올랐다.

'그 날에는 사람들이 죽기를 구하여도 얻지 못하고 죽고 싶으나 죽음이 저희를 피하리로다.' (계시록 9장 6절)

짐은 화가 나서 소리쳤다.

"누가 그런 말을 했지? 내가 죽을 수 없다고 누가 그 따위 소릴 했지?"

갑자기 그는 으르렁댔다. 어디서 그 말이 나왔는지 짐은 생각이 났다.

"그 성경이라는 것은 지겨운 책이야! 날 좀 내버려 뒀으면 얼마나 좋을까? 할 수 있다, 없다 하며 참견하는 건 뭐야? 수천 년을 두고 사람들은 원하기만 하면 스스로 목숨을 끊어왔는데 ......" 그는 멸시하듯 내뱉었다.

손을 하늘로 치켜들고 그는 자살을 하고 말겠다고 맹세했다. 주머니에서 조그만 권총을 꺼내서 머리 한쪽에 대고는 방아쇠를 잡아 당겼다. 그러나 힘껏 잡아당기려고 했지만 놀랍게도 그 방아쇠를 잡아당길 힘이 없었다. 그는 하나님의 이름을 저주하며 다리 위에 쓰러져 버렸다.

짐이 다리를 향해 걸어 온 바로 그 길로 조그마한 몸집을 한 사람이 나타나 바쁘게 다리를 건너오고 있었다. 그 소녀는 초췌하고 겁에 질려 있었다. 그녀는 어머니 콜린스와 같은 교회에 다녔던 메어리 콘웨이였다.

메어리는 많은 어려움을 겪었지만 표는 받지 않았다. 자신의 목숨이 이렇게 위험한 지경에 이르지 않았더라면 그녀는 대낮에 그 다리를 지나갈 엄두도 못 냈을 것이다. 짐승 정권의 졸개들이 하마터면 그녀를 붙잡을 뻔했고, 그것을 피하기 위해 이 다리를 건너는 모험을 하게 되었다. 그녀의 유일한 소망은 이 다리를 건너는 것이었다. 숨이 차서 헐떡거리며, 한사코 뒤를 돌아보며 그녀는 빠르게 다가왔다.

만약 자신이 그리스도인이라면 그녀는 죽음을 환영했을 것이나 아직 주님을 발견하지 못한 상태였다. 그저 믿기만 하면 되었지만 그렇게 믿기가 어려웠다. 지구가 마귀의 손에 넘겨졌다. 그녀는 기도하려고 해 보았지만 조롱을 당하는 것 같았다.

다리 입구에 이르자 그녀는 잠깐 멈추어 서서 주위를 둘러보고는 숨을 죽이고 다리로 들어섰다. 따라오는 남자들에게 놀래어 그녀는 바로 짐의 옆에까지 올 동안거기 누워 있는 짐을 보지 못했다.

그녀의 발소리를 듣자 짐은 소리쳤다.

"도와 줘요. 날 좀 도와줘!"

메어리는 그냥 지나쳐 가려고 하다가 어쩌면 이 사람은 하나님의 자녀일지도 모르며 또 자신이 주님을 찾도록 도와줄 수 있을지도 모른다는 생각이 들었다. 선의의 판단에 따라 그녀는 짐에게 다가갔다.

처음에 메어리는 짐을 알아보지 못했다. 그의 머리는 제멋대로 헝클어져 있었고, 수염은 깎지 않아 덥수룩하게 자라 있었으며, 옷은 흉하게 찢겨 있었다. 가슴의 고동이 더욱 세차게 뛰었다. 어디서 많이 본 듯한 사람 같았다. 잘 알고 있는 사람 같으면서도 빨리 생각이 나지 않았다. 그는 신음소리를 내면서 그녀를 바라보려고 고개를 한쪽으로 돌렸다. 때문에 그녀는 마침내 그가 짐이란 것을 알았다.

"짐!"

하고 그녀는 자신의 목숨에 닥친 위험도 잊은 채 무릎을 꿇고 앉아 한때는 부드럽고 예뻤지만 지금은 거칠어진 손으로 딱딱한 다리에 누워 있는 짐의 머리를 들어 올리며 소리쳤다.

"짐, 날 알아보겠어요?" 그녀는 기뻐서 소리쳤다. 짐을 찾았다는 기쁨으로 그녀의 눈에는 눈물이 서렸다.

"짐, 나 메어리예요."

떨리는 목소리로 말했다.

짐과 메어리는 오랫동안 친숙한 사이였다. 그들은 같은 학교에 다녔다. 메어리에게는 오빠가 없어서 짐은 그녀에게 오빠 노릇을 했으며 메어리는 그를 영웅처럼 생각했다. 짐은 메어리보다 나이가 위였으며, 아직 메어리가 학교에 다니고 있을 때 짐은 졸업을 하고 대학에 갔었다.

"짐, 휴거를 놓치셨군요! 당신 어머니께서 들려올라 가시기 바로 전날 밤에 당신 때문에 마음이 무거워 하셨어요."

그녀의 두 뺨에 굵은 눈물방울이 떨어지고 있었다.

"난 짐이 구원을 받고 휴거 때 들려 올라갔다고 확신하고 있었단 말이예요. 짐, 주님을 찾았나요?" 그녀는 귀를 가까이 대고 마음을 조이며 물었다.

"주를 찾다니 무슨 소리야? 저기 저 권총 보이지? 그걸로 나를 쏘아 죽여 줘." 짐은 쓰디쓴 말투로 애걸했다.

"오! 안돼요. 짐! 난 그런 짓은 할 수 없어요. 우리 같이 기도해요. 하나님은 우릴 도우실 거예요."

짐은 벌컥 화를 냈다.

"하나님 같은 건 없애 버려!"

메어리는 기겁을 하며 쳐다보았다.

"짐이 짐승의 표를 받다니!"

그녀는 질식할 것 같았다. 가까스로 일어서는 그녀의 이마에 차디찬 땀방울이 맺혀 있었다. 수년 동안 그녀가 열렬한 헌신과 애정으로 대해 온 친구가 이제는 적이 된 것이다.

메어리가 일어서는 걸 노려보던 짐이 뒤로 물러서면서 말했다.

"빨리! 저 총 보이지? 저걸 집어 들어서 날 쏴 줘. 그래야만 네가 살아날 수 있어. 그렇게 하지 않으면 난 이 호루라기 불 꺼야. 그럼 어떻게 되는지 알지?"

"안돼요, 짐! 난 못해요! 못해요!"

짐으로부터 돌아서서 그녀는 다리 끝을 향해 달렸다.

"가지 마! 이 바보야!"

메어리의 몸에 차가운 냉기를 전하며 날카로운 호루라기소리가 밤공기를 갈랐다. 그녀는 곧 짐승 정권의 사람들이 자기를 뒤좇아 올 것을 알았다. 다리 끝에 미처 다다르기도 전에 뒤에서.

"게 섰거라! 서!" 소리치며 달려오는 발자국소리가 들렸다. 계속 뛰면서 그녀는 기도했다.

"오, 하나님, 붙잡혀서는 안 됩니다. 절 잡지 못하게 해 주세요. 전 아직 구원받지 못했어요."

그녀는 죽을힘을 다해 빨리 달리려고 했으나 두려움과 굶주림으로 약해진 가냘픈 그녀는 더 이상 속력을 내지 못했다. 사나이들은 점점 가까이 다가왔다. 그리고 거친 손이 그녀를 낚아챘고, 그녀는 마귀에 사로잡힌 사내들의 눈을 노려보았다. 그들은 짐승에게 존경과 영광을 돌리면서 그녀를 질질 끌다시피 데려갔다.

"하나님, 제가 당신을 발견하기 전에는 절 죽이지 못하도록 해주세요." 그녀의 마음은 두려움에 가득 찼다. 그녀는 질식할 것 같은 상태에서 기도했다. 그들은 그녀를 감옥으로 데려가지 않고 곧장 사형대로 끌고 갔다.

"제발 절 죽이지 마세요! 난 구원받지 못했어요! 기도하게 조금만 시간을 주세요!"

그러나 그들은 그녀의 요구를 무시해 버렸다.

번쩍이는 칼을 든 형집행관이 앞으로 몇 발짝 나섰다. 그녀는 놀라 무기력한 채로 서 있었다. 하나님께로부터 버림받은 것같이 보였다.

"오, 하나님. 제 영혼을 구해 주세요."

그녀는 소리쳤다. 그러나 암담하기만 했다. 하나님과 교통이 되는 것 같지 않았다.

"이 표를 받겠나?"

그녀에게 심문이 시작되었다.

그녀의 온몸을 떨리고 있었다. 소망 없이, 하나님 없이 죽는다는 것이 얼마나 슬픈 일인가? 자신의 목숨을 내어준다고 해도 구원받지 못할 거라는 사실을 메어리는 잘 알고 있었다. 그리스도의 보혈을 통해 〈거듭나는〉 체험이 필요했다.

그녀는 그 표를 거절하기로 굳게 다짐했다. 그녀는 머리를 흔들며 말했다.

"표는 안 받겠어요. 그렇지만 제발 날 죽이지는 마세요!"

무자비한 손길이 그녀를 사형대에 매달았다. 그리고 번쩍이는 칼을 뒤로 했다가 그녀의 머리를 자르려고 내리치려는 순간 전령관이 달려왔다. 그들의 인사인 "짐승님, 만세!"를 서로 교환했다.

형집행관이 마치 뜨거운 쇳덩어리인 양 칼을 떨어뜨렸다.

"짐승님께서 이곳에 내방하셨소. 곧 이 길을 지나시게 될 것입니다." 흥분된 몸짓으로 지껄였다.

"짐승님께서 이곳 형장을 방문하기를 원하고 있소. 문을 활짝 여시오."

그들은 서둘렀다. 메어리는 거칠게 사형대에서 끌어내려져 어두운 감방에 갇히었다. 조금 더 생명이 연장되었다는 사실만으로 다행스럽게 생각했다. 아직 주님을 발견할 수 있을지도 모를 일이었다.

그녀는 창살이 있는 작은 창문으로 기어가서 조심스럽게 내다보았다. 그 창문에서 열려진 문과 길이 다 내다보였다. 거기에 보인 광경은 숨이 막힐 지경이었다. 신작로에는 수많은 사람들이 늘어서 있었다. 어떤 사람들은 고개를 땅에 박고 무릎을 굻고 엎드려 있었다. 표를 갖지 않은 사람들에게는 무시무시한 공포를 주게 하며 짐승님에 대한 만세와 찬양과 존경과 영광의 소리가 터져 나왔다.

바로 그 때 당당한 백마 여섯 필이 끄는 수레가 나타났다. 매우 호화찬란한 수레였다. 수레는 갖가지 보석 ― 사파이어, 재스퍼, 에메랄드, 켈세도니, 자수정, 녹옥수, 히야신스석으로 장식되어 있었다. 서서히 구르는 바퀴에서 다이아몬드가 반짝이고 있었다. 말굽은 다이아몬드가 박힌 금으로 되어 있었다. 메어리는 이렇게 아름다운 수레는 처음 보았다.

수레에 타고 있는 사람은 무시무시하게 생겼다. 그의 얼굴은 험악했으며 눈은 불꽃같았다. 반짝이는 큰 다이아몬드가 점점이 박힌 흰 옷을 입고 있었으며, 허리에는 금띠를 두르고 있었다. 머리에 쓴 화려한 면류관 술은 흔들리며 작은 보석들로 반짝거렸다.

행렬이 멈추어 섰다. 수레에 앉아 있던 적그리스도는 하늘을 쳐다보며 "불이여, 내려오라." 고 명령했다. 즉시 하늘이 환해지더니 불이 사람들의 눈앞에 떨어졌다. 표를 받지 않고 건물 틈새에서 숨어 보고 있던 사람들이 다투어 튀어나와 엎드리며, 이 기적으로 짐승님이 곧 하나님이라고 소리쳤다.

감방 창문으로 내다보고 있던 메어리도 경배하고 싶은 큰 충동을 느꼈다. 그녀의 무릎을 꿇게 하려는 장엄한 힘이 거기에 있었다. 그러나 메어리는 그것이 참된 하나님이 아니라는 것을 알고 있었다. 그 짐승에게 속아서는 안 된다고 생각했다.

행렬은 다시 움직이기 시작했고 사람들은 많은 물소리 같은 음성으로 환호하고 있었다.

"짐승님은 참된 하나님이시다. 짐승님 만세!"

수레가 정문을 지나 감방 가까이로 다가왔다. 짐승은 똑바로 앞을 바라보고 있었으나, 갑자기 그의 찌르는 듯 한 시선이 메어리에게와 닿는 순간 그녀에게 강렬한 영향을 미쳤다. 고개를 숙이고 그를 경배해야만 될 것 같았다.

"하나님, 저에게 그리스도의 피를 주세요. 그리스도의 보혈만이 저를 살리실 수 있습니다."

거의 절규에 가까운 부르짖음이었다.

짐승의 눈이 그녀의 영혼을 들여다보며 마음을 샅샅이 읽고 있는 것 같이 보이자 메어리는 하얗게 질려 버렸다. 온몸에서는 힘이 빠져 버렸다. 그러나 메어리는 엎드려 절하며 경배하지 않으려고 창살을 힘껏 움켜잡았다. 메어리의 고통을 보며 짐승은 만면에 승리의 빛이 감돌았다. 만약 그가 조금만 더 메어리를 쏘아보았다면 그녀는 주저앉아 그를 경배하고 말았을 것이다. 능력은 그만큼 강했다. 그는 메어리에게서 눈을 돌리고 수레는 천천히 길을 따라 올라갔다. 그녀는 마룻바닥에 털썩 주저앉았다. 자기를 제어할 수 없이 흐느끼며 떨고 있었다.

"하나님! 하나님을 믿도록 도와주세요."

감방의 딱딱한 바닥에 누워서 메어리는 천둥소리 같은 걸 들었다. 그녀는 귀를 기울였다. 거리에서 많은 사람들이 비명을 지르며 왁작 지껄했다. 무엇 때문에 저 사람들이 저렇게 갑자기 변했을까? 짐승에게 영광을 돌리는 찬양소리는 이제 더 이상 들리지 않았다. 그녀의 맥박이 빨라지기 시작했다.

창문으로 다가간 그녀는 보이지 않는 힘에 의해 화려한 짐승의 수레가 공중으로 들려지는 걸 때마침 볼 수 있었다. 말 여섯 필과 수레와 적그리스도와 반 성령의 커다란 새처럼 공중으로 올라가 구름 속으로 사라져 버렸다. 마치 마술을 보는 것 같았다.

사람들이 공포에 질린 나머지 비명을 질러댔다. 메어리는 무엇 때문인가 보기 위해 눈을 가늘게 뜨고 큰길 쪽을 조심스럽게 내다보았다. 그녀의 눈은 겁에 질려 휘둥그레졌다. 큰길에는 등에 남자들을 태운 수백 마리의 사자가 달려오고 있었다. 아니, 정확히 말해서 사자는 아니었다. 머리는 사자 같고 몸통은 말 같고 꼬리는 머리 달린 뱀의 모습이었는데, 사람들을 물어뜯고 있었다. 이 기괴하게 생긴 동물들을 탄 자들은 불과 히야신스석과 유황으로 된 흉갑을 붙였고, 말들의 입에서는 불과 연기와 유황이 뿜어 나오고 있었다. 그들은 길을 가로막는 사람들을 마구 집어삼켰다. 무시무시한 광경이었다. 바로 요한 계시록 9장에 기록한 사자 머리를 한 말들이었다.

'마병대의 수는 2만이니 내가 그들의 수를 들었노라.'

'이 같은 이상한 가운데 그 말들과 그 탄 자들을 보니 불빛과 자줏빛

과 유황빛 흉갑이 있고 말들의 머리는 사자 머리 같고 그 입에서는 불과 연기와 유황이 나오더라.'

'이 말들의 힘은 그 입과 그 꼬리에 있으니 그 꼬리는 뱀 같고 또 꼬리에 머리가 있어 이것으로 해하더라.' (계시록 9장 16, 17, 19절)

파괴시키는 말들과 거기에 탄 자들을 정신없이 바라보는 메어리에게 있어서는 그 모든 일들이 악몽처럼 보였다. 사람들은 스스로를 방어하기 위해 무기를 찾아 뛰어다니며 반발해 보았지만 말 탄 자들의 위력을 막아낼 수가 없었다. 그들이 지나는 곳곳마다 시체들이 쌓였다. 말들이 시내를 가로지르며 달리는 소리는 마치 천둥소리 같았고 시체들, 상처입고 신음하는 사람들, 피 흘리는 사람, 죽어가는 사람들로 메워졌다. 전쟁터가 되고 만 것이다. 간신히 살아남은 사람들은 하늘에 계신 하나님을 경배하고 자신의 사악한 행동을 뉘우치지 못했다. 오히려 하나님의 거룩한 이름을 욕되게 했다. 하나님은 더 많은 재앙을 하늘에서 계속 내리셨다.

계시록 6장에서 첫 번째 천사가 대접을 땅에 쏟자 짐승의 표를 받았거나 짐승의 우상에게 절한 사람들에게 끔찍한 종기가 생겼다. 짐의 온몸에도 종기투성이가 되었다. 얼마나 아프고 괴로운지 견딜 수가 없었다.

두 번째 천사가 대접을 바다에 쏟자 바닷물은 죽은 자의 피같이 변해버렸고 모든 바다의 생물이 죽어 버렸다.

세 번째 천사가 대접에 담긴 것을 강과 그 물의 근원에 쏟자 모두 피로 변했다. 그 때 그 물의 재앙을 맡은 천사가 이렇게 말했다.

"전에도 계셨고 지금도 계신 거룩하신 이여! 이렇게 심판하시는 의로우시도다. 저희가 성도들과 선지자들의 피를 흘렸으므로 저희도 피를 마시게 하신 것이 합당하나이다."

그러자 제단에서 "그러하다. 주 하나님, 곧 전능하신 이시여, 심판하시는 것이 참되시고 의로우시도다." 고 노래했다.

해가 점점 뜨겁게 내려 쪼였다. 사람들은 해를 피해 숨을 곳을 찾았지만 그 열을 받지 않는 곳은 아무 데도 없었다. 해가 계속 뜨거워져서 사람들을 지저댔지만 하나님과 그의 심판을 증오하는 사람들은 여전히 회개하지 않았다.

해가 견딜 수 없을 정도로 뜨거워지더니 갑자기 점점 빛이 흐려졌다. 마침내 캄캄해지고 말았다. 그것은 천사가 짐승이 앉는 자리에 대접을 쏟았기 때문이었다. 이어서 어둠이 자리 잡기 시작했다. 어둠은 점점 짙어갔다. 얼마나 어두워졌던지 짐과 표를 받은 모든 사람들은 너무 고통스러워 자신들의 혀를 깨물었다.

제 12 장

예수 의지함이 기쁜 일일세

메어리가 짐승 정권에 잡혀 들어오던 날 헤스터는 감방 창문에서 있었다. 그녀는 경비원들이 누군가를 끌고 들어오는 걸 보고 있었는데 가까이 다가오자 심장의 고동이 멈추는 듯했다. 그것은 바로 헤스터가 즐겨 다녔던 페어뷰 교회의 메어리 콘웨이였기 때문이다. 메어리가 살려 달라고 애원하는 소리가 들렸다.

"하나님, 메어리가 당신을 찾기 전까지는 죽음을 당하지 않도록 해 주세요. 메어리와 이야기할 기회를 주셔서 구원을 받을 수 있게 도와주세요."

헤스터는 메어리를 위해서 기도했다. 눈물을 흘리며 헤스터는 메어리가 사형대에 매달리는 것을 바라보았다. 헤스터는 마음이 조여서 미칠 것 같았다. 주님께선 기도를 들어 주시지 않는 것 같았다. 메어리가 죽음으로부터 풀려 날 희망은 사라져 버렸다.

형집행관이 메어리의 목을 자르기 위해 칼을 높이 쳐들자 헤스터는 눈을 감고 입속으로 기도를 했다. 다시 눈을 떴을 때 집행관이 칼을 옆에 놓고 누군가와 이야기를 하고 있는 광경을 보고 헤스터는 놀랐다. 그리고 메어리가 사형대에서 내려져 감방 쪽으로 끌려오는 것을 지켜보았다.

잠시 후 헤스터는 감방 복도로 걸어오는 발자국소리를 들었다. 그녀는 숨을 죽이고 귀를 기울였다. 틀림없이 그것은 메어리를 데리고 오는 것이었다. 어느 방에 메어리가 넣어질지 헤스터는 초조하게 기다렸다. 그들은 바로 헤스터 방 옆까지 오더니 옆 방 문을 여는 소리가 들렸다.

"오, 하나님, 바로 옆방에 갇혀지는 사람이 메어리이길 바랍니다. 메어리와 이야기를 할 수 있게 해 주세요." 눈물을 글썽이며 헤스터는 무릎을 꿇고 메어리의 목숨을 구해 주신 주님께 감사드렸다.

그녀는 창살을 통해 짐승의 행렬이 감옥 정문을 통과하는 것을 바라보았다.

이윽고 감방 주위의 모든 요가 그치자 누군가가 끌려 들어온 옆 감방 사이를 가로막은 벽 쪽으로 다가가서 헤스터는 낮은 소리로 불렀다.

"메어리!" 벽에 귀를 기대 있는 그녀의 가슴은 마구 뛰었지만 저쪽 벽에서는 아무 대꾸도 없었다.

헤스터는 조금 더 큰소리로 다시 불렀다.

벽 저쪽에서 메어리의 목소리가 들려왔을 때 헤스터의 가슴은 기쁨으로 뛰었다.

"누구세요? 누가 제 이름을 불렀어요?"

너무 기뻐서 간수가 있다는 생각도 잊었다. "나, 헤스터야! 헤스터 벨 윌슨이야. 너와 콜린스 아주머니가 같이 다니던 페어뷰 교회의 까만 머리틸을 가진 헤스터야. 생각나니?"

메어리의 가슴은 어찌나 흥분했는지 터질 것만 같았다.

"헤스터, 넌 구원받았니?"

그녀는 아주 조심스럽게 물었다.

기쁜 대답이 들릴 때까지 메어리는 가슴을 조이며 귀를 기울였다.

"그래, 하나님을 발견한 것이 얼마나 감사한지 몰라."

"헤스터, 네가 하나님을 찾았다니 무척 기쁘구나. 나도 하나님을 열심히 찾았는데 진실하게 믿기란 매우 어렵더구나. 믿을 수 있었으면 좋겠어. 믿고 싶어. 하지만 아직 나는 믿음이 약하구나."

"메어리, 잘 들어 봐. 너 성경책 갖고 있니?"

"응, 신약 성경을 갖고 있어."

"됐어. 나도 여기 성경이 있거든. 잠깐 기다려. 가지고 올게." 쏜살같이 헤스터는 성경을 들고 다시 벽 쪽으로 돌아왔다.

"메어리, 지금부터 내가 말하는 성경구절을 찾아 읽어 봐."

메어리는 헤스터의 말대로 했다. 메어리는 한 구절 한 구절 읽어 내려갔다. 그리고 두 처녀는 벽을 사이로 하고 양쪽에 꿇어앉아 메어리의 구원을 위해 기도했다. 그러나 메어리의 여린 믿음은 확신을 가질 수가 없었다.

며칠 동안 계속 메어리와 헤스터는 하나님의 말씀을 같이 읽으며 같이 기도했다. 메어리는 때로는 더 깊은 절망과 의심의 구덩이에 빠져서 기도할 필요가 없다는 생각도 들었다. 그녀는 깜깜한 귀신의 힘에 둘러싸여 있었으며, 그녀의 감방 안은 마귀의 힘으로 가득 차 있는 것 같았다.

어느 날 아침 헤스터의 감방문 자물쇠가 찰칵거리더니 간수가 나타나서 우울한 목소리로 말했다.

"헤스터 벨 윌슨, 네게 마지막 기회가 왔다. 오늘 표를 받던가. 목을 잘리던가 해야 한다. 넌 이단자야. 말뚝에 매어 화형을 당할 것이다."

헤스터는 깜짝 놀랐다. 이때가 올 것을 예측하고는 있었지만 막상 닥치고 보니 충격적이었다. 그러나 그녀는 자신을 되찾았다.

"잠깐만 기다려 줘요. 이제 다시 못 돌아올 테니까 뭘 갖고 가야겠어요."

그녀는 침대 위의 더러운 요 밑에서 검은 성경책을 끄집어냈다. 간수는 믿을 수 없다는 듯이 쳐다보았다. 감방 안에 그런 성경책을 숨기고 있다는 건 도저히 있을 수 없는 일이었다.

가슴에 성경을 끌어안은 걸 보자 간수가 화가 머리끝까지 치솟았다.

"우리가 이 따위 책을 어떻게 하는지 알아?" 그는 딱딱하게 말했다.

헤스터는 슬프게 머리를 끄덕였다. 그녀는 짐승 정권 사람들이 성경을 쌓아 놓고 기름을 끼얹고는 불을 질러 성경이 타는 걸 보며 하나님을 욕하는 광경을 보았다. 어떤 때는 성경을 그들의 이단자 주위에 쌓아 놓고 하나님의 자녀와 함께 태우는 것도 보았다.

"그 책 이리 내놔!"

그는 성경을 낚아채며 표독스럽게 말했다.

손이 성경에 닿자마자 그는 비명을 지르며 재빨리 손을 떼었다. 마치 뜨거운 쇳덩어리를 만지는 것 같았다.

"그놈의 책에다 무슨 짓을 해 놓은 거야?"

그는 화를 내며 소리쳤다.

"아무 것도 안했는데요. 언제나 그대로예요."

헤스터는 놀라며 말했다.

"자, 빨리 나와. 성경은 네가 들고 가." 그는 거칠게 말했다.

메어리는 감방 안에서 이 모든 소리를 하나도 빼놓지 않고 들었다.

(헤스터가 드디어 죽으러 가는구나! 이제 주님을 찾는 길을 도와 줄 사람은 아무도 없어.)

헤스터는 그녀에게 있어서 축복이었다. 이제 곧 그녀도 죽게 될 것이다. 그러나 그녀는 주님을 알지 못하고 있다.

"메어리, 승리의 때가 온 거야. 내가 하늘나라로 갈 때가 된 거야. 내가 말 한대로 주님을 믿어. 주님께선 널 구원하실 거야. 안녕!"

그녀는 흐느끼며 말했다.

"하나님의 보좌 앞에서 다시 만나자. 마지막까지 너를 위해 기도할게."

헤스터가 부드럽게 말했다.

"안 돼! 헤스터, 넌 죽으면 안 돼. 죽으면 안 돼!" 메어리는 울부짖었다.

헤스터가 복도를 걸어 나가자 메어리는 뺨에 눈물을 떨어뜨리며 말했다.

"잘 가. 하나님의 보좌 앞에서 다시 만나자."

왜 메어리는 이런 말을 했을까. 그녀에게는 희망이 없었다. 믿을 수가 없었다.

메어리는 창문으로 기어가서 밖을 내다보았다. 헤스터가 죽는걸 보려고 사람들이 모여들었다. 헤스터는 하나님의 영광으로 밝게 빛난 채 두 간수 사이에서 걷고 있었다. 손에는 귀중한 성경책을 들고 있었다. 간수 몇 명이 그 성경책을 빼앗으려고 했으나 아까 감방에서 간수가 당했던 일을 똑같이 당했다. 간수들이 손을 댔다가는 놀라서 움츠리는 것을 보고 화가 잔뜩 난 간수장이 그 성경책을 잡으려 했으나 그의 손도 데고 말았다.

"저 몹쓸 책을 같이 태워 버려. 저년이 마술을 걸었어."

화가 나서 그는 명령을 내렸다.

그녀는 머리와 어깨를 똑바로 세우고 병정처럼 걸어갔다. 그녀는 마음이 차분히 가라앉았고 아무 것도 두렵지가 않았다. 화형기둥에 쇠사슬로 묶이는 헤스터의 입술은 기도하느라 움직이고 있었고, 감방 창살을 통해 울며 이 광경을 지켜보는 메어리는 헤스터가 자신을 위해 기도하고 있는 것을 알았다.

간수들이 헤스터 주위에 나무를 쌓고 헤스터에게 굴복하고 표를 받겠느냐고 물었다. 아름다운 처녀의 결심을 사람들은 숨을 죽이고 기다렸고 주위는 무덤처럼 조용해졌다. 그녀의 눈은 다이아몬드처럼 빛났고, 머리 주위에는 영광의 빛이 드리워졌다. 그녀는 주저하지 않고 하늘에서 퍼져오는 노랫소리 같은 부드러운 목소리로 대답했다.

"아니오. 몇 만 번을 물어도 '아니요' 난 곧 나를 위해 죽으신 주님과 함께 있게 될 거예요. 내가 영생을 얻도록 갈보리 십자가에서 피를 흘리고 돌아가신 하나님의 아들 예수님, 감사합니다."

잠시 동안 사람들은 어리둥절해 있었으나 곧 헤스터가 존귀와 영광을 돌린 하나님을 이구동성으로 저주하기 시작했다. 사형집행의 명령이 떨어졌다.

창문에 서 있는 메어리는 점점 숨이 가쁘게 오르면서 손톱으로 자기의 살을 쥐어뜯었다.

마침내 불이 지펴졌다. 노란 불길이 게걸스럽게 헤스터의 몸을 핥아대기 시작했다. 화형 기둥에 휘감긴 채 서 있는 그녀의 가슴에는 성경이 안겨져 있었다. 여전히 하늘을 바라보고 있는 그녀의 입술은 기도 이외엔 여념이 없었다. 불길은 점점 번져 검붉게 타오르며 그녀의 몸을 감쌌지만 그녀는 고통을 느끼지 못하는 듯 했다.

죽기 전에 외친 그녀의 목소리에는 하나님의 능력이 넘치고 있었다.

구주 예수 의지함이
심히 기쁜 일일세.
허락하심 받았으니
의심 아주 없겠네.

찬송은 더욱 힘차게 울려 퍼졌다.

"하나님, 승리케 하시니 감사합니다." 그녀의 마지막 외침이 메아리쳤다.

(죽는 순간에 어떻게 그처럼 당당하고 즐거워할 수 있을까?) 메어리는 도대체 이해할 수가 없는 것 같았다.

그 때, 헤스터는 불길 사이로 그 불길보다 더 밝은 옷을 입은 두 천사의 빛나는 모습을 보았다. 두 천사는 헤스터의 곁에서 부축하고 있었다.

하나님께서 당신을 섬기는 영들을 보내시어 택함 받은 자녀가 승리의 죽음을 맞도록 도우신 것이다.

메어리는 고개를 떨어뜨렸다. 눈물이 샘처럼 흘러 내렸다.

"하나님, 오래 전부터 준비해야 한다는 소리를 들었는데도 왜 제가 휴거되지 못했을까요. 저처럼 어리석은 자가 또 어디 있을까요?"

그녀의 비통은 절망적이었다. 엎드려 흐느끼고 있을 때 묵중한 철문이 열렸다. 간수의 포악스런 소리가 들렸다.

"자, 일어나. 병신처럼 굴지 말라고! 자, 이젠 네가 처형당할 차례다."

메어리는 몸이 얼어붙는 것 같았다. 그들은 메어리를 죽일 작정인데 그녀는 아직 주님을 발견하지 못하고 있었다. 그녀는 싸늘한 감방을 휘둘러보았다. 구석에는 침대로 사용한 짚더미가 널려 있었다. 하나님 없이 죽는다는 것이 얼마나 비참하고 몸서리쳐지는 일인가.

"잠깐만, 간수 아저씨. 조금만 여유를 주세요."

"여태껏 뭘 하고 지냈어. 자! 어서 나와!"

그는 그녀의 팔을 잡아끌어 문 쪽으로 밀쳤다.

그녀는 비틀거리며 복도를 지나면서 계속 조그만 성경을 손에 쥔 채 필사적으로 기도하고 있었다.

"오, 하나님. 제발 도와주십시오. 이제 죽으러 갑니다. 오, 하나님! 당신 없이는 죽을 수가 없어요."

그녀는 목메게 소리치고 또 외쳐댔지만 하나님께서는 그녀의 절규를 듣고 있지 않는 것처럼 보였다. 메어리의 얼굴은 창백했다. 지칠 대로 지쳐 눈은 충혈 되어 있었으며, 온몸은 수척했다. 그녀 앞에는 사형대가 있었으며, 형집행관이 칼을 빼든 채 기다리고 있었다. 다리가 후들거려 형장에까지 걸어갈 수 있을지 의문이었다. 그녀의 눈이 짐과 마주치자 그는 표독스러운 웃음을 지어 보였다. 이것이 그녀를 더 약하게 만들었다.

드디어 메어리는 사형대 앞에 서 있었다.

"하나님, 저를 도와주세요." 그녀는 소리쳤지만 아무 대답도 들려오지 않았다. 거만한 간수장이 다시 물었다.

"그 표를 받겠는가?" 메어리의 가슴은 미칠 듯이 쿵쿵거리고 있었다. 그처럼 무서워하던 시간이 오고야 만 것이다. 그런데 아직 하나님께서는 그녀를 구원하지 않았지만 그 표만은 받고 싶지 않았다.

"안 받겠어요." 바람에 나부끼는 가냘픈 마지막 한 잎의 잎사귀처럼 허공을 응시하며 소리쳤다.

"주님께서는 아직 나를 구원하시지는 않았어요. 지금 곧 그분과 교통할 수 없을지라도 주님께서 날 위해 돌아가신 건 알고 있어요."

처음으로 참 신앙의 빛이 아물거리기 시작했다. 그녀는 마치 환상 속에서 마냥 그 말을 다시 되뇌었다. 의심과 어둠의 휘장이 마침내 하나님의 거룩한 영에 의해서 걷혀지고 있었다. 그녀의 눈에 모든 수치와 고통이 있는 그 갈보리 십자가가 확연하게 들어왔다. 그러나 그 십자가는 능력과 영광으로 가득 차 있었다. 하나님의 독생자가 그 갈보리 십자가 위에서 피를 흘리고 있었다. 그 주님께서 그녀를 바라보면서.

"얘야, 나는 널 위해 죽었다. 네가 믿기만 하면 지금도 나의 피는 네 죄를 사할 수 있단다." 라고 또박또박 말씀해 주셨다.

그녀의 얼굴빛은 하나님의 영광으로 빛나고 있었다.

"저는 믿습니다. 믿고말고요. 마침내 주님을 찾았어요. 저는 하나님의 아들 그리스도를 찾았어요."

그녀의 눈은 두 개의 반짝이는 큰 별처럼 빛나고 있었으며, 짐승의 환호처럼 부르짖었다.

그녀는 찬송을 부르기 시작했다.

나의 죄를 씻기는 예수의 피밖에 없네
다시 성케 하기도 예수의 피밖에 없네
예수의 흘린 피 날 희게 하오니
귀함도 귀하다 예수의 피밖에 없네

환희의 축복 속에서 자신의 죽는 모습을 지켜보며 모여든 사람들이 더 이상 보이지 않았다. 간수는 조용히 하라고 고함을 질렀지만 그녀는 마치 환상에 빠져든 사람처럼 계속 찬송을 불렀다. 구경하고 있는 사람들이 무서워하기 시작했다.

"당장 죽여! 어서 빨리 그 미친 걸 처치해 버려!"

조장의 음성도 떨리고 있었다.

그들은 메어리를 사형대 위로 끌어 올렸지만, 그녀는 더 이상 그 거친 손길을 느끼지는 못했다. 환희의 찬송만 계속 울려 퍼졌다. 그녀의 찬송은 하늘의 음성처럼 아름다웠다. 하늘의 천사들도 거문고 연주를 멈추고 그 찬송에 귀를 기울였다. 형집행관이 전신의 힘을 다해 칼을 내리쳤어도 메어리는 더 이상 그 고통을 느끼지 못했다. 아름다운 구원의 해안에 도착한 그녀가 눈을 떠보니 한 천사가 흰 옷을 들고 마중 나와 있었다. 그녀는 종려가지를 꺾어 손에 들고 보좌 앞에 서서 하나님을 찬송했다. "거룩, 거룩, 거룩, 전능하신 주여."

이제 메어리는 사도 요한이 계시록 제 7 장에서 본 큰 무리 가운데 하나가 되었다.

'이 일 후에 내가 보니 각 나라와 족속과 백성과 방언에서 아무라도 능히 셀 수 없는 큰 무리가 흰 옷을 입고 소에 종려가지를 들고 보좌 앞

과 어린 양 앞에 서서.'

'큰 소리로 외쳐 가로되 구원하심이 보좌에 앉으신 우리 하나님과 어린 양에게 있도다. 하니.'

'모든 천사가 보좌와 장로들과 네 생물의 주위에 섰다가 보좌 앞에 엎드려 얼굴을 대고 하나님께 경배하여.'

'가로되, 아멘 찬송과 영광과 지혜와 감사와 존귀와 능력과 힘이 우리 하나님께 세세토록 있을 지로다. 아멘 하더라.'

'장로 중에 하나가 응답하여 내게 이르되 이 흰 옷 입은 자들이 누구며 또 어디서 왔느뇨.'

'내가 가로되, 내 주여 당신이 알리이다 하니 그가 나더러 이르되 이는 큰 환난에서 나오는 자들인데 어린 양의 피에 그 옷을 씻어 희게 하였느니라.'

'그러므로 그들이 하나님의 보좌 앞에 있고 또 그의 성전에서 밤낮 하나님을 섬기며 보좌에 앉으신 이가 그들 위에 장막을 치시나라.'

'저희가 다시 주리지도 아니하여 해나 아주 뜨거운 기운에 상하지 아니할지니.'

'이는 보좌 가운데 어린 양이 저희의 목자가 되사 생명의 샘으로 인도하시고 하나님께서 저희 눈에서 모든 눈물을 씻어 주실 것임이리라.' (계시록 7장 9~17장)

짐은 메어리가 죽어가는 모습을 바라보며 서 있었다. 그녀가 보기 싫어서 혼났는데 죽는 걸 보니 시원했다. 그녀의 머리가 땅으로 굴러 떨어지자 그는 그걸 머리카락째 잡고서 이리저리 미친 사람마냥 휘둘렀다. 그는 짐승에게 영광과 존귀를 돌렸다.

짐이 그 머리를 땅에 내려놓는 순간 어떤 사람이 헐레벌떡 뛰어오면서 일부 지역에서 무서운 우박이 내리고 있다는 소식을 전해왔다.

그 우박의 무게가 자그마치 5킬로그램이나 되기 때문에 뭐든지 다 박살내고 있다는 이야기였다.

갑자기 땅이 흔들리기 시작했다. 태양이 잿빛으로 변하고 달이 핏빛으로 바뀌었다. 하늘의 별들이 땅에 떨어졌으며, 종려나무도 심한 바람에 흔들리면서 이상한 열매를 내보이고 있었다. 하늘이 두루마리처럼 뚤뚤 말렸으며, 모든 산과 섬들이 요동하기 시작했다.

하늘에서 별이 떨어지는 순간 태양은 그 빛을 발하지 않았으며 달은 핏빛으로 변했으며 산과 섬들이 요동하고 사람들은 전에 없이 공포에 싸이기 시작했는데, 그 공포는 하나님께서 죄악스런 인류에게 심판을 행하시던 것 중에 가장 무서운 것이었다.

짐과 모든 사람들이 벌벌 떨면서 보니 하늘 문이 열리면서 백마를 탄 하나님의 아들이 보였다. 그의 눈은 불길과 같았으며 머리에는 많은 왕관이 얹어 있었다. 그에게는 한 이름이 적여 있었는데 이것은 자신 이외에는 아무도 모르는 이름이었다. 그가 입고 있는 의복은 피에 젖어 있었는데, 그의 이름은 하나님의 말씀이었다. 하늘에 있던 군대가 말을 탄 채 그의 뒤를 따르고 있었다. 그들의 의복도 새하얗다.

짐이 벌벌 떨며 쳐다보고 있을 때 날이 선 예리한 칼이 그의 입에서 무섭게 나오고 있었다. 그의 의복과 다리에는 '만인의 왕, 만주의 주'라는 이름이 새겨져 있었다. 그는 마치 포효하는 사자처럼 달려오면서 그 표를 가진 자들에게 저주를 퍼붓고 있었다.

표를 가진 자들이 미친 듯이 달아나면서 바위와 산을 찾아갔다. 이제 짐의 그 당황했던 모습은 완전히 사라졌으며 큰 바위와 산 앞에 서서 자기 위에 덮쳐 주기를 간청하고 있었다.

"나에게 덮쳐다오! 난 그의 얼굴을 대할 수가 없어! 바위야, 제발 좀 덮쳐다오!" 그는 미친 듯이 소리쳤다. "나에게 덮쳐 그 깊은 곳에 묻어다오. 그래서 다시는 그분의 얼굴을 대할 수 없게 만들어다오! 난 마귀에게 영혼을 판 사람이야. 나에겐 용서가 없어! 난 하늘에 갈 수 없는 사람이니까." 하며 그는 끙끙거리고 있었다. "그는 날 위해 돌아가셨지만 나는 그의 희생 제사를 감사해 하지 않았어. 난 그의 피를 무슨 더러운 것이라도 되는 양 짓밟은 사람이야. 난 구원받을 수 없는 인간, 나 때문에 찔린 못자국난 손길을 저버린 인간이라오. 내가 심판의 백보좌 앞에 서는 날, 온 지상의 심판관은 〈이 저주받은 자여, 나에게서 떠나 악마와 그의 졸도들을 가두려고 준비한 영원한 불 속에 들어가라.〉고 말할 거야. 나를 덮쳐다오, 산과 바위여!"

그는 가슴을 찢는 듯 한 소리로 외쳤다.

"하나님의 큰 날 진노의 날이 닥쳐왔구나! 이젠 회개도 늦었구나! 이 가련한 신세여! 망했구나, 영영 망했어!"

그는 지옥의 무저갱에서 나오는 듯 한 소리를 내지르면서 신음했다.

역자 ∣ 이상길

단국대 문리대 사학과 졸업. 국제 선교대학원 언어학 전공.
크리스천 해럴드사 편집장. 국제 선교협력기구(K.I.M)부속실장
아시아 선교협의회(A.M.A)간부역임. 경기신학교 강사
역서<지상의 최후의 날>, <최후의 심판>, <휴거>,
<성체>, (톨스토이 인생독본>외 다수

휴 거

1판 1쇄 발행 ∣ 1980년 12월 15일
2판 1쇄 발행 ∣ 1992년   9월 25일
3판 1쇄 발행 ∣ 2004년   2월 10일
4판 1쇄 발행 ∣ 2009년   5월 10일
5판 1쇄 발행 ∣ 2013년   2월 10일
6판 1쇄 발행 ∣ 2015년   7월 25일
7판 1쇄 발행 ∣ 2022년   2월 10일

지은이 / 어네스트 W. 앵글지
옮긴이 / 이 상 길
펴낸이 / 김 용 성
펴낸곳 / 지성문화사
등 록 / 제5-14호 (1976. 10. 21)
주 소 / 서울시 동대문구 신설동 117-8 예일빌딩
전 화 / 02)2236-0654
팩 스 / 02)2236-0655